U1011624

拨开迷雾

——信息化局部战争美军典型战例研究

主　　编：刘　鹏
副 主 编：万福明　朱一童
编写人员：沈　义　胡东坡　刘文隆　孙国权
王云亮　王邵华　刘肖叶　赵　戈
黄　琼　管宁宁　徐　瑞　杨　民
邓秀梅　纵　强

Wuhan University Press
武汉大学出版社

图书在版编目(CIP)数据

拨开迷雾:信息化局部战争美军典型战例研究/刘鹏主编.—武汉:武汉大学出版社,2021.6(2024.12 重印)
ISBN 978-7-307-22260-1

Ⅰ.拨… Ⅱ.刘… Ⅲ.信息战—局部战争—战例—研究—美国
Ⅳ.E866

中国版本图书馆 CIP 数据核字(2021)第 072737 号

责任编辑:黄朝昉　　责任校对:孟令玲　　版式设计:天　韵

出版发行:**武汉大学出版社**　(430072　武昌　珞珈山)
(电子邮箱:cbs22@ whu.edu.cn　网址: www.wdp. com.cn)
印刷:武汉图物印刷有限公司
开本:720×1000　1/16　印张:16.75　字数:274 千字
版次:2021 年 6 月第 1 版　2024 年 12 月第 3 次印刷
ISBN 978-7-307-22260-1　定价:58.00 元

版权所有,不得翻印;凡购我社的图书,如有质量问题,请与当地图书销售部门联系调换。

前　言

习主席提出："大兴学习战争、研究战争之风，多读马克思主义经典军事著作，多研究古今中外战史战例。"他山之石，可以攻玉。在学习战争、研究作战特别是研究战史战例过程中，对外军尤其是以美军为代表的世界军事强国最近战争实践的总结梳理和最新战例的分析研究尤为重要。

近年来国内对美军的研究如火如荼，也取得了令人瞩目的成就。但细看这些研究成果，大多数以研究美军的战略战役理论或者武器装备为主，鲜见对美军战术的研究。众所周知，规模再大的战争或战役都是由一个个实实在在的战斗累积而成的。要研究美军，就必须从剖析战例入手研究其战斗行动，研究其战斗行动中如何运用战术思想和理论，研究其作战行动的特点、规律和经验教训，进而探究信息化局部战争的作战机理，这才是对美军作战的基础性研究。美军自身历来高度重视战例研究，认为"一个真实、鲜活的战例胜过一打空洞、枯燥的理论"，认为战例研究可以让指挥官透过"战争迷雾"发现问题的本质，能够让后来者走进历史、亲历历史，让枯燥的理论变得生动鲜活。

美军在近几场信息化局部战争中作战理论创新不断、作战行动频仍，既积累了丰富经验，也留下了深刻教训。据此，笔者较为系统地对21世纪以来美军在伊拉克、阿富汗以及全球其他战场的最新战争实践进行梳理，挖掘出具有代表性的22个典型战例，涵盖城市作战、山地作战和特种作战等作战样式，既包括进攻战斗，也包括防御战斗，既有成功经验，也有失利教训。

本书最显著的一个特点是以美军地面作战和以地面力量为主的分队战术行动为直接研究对象，对每个战例进行直观、深入而具体的研究。对每个战例的研究都分为三个部分：首先为战例概要，让读者对战例全貌有个总体了解；其次介绍作战背景及经过，让读者对作战行动的背景、战前筹划和作战进程有客观的掌握；最后是战例评析，在客观叙述作战行动背景和经过基础上，对美军作战行动的主要做法和特点、存在问题及其对手的技战术特点进行深刻分析，总结成功经验及失利教训，进而探究信息化局部战争的制胜机理、揭示主要战略对手的技战术特点、薄弱环节和致命弱点，以期为我军有针对性地进行作战理论创新、瞄准强敌深入开展实战化训练提供有力抓手。

本书所载的很多战例是国内首次披露。在研究编撰的同时，将一些战例用于课堂教学及部队训练，深受广大学员和官兵喜爱。很多教员、学员和指战员认为战例剖析结构合理、研究深入、图文并茂，既反映作战理论，更注重作战实践，对院校和部队研究美军有很强的借鉴作用。克劳塞维茨曾说：“光辉的战例是最好的老师。”希望本书所载的战例能够引导读者“拨开战争迷雾”，透过层出不穷、令人眼花缭乱的新概念和新理论，看清美军真实的战斗力水平，领悟决胜未来战场的制胜之道。

目　　录

第一部分
城市作战战例

一、“迅雷行动”

（一）战例概要

2003 年 4 月，美军兵临伊拉克首都巴格达城下，指挥部因势而变，放弃了稳固包围、逐步推进、依次占领巴格达的计划，转而下达了单刀直入、出奇兵穿插巴格达的命令。美军特遣部队经过激战成功占领象征伊拉克政权的市中心建筑群。这次行动震惊世界，被称为 21 世纪的“闪击战”，具有重大的战略价值和政治影响。行动的成功突显了美军倡导的任务式指挥特点。

> 2003 年初第三步兵师进军巴格达是任务式指挥付诸行动的一个实例。该师通过出其不意的突袭行动（迅雷行动）进入巴格达。部队攻入巴格达市区后并没有停留，也没有放慢进攻节奏，而是抓住战机、随机应变，继续向市中心推进。美军突然出现在巴格达市中心给萨达姆政权致命一击。迅雷行动成功的原因在于军和师级指挥官在命令中阐述了明确的意图，相信下级的主动性、判断力和创造力，能够应对纷繁复杂的战场环境。……赋予地面部队指挥官相应责任和决策权，允许他们在上级意图范围内主动作为，正是我们陆军的优势所在。
>
> 大卫·珀金斯
>
> （美国前陆军训练与条令司令部司令、美国陆军四星上将、迅雷行动前线指挥官）

（二）作战背景及经过

2003 年 3 月 20 日伊拉克战争爆发。当日晚，美第 5 军第 3 机步师与海军陆战队第 1 远征军越过伊拉克与科威特边境，向伊腹地推进。为抵抗美军进攻，伊军组建 17 个现役师和 6 个精锐的共和国卫队师，采取纵深防御部署，重点防守油田、关键通道和人口中心等大城市，尤以首都巴格达为防御重点，仅在巴格达部署的共和国卫队就达 1.5 万人，此外还有萨达姆敢死队和复兴党民兵等准军事武装。

美军兵分两路，左翼为第3机步师，担任主攻；右翼为海军陆战队第1远征军，担任助攻。向巴格达推进途中，美军不与伊军纠缠，不以歼灭伊军有生力量或攻城略地为主要目标。对沿途城市及顽抗伊军，美军只以少量兵力牵制、包围，确保主力部队快速向巴格达推进。第3机步师向巴格达推进途中创造了日行军170千米的纪录，是海湾战争时开进速度的3倍，被称为“世纪狂奔”。

4月初，第3机步师经过2周700千米的奔袭抵达巴格达城外，并占领两处重要目标：第1旅占领位于巴格达西郊的国际机场，代号“目标狮子”；第2旅占领城南8号公路与1号公路的岔路口并建立前沿作战基地，代号“目标圣人”。美军下一步行动目标很明确，即占领巴格达、推翻萨达姆政权。

为实现上述目标，美军多措并举，进行了充分准备。首先，塑造有利战场态势。第3机步师从西、南两个方向完成对巴格达外围的局部封锁。美海军陆战队第1远征军从东南方向逼近巴格达，并切断进出巴格达的主要通道。第5军其他各部从西和西北方向逼近巴格达，并切断各条主要通道。为削弱伊军抵抗、减少攻城阻力，美军在巴格达城北网开一面、虚留一条生路，从而在巴格达外围形成围三阙一的有利态势。其次，美军详细研究并标绘出巴格达城内所有重要目标。美军利用各种侦察手段，标绘出能够详细呈现巴格达地形地物和关键目标的作战地形图。参战的各军兵种部队共享同样的作战地形图和目标数据系统。

尽管做了大量准备，美军仍面临情报缺乏这一难题。第5军军长华莱士中将和第3步兵师师长布朗特少将都没有掌握巴格达城内伊军实力和部署的准确情报。复杂城市地形和人为因素叠加产生的“战争迷雾”导致美军得出两种截然不同的情报判断结论。一种情报判断结论认为：大量共和国卫队已经进入巴格达；由精锐的特种部队指挥；伊军依托城市地形构筑严密防御体系，实施分区防守；大量准军事武装和外国武装分子进入巴格达，决心与美军决一死战。另一种情报判断结论认为：城内伊军部队建制混乱；缺乏有效的指挥控制；没有严密的防御体系；各部队的配置、装备和实力不详；伊军很多官兵改穿平民服装，军民混杂、难以辨别。巴格达究竟是陷阱还是空城？美军各级指挥官充满困惑，焦灼不安。

为搜集巴格达城内守军情报、探明城防虚实，美军提出一个大胆的行动方案，即派一支装甲特遣部队穿插巴格达城区，实施武装侦察，代号“迅雷行动”。4 月 4 日，第 3 步兵师师长布朗特命第 2 旅旅长珀金斯组建特遣队于 5 日清晨采取行动。旅长珀金斯将任务赋予施瓦茨中校指挥的第 64 装甲团 1 营。受领任务后，营长施瓦茨立即编组作战力量、制订行动计划，战前准备迅速高效。一是编组作战力量。营级特遣队辖官兵 731 人，分为 3 个连级战斗分队，30 辆 M1A1 主战坦克，14 辆布雷德利战车，14 辆工程车，此外还有其他机械化保障车辆。二是制订行动计划。营特遣队从前沿作战基地（“目标圣人”）出发，沿 8 号公路向北突入巴格达城西的中部，然后在关键路口“莫伊”左转，向西推进，与第 1 旅在巴格达国际机场会合。该计划一旦成功，将成为“二战”结束以来美军装甲部队首次突入大城市。

第一次迅雷行动

4 月 5 日 06:00，营长施瓦茨率装甲纵队沿 8 号公路向北开进，前锋为霍姆斯上尉率领的第 64 装甲团 1 营 A 连。为掌握伊军第一手情报，旅长珀金斯决定靠前指挥，乘装甲指挥车随特遣队一起进城。美军入城后不久就遭到伊军密集且持续的火力打击，大量民用车辆也涌向 8 号公路袭击美军。形势一度十分混乱，但是美军并没有减慢进攻速度，仍高速向市区推进。在 8 号公路第一座立交桥附近，美军一辆 M1A1 主战坦克被火箭弹击中，随后立即遭到从公路两侧围拢过来的伊军的围攻。美军立即根据应急预案处置，紧随其后的装甲车迅速将受损坦克包围，构成环形防御，以火力和防护力抗击伊军围攻，同时展开战场抢修。经过约 20 分钟抢修，坦克仍无法开动。为保持进攻锐势，营长施瓦茨果断下令放弃受损坦克，收拢坦克内的乘员，取出坦克内部敏感设备，然后继续向北进攻。美军装甲纵队抵达莫伊路口后左转向西郊机场推进，途中经过居民区时遭到大量伊军及准军事人员袭击，伊军设置了大量路障并试图实施自杀式袭击。美军依靠强大火力和快速机动力挫败了伊军的进攻。经过 2 个多小时的激战，美军成功抵达巴格达国际机场。

第 1 次“迅雷行动”取得了以下效果。首先，行动达成了突然性，完全出乎伊军意料，有效震慑了伊政权。旅长珀金斯事后回忆：“伊拉克人原以为能够在城外把我们打得流鼻血……认为我们不会一个街区、一个街区推进，他们没有料到装甲部队会直接进入市区。”其次，行动证明美军装甲部队能够以最小的损失和代价突入巴格达。美军仅有 1 人阵亡、4 人

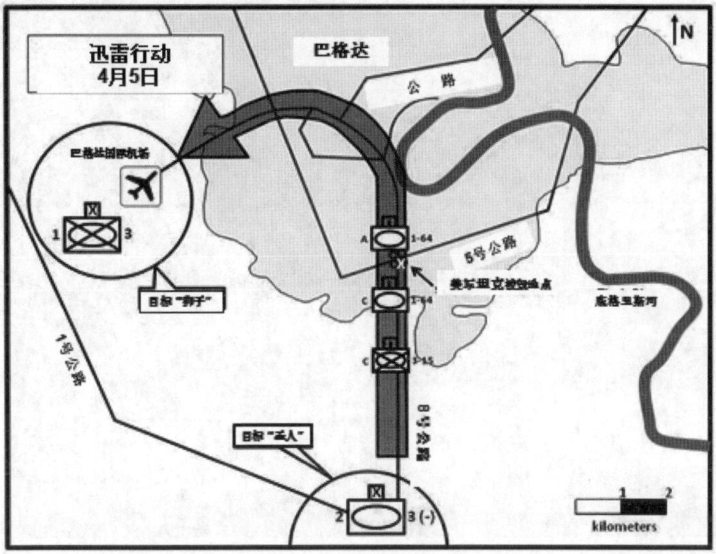

图 1　第一次“迅雷行动”经过图

受伤，1 辆坦克被毁。最后，获得了有关伊军实力、部署和战术特点等高价值情报。例如，发现伊军善于在立交桥等地集中火力发起攻击，善于利用桥梁进行隐蔽掩护并向美军翼侧迂回。军长华莱士和师长布朗特都高度评价这次行动，称此次行动拉开了更多装甲部队穿插巴格达的序幕，给萨达姆政权敲响了丧钟。然而，伊方却否认美军进入了巴格达城区，宣称胆小如鼠的美军已经被伊共和国卫队成功击退。

第二次迅雷行动

4 月 5 日傍晚，军长华莱士下令于 7 日采取同样的行动，师长布朗特再次将任务赋予第 2 旅。再次受领任务后，旅长珀金斯向师长提出一个更大胆的行动方案：率部进入巴格达城区后，在莫伊路口右转直接向市中心推进，占领底格里斯河畔的萨达姆行宫和执政党总部等象征伊政权的市中心建筑群。珀金斯把这些标志性建筑视为伊政权的“重心”，希望通过直插“重心”将突袭行动的战术胜利转化为战略成功。布朗特向华莱士报告了珀金斯的新方案，遭到华莱士拒绝。从战役角度看，当时美军地面部队司令部的总体计划是密切协同、稳固推进，逐步占领巴格达、推翻伊政权。从战术角度看，从前沿作战基地到市中心的距离长达二十几千米，华莱士担心交通线过长，孤军深入约五百万人口的敌对城市会被分割包围，

图2　2003 年 4 月 5 日，美军沿 8 号公路进攻

陷入孤立无援的境地，无法进行物资补给和伤员撤离。从历史角度看，美军上一次大规模城市作战带来的不是成功经验而是失败教训——1993 年兵败索马里、“黑鹰坠落”的教训令美军记忆深刻。基于上述考虑，华莱士决定采取更加稳妥的战术，采取与上一次相似的目标有限的行动。

在随后的 24 小时中，战场态势的发展充分展现了任务式指挥的实战运用。接到上级命令后，旅长珀金斯做了两手准备：一方面准备依令行动，到达莫伊路口后掉头返回；另一方面并没有放弃自己的新方案，而是进一步思考并完善率部进入市中心的构想。6 日下午，珀金斯召开作战会，向下级指挥官简述作战意图并明确作战任务：7 日拂晓全旅实施第 2 次突袭并做好在市中心过夜的准备。第 64 装甲团第 1 营打先锋，根据战场形势临机调整主攻方向，如果条件允许则向东北方向的市中心推进，占领目标“黛安娜”。第 64 装甲团第 4 营紧随其后，占领底格里斯河畔的两座行宫。第 15 步兵团第 3 营负责开辟并守卫从前沿作战基地到市中心的交通线，确保物资补给和伤员撤离畅通。为此，该营必须控制 8 号公路上的 3 个关键路口：克里、拉利和莫伊。其中莫伊尤为关键，能否控制莫伊决定着美军的主攻方向甚至行动成败。

7 日拂晓，美军实施第 2 次迅雷行动。行动开局不顺。伊军在美军前

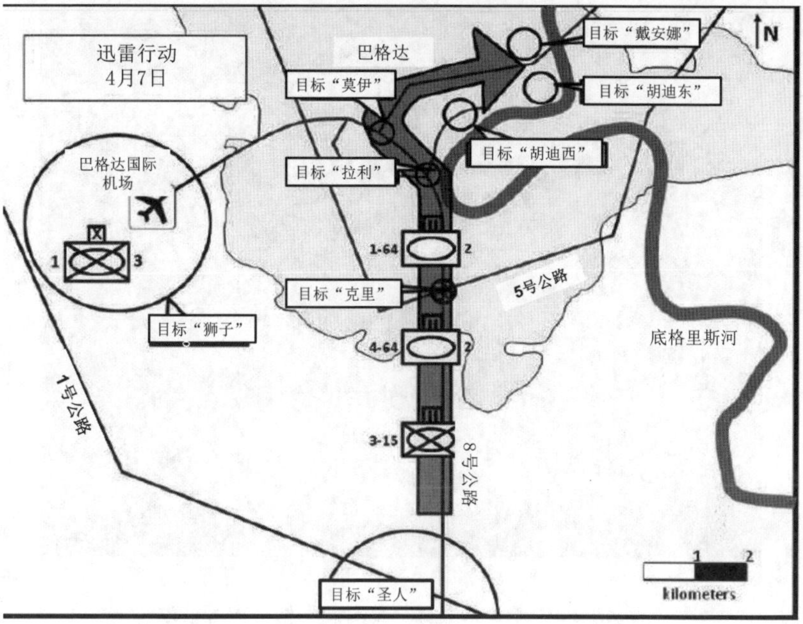

图3　第二次“迅雷行动”经过图

沿作战基地以北沿8号公路设置了长达500米的简易雷场。美军迅速派工兵连清除地雷，到05：38共排除444颗地雷。06：00第64装甲团第1营、第64装甲团第4营和第15步兵团第3营成纵队依次向北开进，出发几分钟后便遭到公路两侧伊军的攻击。美军各营贯彻旅长珀金斯的意图，前面两个营快速向前推进，把沿途目标和受损车辆留给后续部队处理。在美军向莫伊路口推进途中，珀金斯通过无线电台向师部报告，伊军的抵抗远没有上次猛烈，美军具备进入市中心的条件。07：00刚过，美军装甲纵队驶离8号公路向市中心推进，不到1个小时就占领了底格里斯河畔的两座行宫，先锋部队占领目标“黛安娜”。

然而，从这时开始战场形势急转直下，急剧恶化。第15步兵团第3营没有能够有效控制住8号公路，在3个关键路口均遭伊军顽强抵抗。持续激战导致莫伊路口美军1个机步连弹药告罄。更糟糕的是，伊军在8号公路伏击了美军的物资补给车队，5辆运输卡车被毁，2名士兵阵亡，弹药和油料等关键物资无法运抵前线。战场形势十分危急，美军陷入进退两难的困境。关键时刻，旅长珀金斯展现出较强的应急处突能力，没有草率地做出率部撤退的决定，而是采取了一系列有效的应急处置措施，同时申请

图 4　2003 年 4 月 7 日，美军向巴格达市区进攻

上级支援。10:16，师长布朗特派增援部队赶到并占领克里路口，这样第 15 步兵团第 3 营就可以集中力量攻打拉利和莫伊。当天下午，美军成功击退了 8 号公路上的伊军，确保了交通线畅通。日落前，燃料和弹药运达市中心的一线部队。当天傍晚，军长华莱士同意第 2 旅在城内过夜。最终，当电视播出美军占领萨达姆权力中心的画面时，城内伊军的心理防线被彻底击溃，大量部队顷刻间“人间蒸发”，萨达姆政权迅速垮台，美军几乎兵不血刃地占领了巴格达，“迅雷行动”实现了战术和战略上的双赢。

（三）战例评析

“迅雷行动”是具有重要战略意义和政治影响的作战行动，美军以迅雷不及掩耳之势迅速占领巴格达。巴格达之战的进程和结果出人意料，并没有发生军事专家所预期的惨烈的城市巷战。从作战指挥角度看，此次行动是任务式指挥运用于实战的成功范例。任务式指挥是指指挥官使用任务式命令行使权力、下达指令，支持下级在指挥官意图范围内发挥主动性，授权灵活机敏、适应力强的领导者实施联合地面作战。美军提出的任务式指挥六项原则在迅雷行动中得到充分体现。

1. *在相互信任的基础上构建有凝聚力的团队*

首先，团队凝聚力基于官兵之间的相互信任。珀金斯自 2001 年任第

2 旅旅长以来，高度重视保持部队的稳定和互信，尤其注重营级指挥官的连续性，将营指挥官轮换频率保持在较低水平，通过官兵长期共处增进相互了解和相互信任。战前该旅在科威特进行了 6 个月强化训练，通过临战训练进一步增强了官兵的互信和部队凝聚力。珀金斯亲临演训场，多次见证了官兵在训练中的出色表现，对下属的能力、素质和团队凝聚力充满自信。战后珀金斯将相互信任视为“任务式指挥的基石”。

其次，团队凝聚力基于各级指挥官之间的相互信任。在战斗中，军长和师长充分相信前线指挥官的主动性和判断力，尊重其根据战场形势变化做出的临机决断。在第 2 次突袭行动中，美军装甲纵队驶离 8 号公路、向市中心推进的行动在第 5 军指挥部引起震动。军长华莱士原以为第 2 旅到达莫伊路口后会依令行事、掉头返回，没想到部队会进入市中心。这让通过大屏幕上的蓝军跟踪系统关注战事发展的华莱士十分震惊，但是当听完师长布朗特的汇报、了解了珀金斯的意图并经过深思后，华莱士并没有计较下级背离既定方案的行为，而是充分认可前线指挥官发挥主动性和勇于承担风险所创造的战机，相信下级的临机决断并全力予以支持。战后，珀金斯将突袭行动的成功归因于华莱士和布朗特展示出的灵活性以及上下级之间的相互信任。

2. 各级指挥官在关键问题上达成共识

两次突袭行动展示出美军各级指挥官在复杂多变战场环境中能够同步思考、换位思考，进而在作战环境、作战目的、面临难题和应对之策等关键问题上达成共识。这种共识是完成战前准备和实现战场协同的重要前提。

同步思考表现为各级指挥官同步分析判断情况、理解上级意图和本级任务、定下决心，并行展开作业，进而在统一意志和达成共识的基础上充分发挥主动性、临机处置突发情况。在迅雷行动中，美军从师到营、连级指挥官都同步思考战场形势、作战目标和主要任务等关键问题并达成共识，均认识到首要目标是占领巴格达，并围绕这一目标同步筹划、准备和实施作战行动。

换位思考表现为各级指挥官能够考虑并关照彼此所关切的，从对方角度思考问题，相互信任，进而在关键问题上形成共识。作为战术指挥官，旅长珀金斯具有战略思维，能够从战役指挥官华莱士的角度出发，准确理解和把握上两级指挥官（军长华莱士）的作战意图和最终目标。珀金斯相信，装甲部队直插伊政治和军事中心将加速实现华莱士的意图，意义远超出目标有限的战术行动的累加。另一方面，军长华莱士作为战役指挥官具有战术敏感性，充分理解并尊重前线指挥官依据战场形势变化做出的临机决断。在第2次迅雷行动中，华莱士听取下级汇报并经过认真思考后，并没有责备珀金斯偏离既定方案、率部向市中心推进的行为，而是予以支持，称："我相信你们的判断。如果你们能到达并守住行宫，那么你们来敲门，我来清扫房间。"

此外，同级指挥官能够在关键问题上达成共识。第2旅各营指挥官均认识到，保持作战节奏和进攻速度是成功完成任务的关键，并将共识落实到具体作战行动中，进攻途中将沿途大量目标和受损车辆留给后续部队解决，确保主力进攻锐势不减。

图5 2003年4月华莱士中将听取珀金斯上校（右一）情况汇报

3. 提供清晰的指挥官意图

指挥官意图是对作战目的和预期军事最终状态清晰而简明的表述，为参谋和下级提供关注的重点，支持下级指挥官在没有接到进一步指令甚至作战行动未按计划展开的情况下自主行动，以实现上级预期的结果。指挥官意图是下级指挥官在动态变化的战场上，尤其当指挥通信中断、遭遇突发情况、战场形势逆转或出现重要战机时，临机决断、自主协同、动态调控部队行动进而实现作战目的的重要前提和支撑。指挥官意图要清晰、简明。在两次突袭行动中，军长华莱士和师长布朗特均提供了清晰简明的意

图：装甲部队穿插巴格达，探明巴格达城防情况，搜集巴格达城内伊军情报，对萨达姆政权持续施压进而促其垮台。

旅长珀金斯依据上级意图确定本级意图，并及时向下级传达。在第1次突袭行动中，珀金斯的意图是沿8号公路向城区进攻途中尽可能在城内制造混乱，“因为我的部队应对混乱形势的能力要远强于对手”。在第2次突袭行动中，珀金斯的意图依然清晰简明：“沿公路全速进攻，直接向市中心推进。如果车辆遭到打击而无法移动，那么车内乘员立刻下车并转移到其他车辆上，而后弃车继续进攻。”

4. 指挥官积极主动

任务式指挥要求，当战场上无法收到上级指令、原命令已不适应战场形势变化、出现意料之外的战机或威胁时，各级指挥官要积极主动采取行动，捕捉和创造战机，塑造战场态势向有利方向发展。在第1次突袭行动中，珀金斯主动靠前指挥，随特遣队进城。在第2次突袭行动中，珀金斯积极主动为部队进入并控制伊权力中心创造条件。当美军装甲纵队接近关键路口莫伊时，珀金斯及时评估战场形势，敏锐捕捉战机并果断定下决心，决定率部向市中心推进。珀金斯相信，装甲部队占领伊政权中心的行动会加速实现军长华莱士的意图，并判定如果行动成功其象征意义要远大于目标有限的战术行动。珀金斯战后回忆：“伊政权的重心是巴格达。如果能进入市中心并守住那里，就没有人能否认你已经控制巴格达。即使萨达姆还活着，他的存在已经无关紧要。”

服从命令是军人的天职，但珀金斯并没有盲目服从和刻板执行上级命令，而是将执行上级命令与发挥本级主动性结合起来，提出进入市中心的四个前提条件：第2旅能够不被伊军围困，有能力进入市中心；能够在市中心占领有利于防御的标志性地形；能够利用8号公路和通向市中心的高速公路开辟并维持陆上交通线；物资补给充足，具备在城内过夜的后勤条件。在战场上，珀金斯审时度势、机断行事，敏锐把握战机并果断调整既定方案，率部直插伊政权中心。服从并非盲从，主动并非妄动，珀金斯的行为并非违背命令，而是在充分理解上级意图基础上因势而变、因敌制胜，充分体现了一线指挥官的主动性、灵活性和创造性。

在后勤补给线被切断、一线部队弹药告罄、城内部队陷入进退两难困境的危急关头，珀金斯主动作为，展现出较强的应急处置能力。首先，没有草率地做出率部撤退的决定。珀金斯原计划以10：00作为定下最终决心的最后时限，但是根据战场形势变化进行灵活调整，将最后时限向后推迟，以便为所属部队赢得战斗胜利争取更多时间。其次，命令部队迅速由攻转防。珀金斯命各营主战坦克和步战车迅速占领市区内桥梁和路口等关键地形地物，依托有利地形、凭借装甲车辆较强的防护力组织防御。再次，果断采取节能措施。珀金斯命各营坦克关闭发动机，减少油耗。最后，积极申请上级支援。珀金斯的应急处置措施为城内美军赢得了宝贵时间，避免因补给中断而被迫撤离。军长华莱士评价："珀金斯的优点是善于把握战场形势、发挥主动性，这正是我们教育年轻领导们应该做到的。"

此外，在第2次突袭行动中，伊军火箭弹击中位于前沿作战基地的第2旅战术行动中心，导致战场指挥通信中断、前后方失联。在混乱中，该旅执行官威斯利中校沉着冷静地组织救治伤员、通信抢修和撤离受损车辆，不到45分钟指挥通信就得以恢复。威斯利还组织开设了临时战术行动中心，将指挥控制遭到的破坏降至最低。战后珀金斯高度评价了威斯利和战术行动中心全体官兵在混乱中积极主动、临危不乱的出色表现。

5. 使用任务式命令

任务式命令是向下级强调要实现的结果而非如何实现这些结果的各种指令，即只规定做什么而不规定怎么做，赋予下级最大限度的行动自由，要求下级最大限度发挥主动性。在两次迅雷行动中，旅长珀金斯都下达了书面或口头的任务式命令，具有清晰、简明的特点，便于下级理解和执行。在第1次突袭行动中，珀金斯命令第64装甲团1营沿8号公路一直向北进攻，直抵巴格达国际机场。珀金斯在命令中强调保持进攻锐势，避免与伊军纠缠，将沿途目标交给后续部队处理，要求下级指挥官最大限度发挥主动性。在作战中，尽管珀金斯随特遣队一起行动，但并没有干涉下级指挥，并没有越级对部队行动进行微观管理和过度控制，而是授予营、连指挥官充分的行动自由，将依令行事与根据战场形势变化机断行事有效结合起来。

在第2次突袭行动中，珀金斯下达的任务式命令与第1次相似，命两个装甲纵队直接向市中心进攻，第15步兵团第3营占领8号公路上的3个关键路口，开辟从前沿作战基地到市中心的交通线。第64装甲团第4营营长德雷珀战后回忆："任务就是快速通过，不陷入缠斗。"从实战效果看，清晰简洁的任务命令避免了下级产生误解和思想混乱，有利于下级发挥主动性和创造性。

6. 审慎地承担风险

美军任务式指挥规定，所有军事行动都存在不确定性，因此指挥官在定下决心时要审慎地承担风险，机遇与风险相伴，只有敢于承担风险才能暴露敌之弱点，合理评估并审慎承担风险是任务式指挥的根本要求，指挥官应重点关注如何捕抓和创造战机而非单纯地避免失败。上述规定在迅雷行动中得到充分体现。在第 1 次突袭行动前，在缺乏关键情报、敌情不明的情况下，珀金斯勇于承担风险，主动靠前指挥，选择与特遣队一起进城。在第 2 次突袭行动中，珀金斯主动承担起率部攻入巴格达市中心并在那里过夜的风险。主动不等于盲动，冒险不同于赌博。珀金斯的冒险是建立在审时度势、慎重考虑和精确评估基础之上的。首先，通过第 1 次迅雷行动掌握了有关伊军作战能力和战术特点等第一手情报，断定前一次行动的震慑效果会严重动摇伊军抵抗意志，因此可以利用伊军军心不稳的心理和上次行动的战果达成突然性。其次，战前提出的进入市中心并在城内过夜的 4 个前提条件已经具备。

美军攻占巴格达市中心关键目标后，战场形势一度急转直下、十分危急，身处困境的珀金斯没有仓促地做出率部撤退的决定，而是再次勇敢地承担风险，继续坚定而果断地指挥战斗。他战后回忆：“如果按照决策矩阵行事，可能就不会在城内过夜。”第 5 军在战后总结中高度评价了珀金斯审慎承担风险的战略意义：“将一个装甲旅留在巴格达市中心过夜，这个决定在当时看来是无法想象的，第二天形势才变得明朗。我们决不能低估美军装甲部队在夺控市中心过夜所产生的心理影响。”

延伸阅读

作为指挥迅雷行动的关键人物，美军第 3 机步师第 2 旅旅长珀金斯上校展现出卓越的领导力和指挥艺术。此战成名后，珀金斯先后升任第 4 机步师师长、合成兵种中心司令、陆军训练与条令司令部副司令等职务，2014 年 3 月晋升美国陆军训练与条令司令部司令，军衔四星上将。

二、夜袭萨迈拉城

(一) 战例概要

2004年伊拉克战场的萨迈拉城之战是美陆军合成营遂行城市夜战的典型战例。美军在白天遭到伏击的情况下，凭借夜战优势、在夜暗掩护下对反美武装发起反击并成功逆袭。美军行动的成功以掌握“制夜权”为前提，注重采取联合行动，力求减少附带伤亡，着眼于作战效能的快速聚集与精确释放，体现了现代城市夜战的制胜机理。反美武装在交战双方实力对比悬殊的情况下充分利用城市环境，精心设伏，避实击虚，达成了出其不意的效果。

(二) 作战背景及经过

萨迈拉城是伊拉克萨拉赫丁省的重要城市，位于首都巴格达西北125千米处，底格里斯河东岸，人口约20万，以逊尼派穆斯林为主，同时也是什叶派圣城。萨达姆政权被推翻后，该城安全形势持续紧张。2003年12月，美军发起“常春藤行动”，企图一举消灭城内反美武装、稳定局势，但是行动未达到预期效果。反美武装头目在美军行动开始前就已经秘密出城，并于2004年2月返回城内，再次对美伊联军发动袭击。2004年3月，美军第1步兵师第2旅26步兵团1营驻防萨迈拉城，决定再次采取攻势行动，肃清城内反美武装。

该营根据作战任务需求编组为营级特遣队，辖3个连规模的机动作战分队。A队辖2个“布雷德利”战车排和1个“悍马”车排，由本杰明·马林上尉指挥。B队辖2个“布雷德利”战车排和1个M1A1坦克排，由威廉·洛克菲勒上尉指挥。C队原为纽约州陆军国民警卫队第108步兵团2营C连，由乔治·罗德里古伊兹中尉指挥，辖3个空中突击步兵排，只装备载重5吨的卡车和少量“悍马”车。这种敞篷卡车缺少防护，美军士兵将其称为“吸引火箭弹的磁铁”。

美军将城区划分为12个区，以数字编号，每个区再划分为若干更小的分区。此外城内所有东西走向道路均以NBA球队命名，南北走向街道以阿拉伯数字命名。3月11日，B队奉命在城区西南编号“第10区”的地域内执行封锁/搜查任务。C队占领位于城东南部的战术集结地域和交通检查站，并在重要岔路口建立阻击阵地，为B队提供支援。A队负责萨迈拉城外的前沿作战基地的安全警戒。出发前，C队在战术集结地域发现敌人武器弹药藏匿点，连长留下第3排和第1排一半的兵力处理发现的武器弹药。当时，1营营长艾伦中校正在提克里特美军基地向旅长汇报工作，因此行动由营作战官凯斯普尔少校统一指挥。

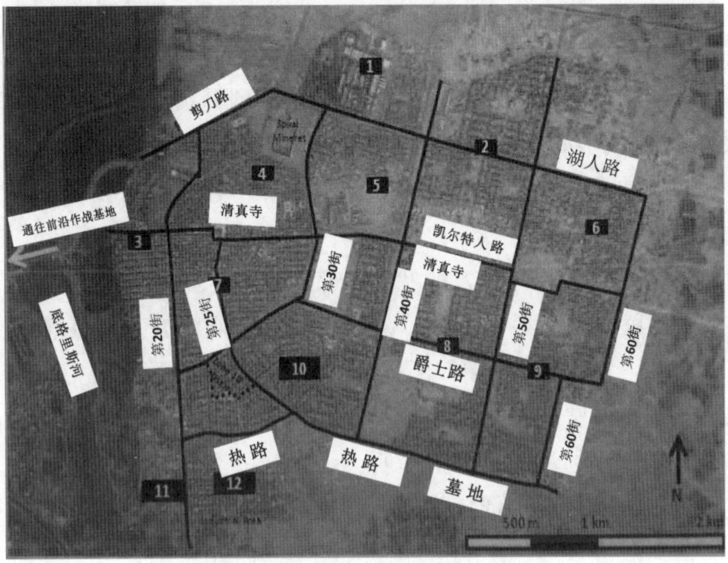

图6　萨迈拉城2004年的地形图

作战经过

1. 美军遭遇伏击

3月11日下午，B队从前沿作战基地出发前往萨迈拉城区。营作战官带领战术指挥所随B队一起行动，营侦察排2辆“悍马”车负责指挥所安全警戒。与此同时，由第2排和第1排一半兵力组成的C队车队从城市西南角向预定阻击阵地开进。当C队行进至“热”路与第60街的岔路口时突然遭到迫击炮袭击，简易爆炸装置几乎同时接连在车队附近爆炸。随后，反美武装持轻武器从屋顶和巷道向美军射击。C队陷入反美武装精心设计的伏击圈，顷刻间1人阵亡、多人受伤。经过最初的慌乱，美军立刻组织反击，同时编组车队向特种部队在城内的秘密据点运送伤员。

C队遭到伏击时，B队正在执行封锁–搜查任务。得知C队陷入困境，B队立刻停止搜查，乘车前往救援。增援途中，B队不断遭到袭击。最后，C队通过发射红色烟幕弹指示方位，才成功向增援部队告知自身位置。在此期间美军车队不断遭到迫击炮猛烈袭击。当B队赶到C队遭到伏击的地点时，那里的战斗已经结束。C队已经冲出伏击圈，到达特种部队的秘密据点。B队指挥官重新评估战场态势，临机调整行动方案，率部向北进发。途中，B队遭到敌人轻武器和火箭弹猛烈袭击，位于车队后部的营战术指挥所和连部被敌人围困掉队。然而，在前面开路的B队指挥官并不了解这一情况，到达预定集合地点后才发现已经与连部和营战术指挥所失联，于是率队折返救援，途中B队2排在城区一座清真寺附近陷入敌人精心设计的伏击区。反美武装依托清真寺向美军车队猛烈开火。此时，深陷伏击圈的B队连部和营指挥所仍在与敌人激战，通过电台请求支援。第2排军士长乘步战车迅速前往救援，帮助连部和营指挥所进行仓促防御，最终击退了敌人的进攻。

此时，B队指挥官与第2排以及连部、营战术指挥所均失去联系。战场形势异常严峻复杂。关键时刻，陆航1团1营的2架“阿帕奇”武装直升机飞抵战场上空，提供近距离空中支援。凭借空地联合火力打击，美军迅速取得压倒性优势，击退沿途之敌。经过一番激战和搜寻，B队指挥官终于与第2排、连部和营战术指挥所会合，建立仓促防御阵地。此时美军再次遭到袭击。反美武装依托附近清真寺向美军猛烈开火，B队指挥官下令还击。击退敌进攻后，B队指挥官决定率部向北机动，与仍在城北的第3排会合。为减少与敌接触，美军没有从城中穿过，而是沿城东侧迂回。此时，C队第3排仍在城南战术集结地域待命，等待空中支援，最后在2架“基欧瓦勇士”直升机掩护和指引下到达B队所处位置。会合后，B队指挥官派C连第3排护送伤员返回特种部队据点，该排在特种部队据点与已经到达的C连指挥官会合。

第26步兵团1营营长得知部队在城内遭伏击后立刻返回前沿作战基地，带领营侦察排前往萨迈拉城区，在城区西北角与B队会合，此时营长身边共有4辆坦克和10辆步战车可以投入战斗。营长决定利用美军夜战优势，等天黑后再发起进攻。

2. 美军夜间反击

3月11日21:00，美军发起攻击，沿途遭到敌人的火力打击。美军立刻停止前进，召唤前沿作战基地的155毫米自行榴弹炮实施火力打击。22:00左右，B队越过城中心区的清真寺继续向南推进，这时弹药和油料严重短缺，B队被迫回到前沿作战基地补给休整。营长面临关键决策：进行补给后是否继续采取行动？如果继续采取行动能够使用哪支力量？此时，B 队和 C 队已经连续作战超过 6 个小时，人员出现伤亡，车辆出现损失，部队均已疲惫不堪。这是该营部署到伊拉克以来经历的最激烈战斗。营长可以使用的兵力已经非常有限。但是，如果美军停止进攻，就会给反美武装喘息之机，鼓舞反美武装的士气，认为他们已经将美军驱逐出城。

经过反复权衡，营长决定继续进攻，其理由如下。一是经过几个小时的战斗美军已经基本掌握敌情，对城内反美武装的实力、战术和配置心中有数。二是战斗中美军已经占据主动权，继续进攻可以使美军保持主动权。三是美军具有夜战优势，可以在自己选择的时间段内迫使敌人在不利的形势下投入战斗。此时，营长掌握的三个机动战斗分队情况如下：A 队驻守前沿作战基地，还没有投入战斗。B 队已经筋疲力尽，但是经过补给可重新加入战斗。C 队同样疲惫不堪，并出现人员伤亡，实战证明敞篷卡车防护力薄弱，成为反美武装的优选目标。

美军回到前沿作战基地进行休整之际，营长制订了继续进攻的作战计划：命令驻守前沿作战基地的 A 队加入战斗，把第 50 街、“爵士”路和“热”路之间的地段作为作战行动的重心；命营部连代替 A 队驻守前沿作战基地，营长带领 A 队和 B 队发起进攻，由战术指挥所和营侦察排提供掩护；营执行官在前沿作战基地的战术作战中心监控作战进程并与上级保持联系。3 月 12 日 01：00，该营指挥官率 A 队、B 队和营战术指挥所在侦察排掩护下离开前沿作战基地。A 队 1 排在第 50 街与“爵士”路的岔路口建立防御阵地。第 2 排和第 3 排在机动途中遭到袭击。与此同时，B 队跨过桥梁向城内机动，B 队第 3 排在城内清真寺附近下车搜剿，坦克排继续向南推进，在岔路口附近遭到火箭弹袭击，坦克随即开火还击。经过激战 A 队与 B 队在清真寺附近的岔路口会合，而后 A 队继续向南清剿。3 月 12 日 04：00，战斗结束，美军基本肃清了城内敌人。在整个行动中，美军共击毙敌人约 45 名，美军 1 人阵亡，7 人受伤。

（三）战例评析

美军作战行动特点

1. 充分发挥夜战优势，掌握“制夜权”。夺取并掌握“制夜权”是美军遭遇伏击后转败为胜、成功逆袭的主要原因。该营作战官回忆：“此次作战虽然在敌人的地盘上进行，却是在我们选择的时间（夜里）展开。”首先，凭借先进的指挥通信系统和夜视器材，获得非对称优势。所有坦克、步战车和“悍马”车均加装蓝军跟踪系统，可以在夜间不间断地传输并显示战场态势信息，实现上下级、前后方和左右邻互联互通。此外，各种车辆还配有车载热成像仪，单兵装备夜视仪，实现了夜间战场单向透明，给处于夜战劣势之敌造成恐慌。尽管反美武装预有准备，且占有地形优势，但是完全没有料到美军夜战能力之强，仍以传统思维和战法与美军对抗，结果由主动陷入被动。A 队军士长回忆：“他们蜂拥上来，试图与我们交火，他们一定认为我们没有看到他们。片刻之间我们就把敌人放倒了。”这样的战斗产生了巨大的心理震慑作用，迫使反美武装放弃战斗、纷纷溃逃。

其次，无人机在侦察情报、引导打击等方面发挥了重要作用。美军在敌情威胁大、地形复杂的城市环境中之所以敢于在夜间发起袭击，主要得益于无人机提供的有力支援，实现了战场态势实时感知。夜袭行动开始后，美军第 1 步兵师向城中一线部队提供了及时、有效的无人机支援。行动开始不到 1 个小时，无人机就飞抵战场上空，为地面部队指示前进方向、提供动态敌情信息。美军从前沿作战基地完成补给休整重返城内后，无人机引导 A 队和 B 队准确发现了敌人阵地，有效缩短了行动时间，提高了行动效率，达成出其不意的效果。

最后，战法灵活有效，快速聚集并精确释放作战效能。此次城市夜袭，美军凭借“制夜权”，采取快速机动、立体驱歼的战法，将敌人驱赶至预设伏击阵地，进而大量歼敌有生力量。装备先进夜视器材的美军地面部队与无人机、武装直升机密切协同，在夜间复杂城市环境中快速机动、立体穿插，既降低了被敌人跟踪和定位的风险，同时也打乱了敌人作战节奏和战斗部署。与此同时，美军利用夜暗掩护，在敌人必经之路上精心选择和设置伏击阵地，并成功将敌人驱赶进入预设“口袋”，而后采取空地协同、立体驱歼战法一举歼敌于阵内，是一次典型的“锤”与“砧”的密切协同，实现了作战效能的快速聚集和精确释放。

2. 注重采取联合行动，尽量减少平民伤亡。在城市夜战中，为尽量减少平民伤亡、降低负面影响，美军十分重视与东道国合作，注重采取军民联合行动和联军行动，让伊拉克市政当局、警察和安全部队发挥更大作用。在发动夜袭之前，美军先与萨迈拉市政当局密切沟通，由当地政府发布宵禁令，在城区实施宵禁，并通过清真寺向全城居民广播，要求天黑后所有居民留在家中、不要外出。宵禁行动取得良好效果，有效减少了夜袭行动中的平民伤亡。在清剿城内清真寺等敏感目标过程中，美军注重发挥伊安全部队作用，由伊军进入清真寺等场所进行搜查，美军负责清真寺外围的封锁警戒。此外，美军还与伊警察密切配合，让当地警察负责指引道路和入户搜查，既减少了对城市地形的生疏，又密切了与当地居民的联系。

3. 严格限制火力运用，力求避免附带杀伤。城市作战地形复杂、建筑密集，敏感目标多，而且作战行动又是在夜间进行，很容易引起附带伤害、造成负面影响，因此美军严格限制火力运用。这种做法一方面有效减少了平民伤亡和财产损失，降低了作战行动造成的负面影响；另一方面自身火力优势受到限制、难以发挥，延缓了作战进程，使一线官兵面临较大风险，付出更多伤亡代价。此次行动中，C 队陷入敌人精心设计的伏击圈，遭到猛烈的迫击炮袭击，前线指挥官立刻申请上级对敌人迫击炮阵地实施火力打击。但是，由于目标位于城区，附近建筑密集，容易造成附带损伤，这一申请被拒绝。美军在夜间行进途中遭到来自清真寺内敌人轻武器的袭击，部队停止前进，召唤位于前沿作战基地的炮兵实施火力打击。第一次射击偏离目标，炮弹落在距目标约 100 米处。B 队指挥官申请对目标再次进行打击，上级因担心造成附带杀伤，拒绝了这一申请。

4. 敌情意识强，善于见微知著、快速反应。美军能够在复杂多变的城市作战环境中敏锐地感知敌情威胁、准确判断战场形势变化并迅速做出反应。B 队进入城区后，发现很多商店关门闭户、街上少有行人走动、当地平民表情异样，通过种种表象敏锐察觉到危险的存在。营战术指挥所立即通过车载电台向所有车辆和人员发出战斗警报，要求所有人员做好战斗准备，有效减少了敌人突袭造成的损失。C 队进入城区后也敏锐地意识到情况异常，并加强警戒。在遭到敌人预有准备、精心设计的伏击后，C 队能够迅速从慌乱中恢复过来，组织有效反击、撤离伤员。C 队指挥官回忆："当我们下车战斗、组织反击时，敌人很惊讶，一时间竟不知所措。"①

美军行动中出现的问题

1. 前沿作战基地选择不当，位置过于偏远。前沿作战基地负责战时的指挥控制、通信联络、协调空地火力打击、物资补给和后勤保障等，责

---

① John Mcgrath. *Between the Rivers: Combat Action in Iraq 2003 - 2005* [M]. Fort Leavenworth, KS: Combat Studies Institute Press, 2012.

任重大、地位重要。然而，此次行动中，美军前沿作战基地远离城区，位置过于偏僻，极大限制了各项功能的发挥，给作战行动造成不利影响。美军前沿作战基地位于城外西北郊，尽管靠近主要交通补给线，但是无法监视萨迈拉城区，难以实时掌控战场态势，难以及时向城内一线部队提供有力支援。另一方面，城内一线部队伤员撤离和物资补给均遇到巨大困难，不得不涉险穿越敌人火力区。在夜袭行动中，为了进行物资补给和休整，部队不得不撤出城区，与敌人脱离接触，从而让敌人认为美军作战行动失利、被迫撤退，鼓舞了反美武装的士气。第 26 步兵团 1 营作战官回忆："前沿作战基地位置不理想。如果位于城区，我们就不必与敌人脱离接触。由于位置过于偏远，我们不得不撤到城外。"

2. 指挥通信系统在城市作战中暴露出易受干扰、不稳定等各种问题。萨迈拉虽然只是一个人口约 20 万的中小城市，但具有典型的城市环境特征，电视台、广播站、发电站和高压线等强电磁信号源众多。电磁波经过城市建筑的反射和折射，再受到外来军用电磁信号干扰，极易形成复杂电磁环境，干扰战场通信正常进行。在作战中，美军指挥通信系统暴露出各种问题，不能做到此断彼通，不能做到全时域、全手段通联，缺乏备份保通、底线保通等手段，不能在激烈战斗中且受到电子干扰时保持实时通联。B 队得知 C 队遭遇伏击后前往救援，关键时刻车载蓝军跟踪系统出现故障，无法显示 C 队位置信息，导致行动迟缓、增援受阻。B 队指挥官回忆："我根本无法在蓝军跟踪系统上找到他们。"① 另一方面，C 队使用的地图老旧，与 B 队的地图不匹配，无法向增援部队提供准确位置信息。此外，B 队 2 排在救援途中遭遇伏击，排长所乘步战车的车载电台和一体化观瞄系统在关键时刻失灵，无法与上下级取得联系，排长被迫暴露在炮塔外指挥战斗。

反美武装行动特点

1. 精心设伏，避实击虚，出其不意发起袭击。首先，准确把握袭击发起时机。反美武装选择美军城内兵力空虚之时果断发起袭击，令对手措手不及。反美武装发起袭击前，美军城内只有 1 个迫击炮小队和作为快反部队的第 10 特种作战大队"阿尔法"分队，负责萨迈拉城防的第 26 步兵

① John Mcgrath. *Between the Rivers: Combat Action in Iraq 2003 - 2005* [M]. Fort Leavenworth, KS: Combat Studies Institute Press, 2012.

团1营营长正在外地。无论是指挥力量还是兵力部署，美军都相对薄弱。反美武装敏锐捕捉到这一有利战机果断发起攻击，令美军猝不及防。其次，精心选择打击目标。反美武装在城内设置了多个伏击区，没有首先袭击装备精良、战斗力较强的B队，而是把防护力较差、战斗力较弱的C队作为首选打击目标，集中火力和兵力发起猛攻，取得击毙、击伤美军多人并击毁卡车多辆的战果。最后，密切协同，围点打援。反美武装密切配合，围攻C队的同时，在美军增援部队必经之路上巧妙设伏并成功伏击前来救援的B队，切断美军车队前后联系，重点打击位于车队后部最重要、最敏感且战斗力较弱的连部和营战术指挥所。

2. 充分利用本土作战优势，封锁情报源、重叠设伏、依托敏感目标发动袭击。首先，有效控制城市居民，封锁情报源，达成袭击突然性。美军进城后，虽然感到情况异常并有所警觉，但是缺乏可靠的人力情报支撑。反美武装严密封锁消息，并有效控制当地民众，使美军难以获得高价值第一手情报，无法查明对手的企图、部署和行动，始终处于城市作战的迷雾之中，处处陷入被动。其次，有效利用城市地形，重叠设伏。反美武装利用道路纵横交错、建筑密集的城市地形，层层设障、重叠设伏，多次成功伏击美军，严重迟滞了美军的清剿、搜查和救援行动。此外，反美武装还利用楼顶、房间和巷道隐蔽接敌，而后使用火箭弹袭击美军近距离空中支援飞机，有效遏制了美军空中优势的发挥。第一次袭击，反美武装的火箭弹击中美军“阿帕奇”武装直升机尾翼，迫使直升机无功而返。第二次袭击，反美武装的火箭弹击中美军“基欧瓦勇士”直升机一架，飞行员受伤，飞机在城区迫降。最后，依托宗教场所等敏感目标发动袭击，抑制美军火力优势。反美武装利用美军交战规则中对宗教场所等敏感目标慎用火力的规定，以清真寺作为掩护向美军发动袭击，既有效保护了自己，也制约了美军火力优势的发挥。

三、费卢杰之战

（一）战例概要

代号“新黎明”行动的第二次费卢杰作战行动是伊拉克战争中最大规模的城市攻坚战，也是自1968年越南战场顺化战役结束以来美军进行的最大规模城市巷战。美军在付出沉重代价后艰难取胜。此役体现了美陆军联合其他作战力量进行城市攻坚作战的主要做法和特点，同时也暴露出各种问题与不足。反美武装机动灵活，采用城市伏击战、地道战等战法有效杀伤美军，迟滞其作战行动。交战双方的各自特点从不同侧面诠释了现代城市作战的制胜机理。

（二）作战背景及经过

费卢杰位于伊拉克的安巴尔省，距首都巴格达约69千米，素有“清真寺之城”的美名。萨达姆政权被推翻后，该城暴力袭击事件不断。2004年3月底，美国黑水公司4名保安在费卢杰附近遇袭身亡。美军迅即回应，于4月初发起代号为“英勇决心行动”——第一次费卢杰作战行动。受兵力、火力和交战规则等因素限制，美陆战队进展不顺、伤亡严重，经过一周激战被迫撤出费卢杰。美军的撤出被反美武装视为重大胜利加以宣传，费卢杰一度成为反美运动象征，吸引来自伊全国各地及周边国家的反美武装不断涌入。为铲除反美武装温床并为即将举行的伊拉克选举铺平道路，美军于2004年11月发起代号为“新黎明行动”的第二次费卢杰作战行动。

根据美军计划，此次行动由陆战1师统一指挥，该师主要作战力量为第7和第1两个团战斗队。第一次费卢杰作战行动失利的教训让陆战队认识到陆军重型机械化部队在城市作战中的重要作用。因此，陆战1师向上级申请并得到陆军增援，将配属的陆军第2步兵团2营和第7骑兵团2营分别编入第7和第1团战斗队，第1骑兵师第2旅战斗队（绰号“黑杰克”旅）负责费卢杰外围警戒封锁。此外，伊安全部队也编入特遣部队，随美军一起行动。战前，美军切断了费卢杰与外界的联系：“黑杰克”旅在城东、南两个方向建立阻击阵地，陆战1师占领了城西的费卢杰医院和横跨幼发拉底河的两座桥梁，城北为美军的进攻出发阵地。完成对费卢杰

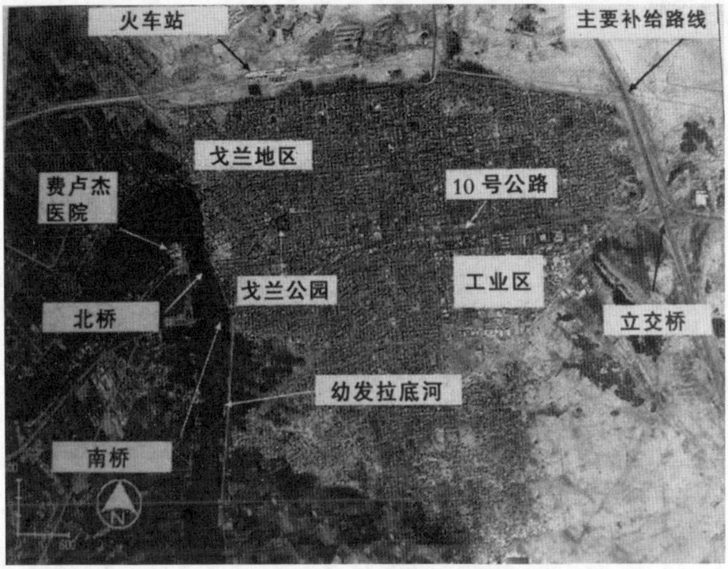

图 7　费卢杰关键地形图

的包围后，美军通过散发传单及扩音器宣传等方式劝告城内平民撤离，并采取佯动、突袭和封锁搜查等行动迷惑敌人。此外，美军还对疑似简易爆炸装置和敌人阵地等目标实施空地火力打击，为地面进攻清除障碍。

图 8　第 2 步兵团 2 营营长纽厄尔进行战前最后动员

作战经过

11 月 8 日，美军两个攻城集团由北向南对费卢杰发起并肩攻击，西侧第 1 团战斗队担任主攻，东侧第 7 团战斗队为助攻。

东侧攻城集团作战经过

东侧攻城集团为陆战队第 7 团战斗队及配属的陆军第 2 步兵团 2 营。

1. 打开突破口

11 月 8 日清晨，美军侦察分队从进攻出发阵地迅速转移至城东北角的火力支援阵地，实施直瞄和间瞄射击，击毙 30 多名敌人，拔掉敌人多处据点。8 日 19：00，一个装甲连进入火力进攻阵地，为打开突破口行动提供火力支援。该连指挥官召唤炮兵对前方重要目标实施火力打击，与此同时坦克和步战车进行三次齐射，使敌人陷入混乱并出现大量伤亡，削弱了突破口处敌人的防御力量。19：15，工兵分队在事先选定的突破地段使用直列装药扫雷器引爆了大量简易爆炸装置。10 分钟后，美军一个机步连成功打开突破口并迅速突入。20：13，一个装甲连通过突破口，在向目标机动途中用 120 毫米主炮摧毁沿途路障。在遭敌人持续火力打击情况下，该连仍有效协同炮兵、坦克和步战车火力，摧毁了大量车载简易爆炸装置和多个火力点，消灭大量敌人。当陆军成功打开突破口并消灭城区东北部大量敌人之际，陆战队打开突破口行动受挫。危急时刻，陆战队借用陆军的突破口入城。

2. 进攻与清剿

11 月 9 日清晨，美军两个机步连向“夫兰”调整线（10 号公路）发起进攻。美军的攻势迅速而猛烈，击毙数十名敌人，自身也出现伤亡。14：10，陆军一线部队接到命令，在“夫兰”调整线停止进攻并折返向北清剿残敌。10 日，陆军的一个机步连继续向北清剿残敌，另外一个连负责确保“夫兰”调整线安全。11 日，陆军所有部队回到“夫兰”调整线，准备继续向南进攻。在此期间，陆战队擅自更改通信安全措施，导致战场通联受阻，一度出现混乱。12 日 06：00，美军到达“珍娜”调整线，并接到通知到 11 时才能发起新的攻势。等待期间，美军遭敌人重兵伏击，伤亡较大。危急时刻，一线指挥官果断决定率部向北机动，回到“伊莎贝拉”调整线。12 日至 13 日，美军在“伊莎贝拉”调整线与“卡伦”调整线之间实施搜剿。13 日 15：00，美军继续向南进攻。14 日至 20 日的搜剿行动和城市巷战十分激烈，美军最终取得胜利，但是协同不顺、通联不畅、支援不利等问题导致行动迟缓、人员伤亡和装备损失。20日，陆军与陆战队完成任务交接后撤出费卢杰。

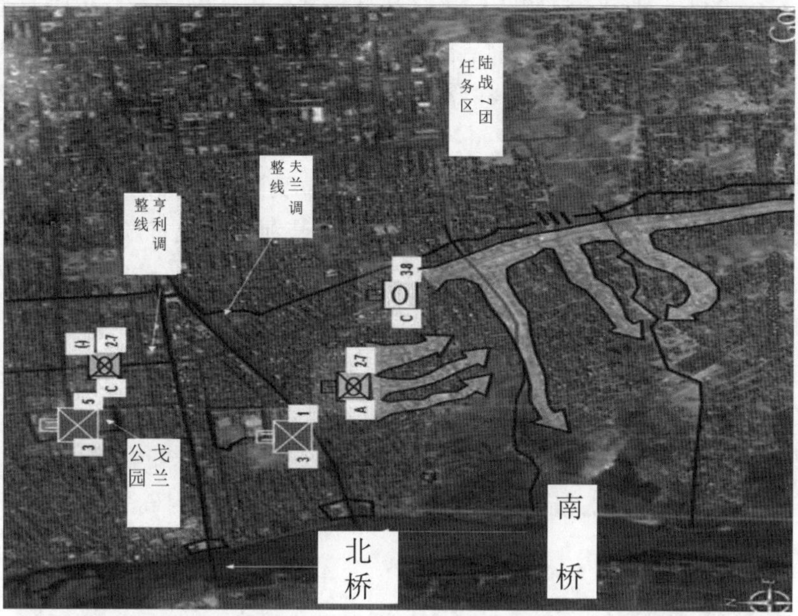

图9　2004年11月11—21日美陆军与海军陆战队并肩作战图

西侧攻城集团作战经过

西侧攻城集团为美陆战队第1团战斗队及配属的陆军第7骑兵团2营。

1. 打开突破口

11月8日14:00，美军开始实施打开突破口行动。美军将突破口选在火车站西侧，先使用空中力量投下8枚炸弹，随后用推土机从铁轨护道中间打开两个缺口。19:00，美军占领火车站，为正向突破地段机动的工兵提供火力掩护。工兵分队到达突破地段后，使用直列装药扫雷器从敌人设置的雷场中开辟了两条通路。在打开突破口和开辟通路过程中形势一度混乱。经过一番周折后突破口终于打开，美军一个陆战连率先通过突破口，并向南机动到达“亨利”调整线。在此期间，该连只遭到零星的火箭弹和轻武器袭击。美军用重机枪还击并销毁大量简易爆炸装置，消灭了沿途抵抗之敌。美军一个骑兵连随后通过突破口。到达城北公路后，骑兵连编为三路纵队沿三条道路向重点目标戈兰公园进攻，沿途只遇到轻微抵抗。

2. 进攻与清剿

9日清晨，美军骑兵连抵达作战行动的重心戈兰公园，搜剿出大量武器。随后步兵下车作战，折返向北清剿残敌。其间，美军遭敌人火箭弹袭击出现伤亡。12:30，陆军与赶来的陆战队完成换班，陆军集中精力消灭敌人有生力量，复杂的清剿行动由陆战队完成。9日夜，一个陆战连越过“亨利”调整线向南机动，随后沿“夫兰”调整线（10号公路）向西卷击，直奔目标“弗吉尼亚”。在此期间，陆军一个骑兵连沿“亨利”调整线机动，确保交通线安全。此时，陆战队在戈兰地区和城区西北角与敌人激战。10日09:00，一个骑兵连向横跨幼发拉底河的桥梁推进，沿途清剿顽敌。11日清晨，该连完成任务后返回保障基地，为执行新任务做准备。同日上午，陆战队到达“夫兰”调整线。11日至13日，陆军与陆战队一起向南进攻，战斗十分激烈，战场通信不畅导致美军前后方、左右邻部队一度失联，伤亡严重。14日至19日，为配合陆战队行动，陆军继续发起进攻，双方共同执行搜剿任务，坦克、步战车与步兵密切协同，取得了较好效果。战斗中，美军的人员和装备均遭受损失。20日陆军撤出费卢杰，但零星战斗仍在持续，陆战队又用了几周时间才肃清城内残敌。

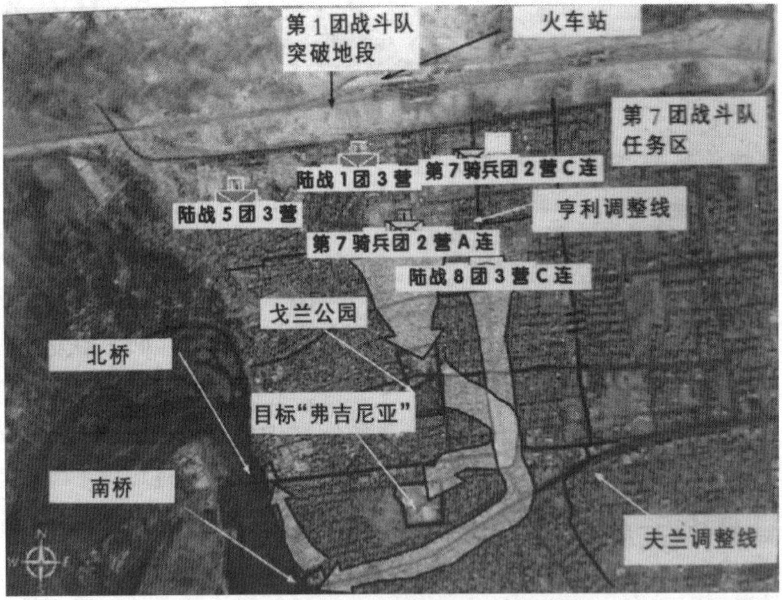

图10　费卢杰之战西侧主攻作战图

（三）战例评析

与第一次费卢杰作战行动失利相比，美军第二次费卢杰作战取胜的关键在于联合。时任美海军陆战队第1远征军司令萨特勒指出：“这是一次成功的联军联合作战……每一名官兵都亲历联合、见证联合，没有联合这一仗就打不赢。”

美军联合部队城市攻坚作战的主要做法和特点

1. 联合作战编组延伸至战术分队，且实现即插即用

在2003年伊拉克战争的主要作战行动阶段，美陆军与陆战队能够在较高层面顺畅地制订联合作战计划。然而，在师一级双方还是作为独立作战实体各自为战。直到2004年，双方才在营级分队实现相互之间战术控制。在第二次费卢杰作战行动中，美军联合作战编组进一步延伸至连排级战术分队。“黑杰克”旅旅长回忆：“陆军与陆战队的混合编组已延伸到排级，陆战队的一个班编入我的步兵排，我的坦克和步战车排编入陆战队的侦察连，双方协同非常顺畅。”此外，陆战队工兵力量编组到陆军的步兵排，在清剿戈兰公园过程中发挥了重要作用。

延伸至战术分队的联合作战编组能够“即插即用”。参战部队来自不同地域、担负不同任务，在战前临时编组在一起，但是能够在很短时间内形成战斗力。例如，美军第2步兵团2营到10月底才进行作战编组，组建的营级特遣部队辖第2步兵团2营A连、第63装甲团2营A连、第4骑兵团F连（旅侦察分队）以及配有迫击炮和侦察力量的特遣部队指挥部（欠直属连）。该营作战官回忆：“各连来自旅作战地域内的不同地点，首次作为一个团队汇聚到一起。这次行动确实体现出‘即插即用’特点，所用部队仅在战斗打响前的几天才集结到费卢杰。”此外，伊拉克安全部队也与美军共同编组，一起行动。

图11　陆战队1师师长纳通斯基少将（中间）在指挥作战

2. 战前多措并举，全面推进联合

一是从制订作战计划之初就聚焦联合。第一次费卢杰作战行动的教训让美军认识到只有联合才能制胜，因此从制订作战计划之初就下决心打破军种壁垒、聚焦联合。陆战队主动提出把一个轻型装甲连配属给陆军。陆军接到上级预先号令后立即与陆战队建立联系，召开联合作战会议，会上各方以平等身份参与作战计划制订。陆军一名作战官回忆："我们从制订计划之初就融入其中，而且能够影响陆战队的行动方案，使之与我们的能力相称。"见证整个过程的嵌入式记者回忆："陆战队与陆军存在巨大文化差异。双方能够在费卢杰跨越文化鸿沟要得益于指挥官的齐心协力。"二是相互了解标准作业程序并遵守相同交战规则。参战各军种认识到在联合作战中了解其他军种标准作业程序、指挥流程并遵守相同交战规则的重要性，并为此做了大量工作。第2步兵团2营作战官雷诺兹指出："对我们来说，了解陆战队的标准作业程序和指挥流程很重要。我们的原则是在谁的领域就遵守谁的作业程序。"三是各参战力量共享相同的作战地图。得益于各军种的共同努力，一线部队能够共享标绘有重要地形地物的费卢杰地形图和电子地图坐标网格系统。四是战场情报准备充分，共享情报资源。陆战队在战前搜集并整理了大量情报资料，并与陆军共享。第7骑兵团2营指挥官雷尼回忆："他们获得了相当好的情报态势感知。他们知道清真寺在哪儿、城内有多少平民、敌人的确切数量，并进行了大量情报分析，对此我很满意。"五是设立联络组，互派联络官。为确保有效沟通，陆军与陆战队建立了联络组，互派联络官。空军成立联合战术空中控制组并派遣联合战术空中控制员嵌入地面部队，可直接召唤各军种空中武器平台。

3. 凭借先进技术，取得非对称优势

美军凭借先进技术取得夜战、战场态势感知、目标获取和精确打击等非对称优势，在复杂城市环境中反客为主。一是先进的夜视器材使战场"单向透明"。美军凭借先进夜视器材能够在夜间先敌发现、先敌打击，在城市夜战中优势明显。反美武装因不具备夜战能力只能被动挨打。美军装甲部队向目标机动途中，反美武装不知道美军具备夜视能力，试图借助夜幕掩护穿越街道，结果全部被击毙。二是无人机提供了近实时的战场态势感知。美军各型无人机为前线官兵提供了大量高价值战场情报，尤其能够及时提供并更新一线官兵前方一到两千米的战场情报信息，为官兵预测

图 12　陆战队第 1 团战斗队指挥官沙普上校与第 7 骑兵团 2 营营长雷尼中校

“下一刻将面临的危险”提供支撑，在复杂城市环境中有效减少了战场迷雾、取得先机之利。三是远程目标获取和精确打击能力有效减少了附带杀伤，并挫败敌人利用敏感目标进行隐蔽和发动攻击的企图。对于藏匿在清真寺等敏感目标附近的敌人，美军态度慎重，一般流程是先使用无人机获取目标坐标，而后地面上的前方观察员抵近侦察，通过远程目标获取系统定位、确认并修正目标参数，引导空地火力进行精确打击。战斗中“阿帕奇”直升机发射激光制导“地狱火”导弹准确命中目标，将目标范围内部的敌人全部消灭，而附近安然无恙。

4. 以先进作战理论为指导，战法灵活

此次作战美军以快速决定性作战和震慑论等作战理论为指导，着眼于震慑并瘫痪敌人，强调进攻速度与节奏，令敌人猝不及防，取得较好效果。第 63 装甲团 2 营 A 连指挥官福勒称：“很多叛乱分子试图通过陆战队的任务区到达我们翼侧，但是他们的机动速度比我们慢得多……敌人没有料到我们突破得这么快，顿时束手无策。我们又一次实现了目标：瘫痪敌人的指挥控制能力，让他们陷入混乱。”

在先进作战理论指导下，美军的战法运用体现以下特点。一是快速瘫痪与稳步围歼相结合，装甲穿插与徒步清剿相配合。美军先利用装甲部队的机动力、火力和防护力在城区迅速穿插、直取目标，实现攻心夺要、瘫痪敌人的效果。然后折返向回稳步搜剿，此时充分发挥步兵下车作战、狙击手精确狙杀和空地联合火力支援的优势，体现出体系支撑、精兵作战、联合制胜的特点。二是舆论战、心理战和佯动欺骗相结合。战前，为孤立敌人、减少附带伤亡，美军利用散发传单和广播宣传等方式劝告城内平民撤离。战斗中，对于躲藏在建筑物内难以清剿之敌，美军采取心理战：反复高声播放重金属音乐，令敌人心烦意乱、注意力分散，美军趁机发起精确打击，一举将敌人消灭。此外，美军还采取佯动欺骗迷惑敌人，诱使敌人判断失误。战前，美军在费卢杰东、南方向示形造势，制造从南向北进攻假象，成功诱骗敌人将防御重点从城北转向城南。美军战后清理战场时发现城南防御工事密集且全部朝向南方，证明欺骗行动奏效。战斗中美军东西并进、声东击西，进一步分散了敌人在主攻方向上的防御力量。第1团战斗队指挥官沙普回忆："敌人被第7团战斗队在城市东北部和城西桥梁处的进攻所吸引，没有料到我们从这里攻进来。"

5. 各军兵种作战力量密切配合，协同增效

参战各军兵种密切协同，取得实效。一是陆军重型部队与陆战队轻型部队密切协同。城市攻坚作战既需要破门而入、起到震慑作用的"重锤"，也需要精确猎杀、定点清除的"手术刀"，更需要双方密切配合、互补增效。此次作战中，陆军重型部队重锤猛击、迅速穿插，集中力量消灭敌人主力、瘫痪敌人指控能力，精细复杂的搜剿任务则由陆战队完成，双方相互支援、密切配合。陆战队在清剿过程中一度进展缓慢、伤亡严重，紧急时刻陆军主动支援，运用火力摧毁敌人火力点和重要据点，为陆战队清除障碍。二是战场临机协同务实高效。尽管陆军与陆战队存在通信障碍，但双方指挥官始终保持高效沟通，坚持每天进行战地会晤，临机调整协同方案，及时解决各种问题。三是在战场救援和伤员撤离中相互支援。针对陆战队轻型装甲车辆防护力弱且缺乏专业救援车辆的情况，陆军主动提供装甲救援力量帮助陆战队救治和撤送伤员，并全程提供安全警戒，有效减少了人员伤亡。四是有效协同空地火力支援。直接嵌入地面部队的空军联合战术空中控制员能够召唤各军种空中武器平台，形成高低空相搭配、远近程相衔接的空中支援格局。五是共享无人机平台。战术行动中心的参谋人员可同时使用陆军和陆战队的无人机监控战场态势，并将不断更新的战场态势图及时传送给一线作战部队。六是在打开突破口行动中密切协同。打开突破口是此次作战的重难点。地面部队发起进攻前，空中力量先进行对地攻击，清除突破口附近的重要目标并消灭大量敌人，为地面部队进攻创

造条件。在陆战队打开突破口受挫情况下，陆军主动向陆战队提供突破口并抢修陷在突破口的陆战队重装备。

美军在作战过程中暴露出的主要问题

尽管美军最终取得胜利，但为此付出了巨大的伤亡和代价，各军种自身及各军种在联合过程中均出现问题，充分暴露出美军战斗力建设中的短板弱项和联合作战中的薄弱环节。

1. 各军种自身出现的问题

(1) 陆战队的问题

在两次费卢杰作战行动中，陆战队伤亡人数远超过陆军，暴露出较多问题。一是作战力量不足，没有形成压倒性优势。首先，参战兵力不足。第一次费卢杰作战，面对拥有30万平民和2000名武装分子的费卢杰，只有两个加强营的陆战队开局不顺、举步艰难，尽管成功封锁了费卢杰，但是因兵力不足导致进攻乏力。海军上校谢勒指出失利原因："在一些重要方面，进攻费卢杰的行动违反了陆战队城市作战手册和作战条令的指导原则，即目标与手段不匹配。用两个营来封锁并进攻一座中等规模城市，兵力明显不够。根据战场态势，兵力短缺问题应靠火力来弥补，而陆战队指挥官既不想也不能做到这一点。这次作战进展非常缓慢，尽管陆战队攻入了市区，但是并没有到达市中心，更没有实现占领。"其次，火力和重装备不足。第一次费卢杰作战行动，交战规则严重制约了陆战队的火力运用。同时陆战队缺乏重装备，火力支援能力严重不足。第二次费卢杰作战行动，陆战队放宽了交战规则，加大了空地火力打击强度，引入陆军重型部队，使问题得到一定缓解，但自身火力和重装备不足的问题并没有得到根本解决，导致作战行动迟缓、伤亡严重。最后，战场救援能力弱。陆战队只装备有"悍马"和两栖突击车等轻型装甲车，且缺乏专业装甲医疗救援车辆，战场救护和伤员撤离不力。

二是战术运用不当，战法僵化呆板。首先，由于平时缺少针对性训练，陆战队打开突破口行动战术运用不当，未能有效使用各种重装备，造成人员伤亡和行动迟缓，迫使陆军在翼侧暴露的情况下孤军深入。其次，在城区搜排和清剿行动中，陆战队的战法僵化呆板，不能够随机应变、因敌制胜，而是恪守下车作战、徒步清剿的原则，没有充分发挥装甲车辆的火力、机动力和防护力优势，导致步坦协同不畅、进攻缓慢、伤亡陡增，给敌人提供了可乘之机，影响了整个作战进程。第2步兵团2营指挥官纽厄尔回忆："当我们到达调整线并确保安全后，我们已经远远领先于陆战队。如果继续向南进攻，我们与陆战队之间就会出现空隙，叛乱分子就会通过空隙夺路逃走。因此我们被迫滞留在调整线，只有等陆战队赶上来才能继续进攻。"第63装甲团2营A连指挥官福勒指出："陆战队的行动远落后于计划，我们不得不停止进攻等他们赶上来。结果敌人就可以趁机转移并重新部署，渗透到陆战队的任务区，并从那里绕到我们背后。"

三是对其他军种作战能力和武器装备性能缺乏了解，不能有效使用资源。在急需装甲支援的重要时刻，陆战队却误认为陆军的坦克和步战车无法开到道路较为狭窄的主城区，多次对陆军机械化部队在城区的机动速度和作战节奏表示惊讶，反映出对陆军重型部队的城市作战能力和武器装备性能缺乏了解。在清剿建筑物内敌人的行动中，陆战队没有充分发挥飞机和装甲车空地一体、联合突击优势，而是采取徒步攻坚，导致进攻受阻、伤亡增加。第7骑兵团2营C连连长布鲁克回忆："我无法理解进入建筑物前为何不先使用航空兵。我知道这事关荣誉与勇气，但我也知道应该有效使用掌握的所有武器装备这一战术原则。因此，陆战队的做法让人困惑。"

(2) 陆军的问题

与陆战队相比，陆军在行动中暴露出的问题较少，主要体现在两个方面。一方面进攻轴线过于狭窄，没有充分发挥火力和机动力优势。第7骑兵团2营指挥官雷尼回忆："进攻轴线过于狭窄，不能最大限度发挥机械化步兵营的威力。"该营作战官回忆："敌人的机动性很强且没有固定的指挥结构，我们不得不来来回回地反复搜剿敌人，因此需要更宽的进攻正面才行。"另一方面空中侦察力量不足，无人机数量有限且在城市作战中效果不好，影响了情报获取和战场态势感知。陆军营级作战单位只配备数量很少的"乌鸦"无人机，该型无人机在此次城市作战中暴露出易受电磁干扰、覆盖范围小、不能提供目标精确坐标且无法在某一位置悬停等问题，而且在战斗中有两架无人机坠毁。

2. 各军种联合过程中出现的问题

一是战场通联不畅。通信是美军此次作战中暴露出的最突出问题。信息通联是联合部队城市作战最重要、最基础的能力。城市电磁环境复杂，信息通联易受干扰、遭破坏，然而美军各军种却使用不同的通信工具、通信系统不兼容，战场上不能做到互联互通，严重影响了作战行动，处于联合部队末端的连级分队通信问题最为严重。陆军主要使用无线电台通信，而陆战队则使用微软聊天工具，不同的通信手段导致战场通联受阻。美军在战后总结中指出：陆军使用无线电台、旅及旅以下战斗指挥系统和蓝军跟踪系统，而陆战队则使用战术卫星、微软聊天工具和用于指挥控制的便携式电脑。这些系统互不兼容，且没有列装所有部队，从而造成摩擦和阻力。第2步兵团2营战术行动中心代理作战执行官科里夫达回忆："陆战队的各营、团和师之间使用微软聊天工具处理大量即时信息，而且能够无线上网，可以带走连接互联网的笔记本电脑进行战术指挥所转移。我们却不具备这种能力，我们主要使用无线电台。然而，陆战队基本不用电台，他们的电台常处于静默状态，即便我们更换了波段也无法与陆战队取得联系。"此外，各军种之间的电话联络也不畅通。最初，陆战队与陆军无法互通电话。经过多天努力才开通一路电话，嵌入陆战队的陆军联络官可与营战术行动中心通话，但是要联系旅部及陆军其他单位则必须通过位于德国的交换机接入陆军线路，这极大限制了陆军战场通信能力。

通信不畅影响到战场协同。战斗中，陆军一线部队无法与左右邻的陆战队取得联系，只能通过后方的战术行动中心获知友邻情况，严重影响了协同效果。第63装甲团2营A连指挥官福勒回忆："陆战队使用的是完全不同的通信系统。他们并不把无线电台作为主要通信平台，因此我们无法通过电台与他们联系，这给友邻部队之间协同和跨战斗分界线协同带来极大困难。"通信不畅还影响到战术行动中心转移，进而影响到对一线部队的指挥控制和战场态势感知。第2步兵团2营战术行动中心代理作战执行官科里夫达回忆："我们本来想进行转移，但是怕与陆战队失去联系，这是我们最担心的……导致我们的机动能力受限。"

二是战场协同不顺。第一，陆战队在战斗中单方面更改通信安全措施导致协同受阻。陆战队在战斗中仍严守本军种标准作业程序，在没有通知陆军的情况下独自更改通信密钥，导致前线各军种部队之间通联受阻，无法有效协同，令激战中的陆军部队陷入困境。第2步兵团2营火力支援官科布称："当时的形势是我经历过的最疯狂、最愚蠢的。"第2步兵团2营指挥官纽厄尔指出："在战斗中更改通信密钥绝对是个糟糕的主意。"第二，近距离空中支援协同不畅。在作战行动的最初几天，陆军无法得到陆战队及时有效的空中支援。战前陆军战术行动中心曾向陆战队申请派遣空中支援联络官，但没有得到陆战队支持。第2步兵团2营火力支援官助理拉库尔回忆：“最大的问题是缺少陆战队的空中支援……我们没有人嵌入陆战队的系统，没有人知道他们的系统如何运作，导致我们无法使用陆战队的空中力量，陆战队的空中力量也从来没有及时响应。”第三，协同无人机支援不顺。陆军曾多次向陆战队申请无人机支援却没有成功，陆战队的无人机80%～90%的时间在为本军种提供支援。第四，战场电磁频谱管理混乱。陆战队与陆军之间发生电磁干扰，导致两架无人机失控坠毁。第五，缺少通用作战态势图，导致战场误伤。陆战8团3营C连连长格拉斯回忆：“由于陆军与陆战队缺少通用作战态势图，导致战场上几次发生误伤事件。如果今后要继续采取此类行动，就要让每名官兵使用相同的装备、拥有相同的作战态势图、旅及旅以下战斗指挥系统和蓝军跟踪系统。”

三是军种文化差异和军种本位主义给行动造成负面影响。首先，军种文化差异仍有所体现，联合文化尚未完全形成。战后美军各级指挥官均指出，尽管各军种在制订作战计划时使用相同的术语，但是含义却不尽相同甚至差别很大，从而导致在打开突破口和开辟通路等关键任务中出现理解偏差，造成战场上行动步调不一致，甚至出现分歧和混乱。军种文化差异还体现为各军种技战术程序和标准作业流程不匹配，情报处理、分发和共享程序复杂、速度缓慢，严重影响了前线部队的情报获取和战场态势感知。

其次，军种本位主义仍有显露，各方在战斗中心存芥蒂，未能充分实现优势互补。战斗中陆战队曾多次拒绝陆军支援，没有充分利用陆军机械化部队的机动、火力和防护力优势。第7骑兵团2营A连指挥官特沃德尔指出：“我们成了一支坐等不动的机械化部队，与此同时我们听到陆战队伤亡严重的消息，并不是因为他们行动失误，而是因为缺乏装甲车辆的防护能力。陆战队并没有使用各种可利用资源完成任务，这令我困惑。”第7骑兵团2营C连连长布鲁克表达了相似看法：“我曾告诉陆战队的一个连长可以给他提供一个步战车排。但是他只是让我确保调整线安全，战斗任务则由他们完成，这令我感到困惑。我不了解他们当时的战场态势，但是让这么多可以使用的装甲力量坐等观望确实让人费解。”战后，各军种高级将领出现争功现象。时任陆战队司令的哈吉指出：“我认为，费卢杰之战为未来作战提供了范例：手持轻武器的单个陆战队员逐家逐户搜排、清剿和猎杀。我们不想这么说，但是事实如此。”

图 13　经过激战被美军占领的费卢杰市区

反美武装作战行动特点

美军在此次作战中的伤亡和代价既有自身失误因素，也与对手的狡诈有关。反美武装准备充分、战法灵活，大量杀伤美军并有效迟滞其作战行动。

1. 准备充分，决心坚定

美军发起进攻前，费卢杰城内的反美武装已进行了六个月的充分准备，构建起完备的防御体系，在城区安置了大量路边炸弹、车载简易爆炸装置和地雷，在地下挖设了纵横交错的地道网络。反美武装尤其是一些极端武装分子反美决心坚定，抱着必死的信念。而且反美武装曾在第一次费卢杰作战中挫败美军，因此对胜利充满自信。《大失败》一书作者里克斯写道："敌人的准备要比美军的预想充分得多。"

2. 运用地道战与美军周旋

反美武装依托纵横交错、呈网络状分布的城市地道系统，采取敌进我退、敌退我进的策略，灵活机动地与美军周旋。纵横交错的地道深藏于城市地下，无论是动用无人机等先进技术手段还是靠人力抵近侦察，都难以准确获知地道分布情况。当美军抵近或入室清剿时，反美武装通过地道秘密转移至其他地点，甚至突然从美军背后钻出发起袭击，令美军防不胜防。等美军撤离后，反美武装再通过地道返回原处继续战斗，令美军搜剿效果大打折扣。

3. 采用伏击战杀伤美军

在这次作战中，反美武装利用建筑密集的城市地形多次成功伏击美军。12 日清晨，反美武装趁美军分兵之际，设重兵伏击了美军第 2 步兵团 2 营，该营 A 连执行官受重伤。同日反美武装还伏击了美军第 7 骑兵团 2 营 A 连，一枚反坦克炮弹击中该连指挥官乘坐的战车，车内一名伊拉克翻译当场死亡，几名美军士兵受伤。次日，该连的一个班又遭遇伏击，几乎全部受伤，一人阵亡。此外，陆战队也在伏击中伤亡严重。美军战后总结和伤亡人数均反映出，反美武装的伏击行动隐蔽突然、出乎美军意料，成效明显。

图 14　在费卢杰街道上，美军士兵警惕地关注各个方向

4. 灵活机动、见缝插针，打乱美军作战部署

在这次作战中，反美武装指挥结构松散，采取灵活机动的分散指挥，保持较强的机动性，且善于把握战机打乱美军部署，取得了较好效果。战场上，反美武装善于发现并利用美军各部队之间的空隙果断穿插渗透，给美军部署和行动制造混乱。第 2 步兵团 2 营作战官雷诺兹回忆：“当时最迫切的事是与伊安全部队和旅侦察分队取得联系。要不是因为叛乱分子从他们中间的空隙中插进来，我们本可以留在原地将其消灭。”第 7 骑兵团 2 营作战官卡彻回忆：“敌人的机动性更强而且没有固定的指挥结构，能够寻枪声而动，我们不得不多次折返反复搜剿。”美军战后总结指出：“叛乱分子装备精良、组织严密，在进攻中协同水平令人吃惊，能够协调一致地进行火箭弹齐射，有效地使用间瞄火力并实施快速机动，采取‘打了就跑’的战术。”

四、坦帕之战

（一）战例概要

2004 年 12 月的坦帕之战是美军伊拉克城市反伏击作战的典型战例，也是摩苏尔安全形势转折点。转型中的美军“斯特赖克”部队经历了一次实战考验，体现了合成营城市作战的技战术特点。“斯特赖克”营体系作战优势、充分战前准备和指挥官能力素质是美军逆势取胜的关键。反美武装善于捕捉战机、密切协同，分析判断情况准确、巧妙设伏，善于隐蔽伪装、避实击虚。

（二）作战背景及经过

摩苏尔为伊拉克第二大城市、伊北部尼尼微省首府，人口约 170 万，种族和宗教信仰众多，以逊尼派穆斯林为主。摩苏尔横跨底格里斯河，河西岸为老城区，贫困落后，人口众多，建筑密集，道路狭窄，叛乱频发。摩苏尔新城区道路相对宽阔，可通行军事车辆，美军主要交通线聚集于此。2003 年伊拉克战争大规模作战阶段，城内伊军不战而降，摩苏尔并未发生激战。然而，从 2004 年起摩苏尔局势日趋恶化。此时正值驻伊美军第 3 次换防，第 25 步兵师第 1 旅 24 步兵团 1 营于 10 月底接管摩苏尔城西防务。该营任务区位于城乡接合部，占地约 800 平方千米，涵盖底格里斯河西岸所有地区。

11 月，当美军发起费卢杰作战行动之际，摩苏尔局势陡然紧张，反美武装重点袭击美军交通线、伊安全部队及当地警察，以策应费卢杰的反美武装。摩苏尔反美武装成分复杂，主要组织有 6 个，既包括前萨达姆军队的官兵，也包括宣誓效忠“基地”组织的极端势力，正规武装在 400 ~ 500 人之间，非正规武装为 2000 ~ 2500 人。虽然各派立场各异，但是在反美方面却目标一致、相互配合。反美武装经常混杂在平民中，行动隐蔽、难以识别。如何识别和锁定目标是美军的最大难题。

第 25 步兵师第 1 旅 24 步兵团 1 营以城西南郊机场为前沿作战基地，主要力量部署在城区内。A 连部署在人口密集的老城区，也是市政府所在地。B 连部署在摩苏尔西北部。C 连部署在城西，从城区延伸至郊区，主要交通线“坦帕”通过该连防区。从 2004 年 11 月起，为应对陡然紧张的安全形势，该营加强巡逻警戒，日均实施 30 次战斗巡逻和 4 次突袭行动。

营、连主官跟随各排巡逻，或带领独立的战术指挥分队行动。为搜集最新情报、获取民众支持，各级指挥官注重与当地官员和商人保持接触。为应对任务区内突发事件，该营在前沿作战基地保留1个快反排。各连在各自任务区内建立排规模的哨所，各排每日在各哨所之间轮换执勤。为应对反美武装对主要交通线坦帕的频繁袭击，C连在反美武装活动中心区的主要公路附近新建哨所坦帕，即在敌人中心打入楔子。因此，新哨所成为反美武装重点袭击目标。

作战经过

12月28日，反美武装再次发动袭击，造成7名伊军死亡。第24步兵团1营随即展开封锁搜查，拘捕15名嫌疑人，通过审讯获得重要情报：有15人完成自杀式袭击训练，准备对摩苏尔城西美军哨所发动大规模进攻。最可能的袭击目标是深入反美武装活动中心的三处哨所，即西-3警察站、西-4警察站和坦帕哨所。其中坦帕哨所嵌入最深，且此前从未受到袭击。

29日14:30，一辆满载炸药的卡车伪装成垃圾车沿公路高速驶向美军哨所，成功绕过第一道障碍继续向哨所逼近，但是没有料到前面还有第二道障碍。美军士兵立刻开火。卡车在距哨所约20米的地方爆炸。爆炸威力巨大，造成一个直径4.5米、深1.2米的弹坑，12名美军士兵受伤、2辆“斯特赖克”车受损。爆炸刚过，隐藏在邻近街区楼顶和街道拐角处约50名武装分子向坦帕哨所发起袭击。此时距哨所最近的是刚经过爆炸路段的营战术指挥/侦察分队以及C连战术指挥分队。营、连指挥官决定立刻折返救援，凭借“斯特赖克”车的火力和防护力优势穿越火力区向哨所开进，在机动途中临机协调兵力和火力支援。返回途中，美军车队进入反美武装伏击区，车队附近再次发生爆炸。车队前卫车用车载电台向其他车辆报警。此时又有一辆自杀式袭击汽车爆炸，导致一辆“斯特赖克”车受损无法移动，车内4人受伤。爆炸刚过，隐藏在公路西侧几百米外建筑物后的反美武装向美军车队开火。尽管遭到伏击并出现伤亡，但是营长仍决定全力驰援“坦帕”哨所，并分兵行动：侦察排主力（共3辆“斯特赖克”车，其中一辆中弹无法移动）留下抢救伤员并进行反击，营长带领其余力量穿越伏击区向哨所前进。

此时C连战术指挥分队也到达现场。C连连长也分兵行动，留下3排军士长和军医（乘一辆“斯特赖克”车）及连火力支援组（乘一辆“斯特赖克”车），为陷入伏击区的侦察分队提供警戒、火力支援和医疗救护，其他两辆战车随营战术指挥分队一起行动。沿途美军车队使用 12.7 毫米机枪和 40 毫米榴弹实施火力压制，清除沿途简易爆炸物，开辟通路。美军增援车队发挥火力优势成功击退沿途敌人。车队到达哨所后，立刻在外围多方向分散部署，发挥“斯特赖克”车的火力和防护力优势加强防御。营长亲自指挥哨所外围兵力抗击敌人进攻，C 连 2 排排长在哨所内部组织防御。为加强哨所内部防御力量，C 连连长派 3 排的 1 个班下车战斗，在敌人密集火力下徒步快速进入楼内。C 连连长带领士兵在敌人火力下抢运重伤员。激战中，一枚火箭弹击中指挥车前轮，指挥车无法移动。指挥车内的连长通过车载电台继续指挥战斗，与前沿作战基地的连执行官保持联系，组织增援。

坦帕哨所激战之际，反美武装在伏击区的攻势更猛烈，火力更密集。侦察排 2 班冒着敌人密集火力清除公路上的简易爆炸装置，为前来增援的营快反分队（A 连 1 个排）及其他医疗救护力量开辟通路。危急时刻，美军近距离空中支援发挥了关键作用。海军 F－14 战机和海军陆战队 F/A－18 战机有效减轻了地面部队压力，成功压制反美武装攻势，扭转了战场态势。历时 4 个小时的战斗逐渐平息，美军击毙至少 25 名武装分子，自身 1 死 20 伤，2 辆“斯特赖克”车被毁，6 辆战车轻度受损。

此次战斗是该营在摩苏尔部署期间作战行动的转折点，成功扭转了不断恶化的安全形势。城内反美武装领导层遭到削弱，组织机构严重受损，没有能力再次向美军发起大规模进攻。

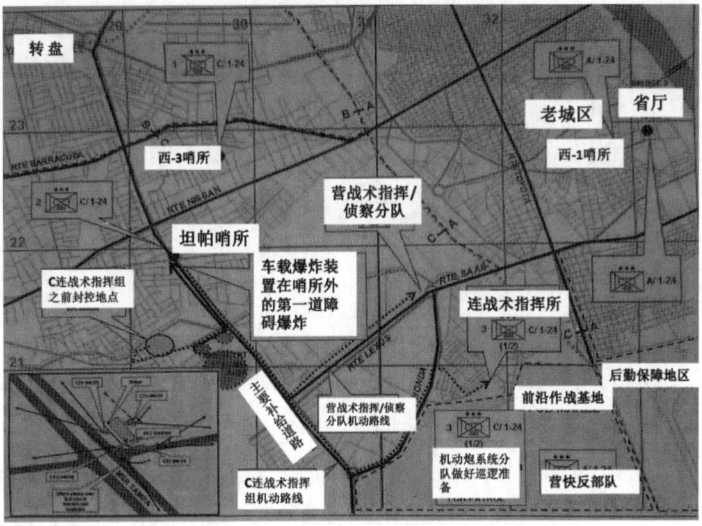

图 15 坦帕之战作战经过图

（三）战例评析

美军作战行动的主要特点

1．“斯特赖克”部队在城市作战中优势明显。“斯特赖克”部队是美陆军转型和模块化部队建设的核心和重要标志。此次战斗是“斯特赖克”部队首次成建制用于城市作战。第 24 步兵团 1 营隶属于第 25 步兵师第 1 旅，为轻型步兵旅，于 2002 年春启动转型进程，是美军首批“斯特赖克”部队之一。“斯特赖克”部队弥补了传统轻型步兵在城市作战中机动力和防护力不足的缺陷，而且与传统机械化步兵和装甲部队相比更加灵活机动，快速部署能力显著提高。

第一，战车性能适应城市作战需求。“斯特赖克”车族包括步兵输送车、侦察车、指挥车、医疗车、通信车、机动火炮系统及核生化侦测车等多种型号，功能齐全、用途广泛，且车型紧凑适应城市地形。各型车辆均不超过 19 吨，可实现空中输送，实现快速部署。M2 型 12.7 毫米机枪和 MK19 型 40 毫米榴弹发射器是车载标配武器，机动火炮车还装备“陶式”反装甲导弹系统，在城市作战中具备较强火力压制能力。为抵御火箭弹袭击，部署到伊拉克的“斯特赖克”车还外挂附加装甲，提高了城市作战生存能力。

第二，编制结构合成多能。该营编制结构集成多种作战要素，成为能够在一定时间和空间范围内独立遂行作战任务的合成战斗模块，具备侦察、指控、直瞄和间瞄打击、乘车与下车战斗、狙击与反狙击及医疗救护等多种能力。该营辖营部和营部连、3 个步兵连，每连配 21 辆战车。每连辖 3 个步兵排、1 个机动火炮排、1 个迫击炮排和连部。每个步兵排配 4 辆战车，是最小的机动打击模块。机动火炮排每排 3 辆战车，配有“陶式”反装甲导弹系统。迫击炮排配 2 辆 120 毫米迫击炮车。连部辖 2 辆指挥车、1 辆救护车、1 辆火力支援车和 1 个 3 人狙击组。营部连辖 1 个侦察排、1 个迫击炮排（配 120 毫米迫击炮车）、1 个医疗排和 1 个 7 人狙击班。营直属侦察排配 4 辆战车和 3 个 5 人侦察组。

第三，作战力量实现末端联合。该营通过内聚外联实现作战力量末端联合，联合行动能力延伸至战术末端。内聚体现为营战术指挥所编为连级战斗模块，除指挥控制功能外还具备较强火力，在整个作战地域内实施靠前机动指挥，由营直属侦察排提供安全警戒，二者共同编为营战术指挥/侦察模块，构成独立作战单元，实现指挥控制、侦察情报、机动打击和警戒防卫等多种功能在连级分队的有机融合。连级战术指挥所力量编成也采取相同模式，具备相似功能。外联体现为空地协同无缝衔接，火力支援官直接嵌入地面分队协调地空联合火力，激战中临机召唤海军 F－14 战机和海军陆战队 F/A－18 战机提供近距离空中支援，成为美军逆势取胜的关键。这反映出信火打击在战术末端一体联动，作战效能在战术末端快速聚集、精确释放。

第四，依托数字化通信系统实现战斗力倍增。第 24 步兵团 1 营所有车辆均装备专业化、标准化的数字通信设备，形成纵向贯通、横向互联、全域覆盖的网络化数字通信系统，实现指挥控制实时高效、战场态势全域感知、情报信息流转及时，各级指挥官能够与所属单车直接通联。此外，战场自主决策、自主协同和自适应能力明显提高。激战中，位于西－3 哨所的 C 连 1 排排长凭借数字化通信系统实时监视战场态势变化，在形势危急关头主动作为、自主决策，带领两个班增援坦帕哨所，同时封锁西－3 哨所南侧和西南侧路段，成功阻敌从该方向进攻或撤退。

第五，善于城市夜战，掌控“制夜权”。与传统部队相比，“斯特赖克”部队在夜间目标侦判、敌我识别、机动打击等方面具有绝对优势，形成战场空间单向透明，达成了行动突然性。该营所有车辆均装备车载红外热成像仪等夜视器材，单兵配夜视镜，可昼夜持续作战。在摩苏尔轮战期间，该营始终掌控“制夜权”，主要行动均利用夜暗掩护秘密展开，隐蔽突然、出其不意。

第六，防护力较强，人员伤亡明显减少。“斯特赖克”车在战斗中展现出较强防护力和战场生存力。简易爆炸装置和装满炸药的自杀式袭击汽车多次在美军车队或哨所外围车辆附近爆炸，尽管车辆受损、车内人员不同程度受伤，但是得益于“斯特赖克”车较强的防护能力，车内人员性命得以保全，且伤势并不严重，大多数伤员治愈后重返战场，大多数受损车辆修复后重新投入前线作战。

2. 临战准备充分，计划周密。此次战斗是该营转型后首次投入实战，官兵普遍缺少实战经验。充分的战前准备有效弥补了实战经验的欠缺，减少了敌人伏击造成的损失。第一，基于任务需求开展针对性强化训练。在波克堡联合战备训练中心轮训期间，该营完成了指挥官作战指挥演练和营规模实弹演习，各级指挥官高度重视城市反叛乱作战的重难点问题并进行专攻精练，对战场上可能遇到的所有情况都有预案。

第二，各级指挥官实战经验丰富。各级指挥官的丰富阅历有效弥补了士兵实战经验的不足。营长库里拉中校曾多次参加美海外军事行动，如1989年入侵巴拿马、1991年“沙漠风暴行动”以及在海地、波黑和科索沃的军事行动，具有丰富任职经历和实战经验。此外，该营执行官和作战官等关键岗位军官均阅历丰富，在战斗中临危不乱，镇定果断地掌控部队行动。

第三，善于占领关键目标和有利地形。在城市作战中，关键目标和有利地形对攻守双方都至关重要。美军抵达摩苏尔后，立刻夺控城区西南机场和前伊军军营等关键目标，并将其改造为大型综合补给基地和前沿作战基地。在构建哨所前，C连连长豪斯菲尔德于12月18日进行先期侦察，基于实地勘察将哨所选定为主要交通线坦帕公路东侧十字路口附近的一栋四层建筑。该楼是C连任务区内最高建筑，在顶层和楼顶可俯视周围地形，利于观察监视和卡口控道，是理想的战术制高点，此前曾是反美武装重要据点和防御要点。美军夺控后将其改造成插入反美武装活动中心的一个楔子，起到以点控面、辐射周边的效果。

第四，依托有利地形精心构设阵地。美军进入哨所后迅速展开行动，负责守卫哨所的C连2排编制员额40人，配属连狙击组，分散部署在哨所内部和外围。阵地构设内外呼应、高低搭配、立体联动，进可攻、退可守。哨所内设置6个阵地，架设重机枪等武器，每班负责两个阵地，按“执勤1个小时、休息2个小时”原则轮换。狙击手位于楼顶西北角，是任务区内最佳狙击位置，可实时监视敌人动向。工兵分队利用夜暗掩护在哨所外围敌人可能进攻方向上增设两道障碍，将哨所警戒范围向外拓展约30米，增加了安全距离。实战证明，设置两道障碍的做法出乎自杀式袭击者的意料，起到了拦阻和保护作用。美军在障碍后沿部署4辆战车，2辆沿公路西侧部署，朝向南、北方向，另外2辆部署在哨所东侧卡口控道，防止敌人从该方向进攻。

3. 指挥官指挥素养较高，临机处置能力强。首先，面对决策困境，能够准确把握指挥重心，优选战斗方案，果断定下决心。在整个作战中，营长库里拉多次面临决策困境。库里拉能够准确分析判断战场情况，评估并优选参谋人员拟制的多套战斗方案，定下正确决心。战前基于情报研判，该营拟制了四套方案：不采取任何行动，静观其变；增派兵力，加强哨所警戒；构筑工事、加固哨所，但不增加兵力；撤离哨所，回到前沿作战基地，待威胁解除且增援部队到达后返回哨所。以上各案各有利弊。方案一“不采取任何行动，静观其变”，前提是美军当前部署足以应对潜在威胁和可能的袭击。然而，事实上反美武装已经摸清美军行动特点，并制订了相应袭击策略。因此，“不采取任何行动”等于坐以待毙，将主动权让给对手。方案二“增派兵力，加强哨所警戒”是一把“双刃剑”：一方面，可依托更多兵力和强大火力有效慑止敌人袭击；另一方面，也为反美武装提供了更加明显的固定目标。而且在增援部队到达摩苏尔前向哨所增派兵力，会减少执行巡逻、快反等任务的机动打击力量，丧失机动作战能力。如果反美武装集中力量袭击哨所，美军在短时间内没有机动增援力量可用。方案三“构筑工事、加固哨所，但不增加兵力”，可迫使敌人推迟进攻，为美军增援部队赢得时间，而且可最大限度保留机动作战力量。难题是无法判定需要增加多少工事才能够有效抵挡敌人进攻，尤其是坦帕哨所尚未经受实战考验，且位于主要公路附近，便于敌人袭击和撤离。方案四“撤离哨所，回到前沿作战基地”，可以最大限度保护美军，但是会被反美武装和当地民众视为美军失败，对全局不利。营长反复权衡利弊，认为美军当前最主要任务是稳定当地局势，以有限兵力遏制敌人进攻势头，为即将举行的伊大选创造有利条件。基于这种认识，营长决定采取第三套方案，并果断定下决心。击退敌人进攻后，营长再次面临两难选择：是继续固守还是放弃哨所。该哨所位于反美武装活动中心区，被反美武装视为“眼中钉”，试图予以拔除，因此固守哨所意味着美军以后可能会遭到更大规模袭击。然而，放弃该哨所则意味着美军失败，将极大鼓舞敌人斗志，对总体形势不利。营长从全局出发、准确把握重心，决定坚守哨所，确保伊大选前哨所安全，并采取一系列抗敌袭扰的有力举措，如增派兵力、加固哨所、扩大警戒线范围等，待伊选举结束后再将该哨所移交给伊安全部队。

其次，指挥官主动作为、靠前指挥，临机处置能力强。战场形势一度十分危急，考验着各级指挥官应急处置和临机决断能力。对于如何增援哨所，指挥官面临两种选择。一是作为指挥控制中枢，在前沿基地坐镇指挥，控制一线分队行动。好处是指挥官无须亲自加入战斗，风险较低，便于掌控全局。坦帕哨所遭敌人袭击时，战场形势十分混乱，美军各级指挥官都不清楚这次袭击是否只是序幕，不清楚其他哨所和分队是否会受到类似攻击，因此在前沿基地坐镇指挥较为稳妥。二是靠前指挥，深入敌人火力区，前出至“能听见枪炮声的地方”进行指挥。好处是可以进行实时的指挥控制，可以带领增援力量直抵一线解围，提供及时有效的火力支援并组织伤员撤离。营长当机立断，选择靠前指挥。尽管途中遭敌人伏击，但是营长态度坚决，继续全力驰援坦帕哨所，并展示出较强灵活应变能力，采取分兵行动，将侦察排主力留下救治伤员和抗击敌人，自己带领营战术指挥所和侦察排1班穿越伏击区增援哨所。实践证明，在城市作战中，指挥官亲临一线、靠前指挥，可掌握瞬息变化的战场态势，提高指挥效能。

此外，该营其他指挥官关键时刻主动作为，发挥了重要作用。C连1排的西－3哨所距爆炸发生地约800米。危急时刻，排长主动作为、机断行事，留下1个班守卫哨所，亲自带领其余两个班增援坦帕，并封锁西－3哨所南侧和西南侧路段，阻止敌人从该方向进攻或撤退。

反美武装技战术特点

1. 善于把握战机，相互策应，密切协同。摩苏尔反美武装成分复杂，各派别有不同诉求，但在反美方面目标一致、相互策应、协调行动。一是与其他城市反美武装相互策应，密切配合。2004年11月，美军发动费卢杰作战行动之际，为相互策应，摩苏尔反美武装频繁发动袭击，导致当地局势陡然紧张。反美武装敏锐把握时机，精心设计一系列袭击并促成三种效果：策应费卢杰抵抗行动，多地同时发动攻击，分散美军精力；牵制摩苏尔城内准备增援费卢杰的美军，使其无法抽身；制造紧张气氛，震慑当地军警，破坏即将举行的伊选举。二是抓住美军换防这一敏感时期设置障碍，调整部署。部队轮换是美军防守薄弱的敏感时期，反美武装夺占先机，在第24步兵团1营进入摩苏尔前占据有利地形，调整部署，加强防御，在城内设置大量简易爆炸物和车载简易爆炸装置，严重制约了美军行动。三是趁爆炸刚发生后美军慌乱之际发起袭击。战斗中美军车队和哨所附近多次发生爆炸，反美武装充分利用爆炸的巨大杀伤力和心理震撼效果，趁爆炸发生后场面混乱之际发起突袭。

2. 准确分析判断敌情，出其不意，巧妙设伏。反美武装准确分析美军心理、判断其行动，进而精心设伏，达成预期效果。反美武装采取围点打援战术，精心策划对坦帕哨所的袭击，并以此为诱饵吸引美军救援，在美军增援的必经之路上设伏打援，出乎美军意料。伏击的成功得益于对美军心理的准确分析判断，反美武装断定美军定会派兵救援坦帕哨所，而且在详细分析地形基础上判定美军车队行进路线。在此基础上，反美武装利用美军车队刚刚通过的短暂时间，迅速安设简易爆炸物和远程遥控车载炸弹，安插自杀式袭击者，设置伏击区，成功伏击美军车队。

3. 善于隐蔽伪装，避实击虚，打击弱敌。一方面，反美武装充分利用城市环境巧妙隐蔽伪装，经常混杂在平民中，行动飘忽不定，令美军难以发现、识别和锁定。在善于隐蔽的同时，反美武装注重避实击虚，精心选择并打击弱敌和关键目标。对于美军部队，反美武装避其锋芒，在美军意想不到的时间和地点，以其意想不到的方式实施突袭，并重点打击指挥分队等关键目标。另一方面，反美武装重点打击战斗力较弱的伊军警。伊安全部队和当地警察资金和武器装备充足，但是战斗力较弱，纪律松散，缺乏战斗意志和决心，一战即溃。反美武装对伊军警的重点打击取得较好战果，起到了震慑作用，加速了当地安全局势恶化。

五、棕树节伏击战

（一）战例概要

2005年3月20日，美陆军运输分队在伊拉克首都巴格达东南郊遭遇伊战中最激烈的伏击战。反美武装精心筹划，精心选择伏击时间和地段，给美军造成较大伤亡。面对突袭，美军一线官兵表现出较强的战场适应力和作战行动控制能力，同时也暴露出行动失调、指挥失当、通信失联等问题。

（二）作战背景及经过

伊拉克战场上，交通补给线始终是美军关键的薄弱环节，是其作战体系的“阿喀琉斯之踵”。美军始终承受开辟交通补给线并维护其安全的巨大压力。另一方面，反美武装也认识到，袭扰补给线、伏击运输车队可重创美军军心士气。因此，交通补给线成为反美武装设伏的主要地段，运输车队成为首选目标。

战场教训让美军深刻认识到交通补给线和运输车队的重要性和脆弱性，从2005年初开始派武装军车护送运输车队，并采取军民车辆混合编组。随着美军警戒日趋严密、反伏击经验日渐丰富，反美武装也不断调整战术，扩大袭击范围，以7～10人为一个作战小组，采取小群多路、隐蔽设伏、快打快撤等方式发动袭击，尽可能多地制造伤亡，而后迅速乘车撤离。由于精细筹划、严密组织、密切协同，反美武装频频得手，渐渐不满足于小规模伏击战斗，开始策划更大规模的伏击，以谋取更大的胜利。

为筹划大规模伏击，反美武装精心选择伏击地点，在美军必经之路（6号公路）周边选择有利地形隐蔽设伏。6号公路位于巴格达东南41.8千米处，是一条南北走向4车道公路，是美军从巴格达向南部各地输送人员和物资的关键通道。公路周边地形相对开阔，西侧有一条东西走向的便道与公路垂直相交。便道南侧排列着一些树木，分布着一些低矮的两层建筑。便道北侧地形相对平坦，有一排树林平行排列，延伸至距公路几十米远的地方。树林末端与护道相连，护道另一侧是一条与公路平行的壕沟。公路西侧的树木、护道、壕沟和房屋利于隐蔽潜伏，是理想伏击场所。

为防范伏击，美军每次执行运输任务前都精心准备、精细筹划。3月20日当天，两支从南、北相向行驶的车队经由6号公路执行运输任务。由南向北行驶的车队共32辆车，军民车辆混合编组，第1075运输连7辆军用卡车嵌入22辆民用牵引式挂车。第518武装卡车连3辆“悍马”负责警戒护卫，车上装备M2重机枪，编为1、2、3号调控车，分别位于车队的前、中、后部。车队指挥官是杰佛瑞·乌尔上士，乘车紧跟在1号调控车后面。由北向南行驶的车队包括30辆民用牵引式挂车、1辆陆军和空军联合服务公司大巴车和2辆“福特”牌运动型越野车，由第623野战炮兵团1营B连3辆“悍马”护送，编号分别为“种马”33A、33B和33C。车队途经地域由第617宪兵连负责安全警戒，该连各班、排分区警戒、分段严控，采取接力式护送，确保车队经过地区的安全警卫无缝衔接。伏击发生当日，在伏击路段执勤的是宪兵连4排2班，共10名男女军人，分乘3辆“悍马”，编号为“乌鸦”42A、42B和42C。班长蒂莫西·内因上士与2名士兵乘坐第1辆车，配备M2重机枪。第2辆车搭载3名士兵，配备Mk19榴弹发射器和M240B机枪，车长是利·安·赫斯特中士（女）。第3辆车搭载4名士兵，其中1名医护兵，配备M2重机枪。

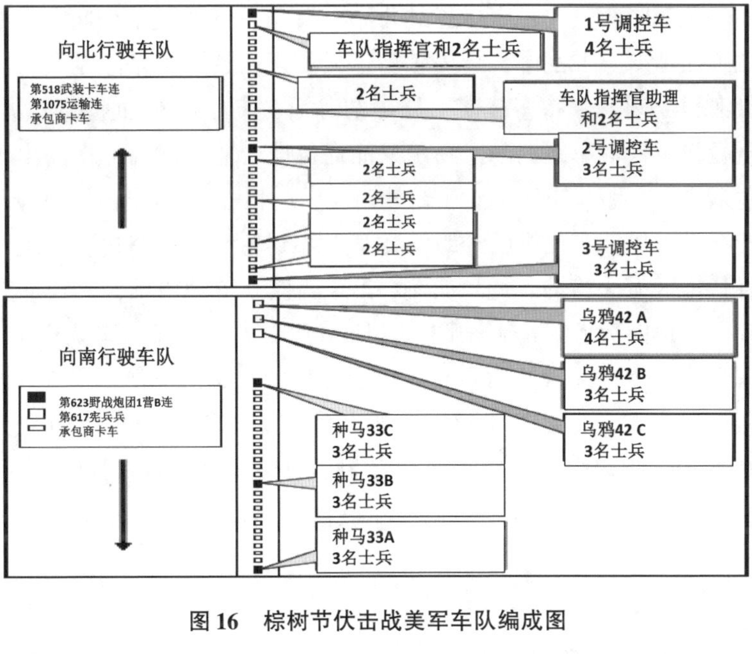

图16　棕树节伏击战美军车队编成图

作战经过

1. 运输车队遭遇伏击

3 月 20 日是基督教的棕树节[①]，天气晴好。临近中午，当向南和向北相向行驶的两支美军运输车队即将在 6 号公路会合之际，突然遭到火箭弹袭击，随后反美武装从各个方向朝车队猛烈开火。向南行驶车队的陆—空军联合服务公司大巴车被简易爆炸装置炸毁，队首的“种马”33A 一边开火还击、一边加速行驶，试图引导车队离开伏击区，但到达伊军检查站时才发现后面只跟着一辆车，随即用车载电台与班长取得联系，得知车队仍深陷伏击区，随即根据班长指令折返救援。袭击刚刚开始，向南行驶车队前部的一辆牵引式挂车被击中无法移动，后面车辆随即停下，司机纷纷下车逃走，跑到车辆左侧（公路东侧）躲避。位于车队中部的“种马”33B 主动前出，向车队前部“种马”33A 的位置靠拢，沿途遭到猛烈打击，到达车队前部发现大巴车和两辆越野车已经全部被毁。车队后部的“种马”33C 也遭到打击，随即开火反击，待敌人火力减弱后从反道向车队前部开进。

向北行驶车队也被迫停止前进，与敌人激战。车队指挥官杰佛瑞·乌尔在 1 号调控车后面军用卡车上指挥战斗、控制车队行动。这时向南行驶车队的一辆越野车失控，突然越过公路中线与一辆民用车相撞，造成向北行驶的道路堵塞。混乱中，指挥官乌尔无法辨认越野车是敌是友，因担心敌人突袭，立刻下令将车拖走。路障清除后，乌尔乘车加速驶离伏击区，却发现竟没有一辆车跟上来。乌尔只能通过电台监听战况，得知出现伤亡的消息后立即在距伏击区 1.6 千米处建立伤员收容点，做好救治伤员准备。此时车队中民用挂车司机已经纷纷弃车，躲到轮胎后或路边壕沟里，车队滞留在伏击区无法移动。危急时刻，2 号调控车主动前出，一边向车队前部机动、一边向敌人射击，试图以此吸引敌人火力、保护车队安全。2 号调控车立刻成为反美武装重点打击目标，驾驶员腹部中弹，车载 M2 重机枪关键时刻卡壳，形势异常严峻。车队的第 2 辆军用卡车也中弹，车内士兵负伤后继续顽强战斗，为其他车辆重新发动赢得了时间。在军车火力掩护下，少数挂车越过 1 号调控车驶向伤员收容点，大部分车辆仍滞留不动。

---

① 棕树节：基督教节日，时间在复活节前的星期日。

截至此刻，向南和向北行驶的两个车队都遭到猛烈打击、深陷伏击区，通信失联、车队失控、行动失调，陷入混乱。反美武装掌控战场主动权。

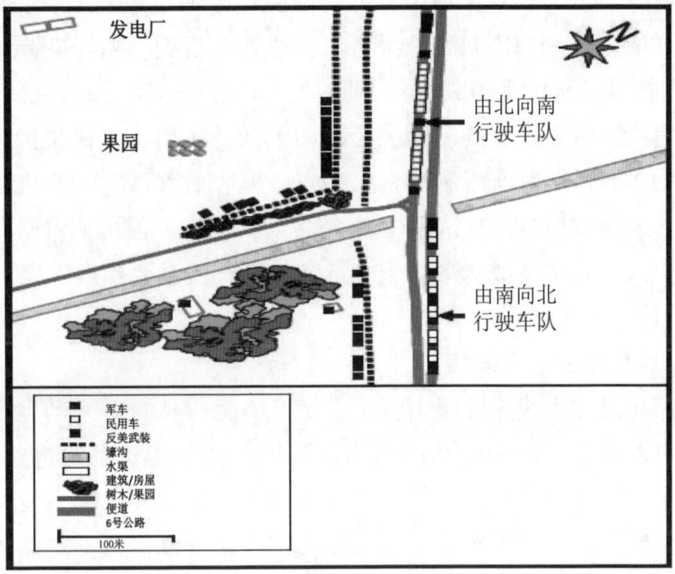

图 17　棕树节伏击战经过图

2. 宪兵班实施救援

战斗打响时，宪兵连 4 排 2 班的 3 辆“悍马”距向南行驶车队 200 多米。该班得知战况后，班长下令按照战前预案和演练采取行动，带领全班沿便道直插伏击圈中心，立刻遭到来自四面八方的猛烈打击。班长所乘“悍马”受损严重，敌人的 7 辆汽车和近 30 名武装分子围拢过来，形势危急。班长立刻呼叫近距离空中支援。与此同时，第 2 辆“悍马”的机枪手集中火力掩护班长内因、第 1 辆“悍马”驾驶员莫里斯和第 2 辆“悍马”车车长赫斯特下车，三人沿道路东侧护道建立阻击阵地。

第 3 辆“悍马”并没有跟上前面两辆车。车长里韦拉发现大量敌人已经占领公路两侧壕沟，于是停止前进，令机枪手用 M2 重机枪进行火力掩护，自己带领驾驶员马克下士和医护兵麦克下士下车战斗，在“悍马”车一侧建立阻击阵地。反美武装认识到如果不能除掉这辆“悍马”，就无法继续向前进攻，于是集中火力实施猛烈打击。车长里韦拉、驾驶员和机枪手都身负重伤。道路两侧聚集了大量反美武装分子。

此时前面两辆“悍马”车内的美军士兵仍陷入激战，并不了解第 3 辆车乘员已经负伤。第 2 辆“悍马”驾驶员普伦下士（女）通过车载电台最先发现情况，但激战中无法听清医护兵麦克讲话，于是沿公路目视观察，看到里韦拉身受重伤、趴在地上，此时麦克终于通过电台向普伦讲清了 3 人受伤的详情。普伦一边向班长报告，一边驾车折返营救 100 米外第 3 辆“悍马”的伤员，机枪手为其提供火力掩护。此时，反美武装已经占据便道南侧、宪兵班身后房屋的屋顶，居高临下向美军射击。班长内因命机枪手使用 MK19 榴弹发射器压制敌人火力点，但收效甚微。于是机枪手库珀尔和医护兵麦克改用 AT4 火箭弹，一举将敌人消灭，但他们自身位置也因此暴露，被敌人包围。战场形势十分危急，班长甚至要销毁车载“蓝军跟踪系统”，以免落入敌手。

3. 美军合力击退伏击敌人

尽管宪兵班加入战斗并吸引了大量敌人，为车队重新开动赢得宝贵时间，但仍有四分之一的车辆深陷伏击区，民用挂车司机都躲进路边壕沟，不敢移动半步。运输兵们恳求甚至不得不强迫司机回到车里，发动车辆继续前进。最终，向北行驶车队的全部车辆都重新开动。两支车队的战斗车辆逐渐在公路与便道的交会处会合。向南行驶车队的士兵通过车载电台得知宪兵班急需增援，位于车队后部的“种马”33C 立刻前出救援。车长瑞奇·伯克中士和驾驶员下车，帮助普伦和麦克将马克转移至较安全位置。这时向北行驶车队的 3 号调控车也赶到，车长布朗帮助转移受伤的里韦拉。班长哈蒙斯命令“种马”33A 回到南面，建立医疗救护点，并将马克送往救护点。

截至此时，宪兵 2 班班长内因已经多次呼叫空中支援，但飞机迟迟未到。内因迅速分析战场态势，确定开阔地带的大多数明显目标已经被消灭，但敌人仍占据便道以北壕沟顽抗，必须实施进攻才能带领全班脱险，于是带领赫斯特和莫里斯交替掩护沿壕沟向公路跃进。此时战场形势开始向有利于美军的方向发展，两个车队的战斗人员以及宪兵班在公路与便道的交会处会合，集中火力消灭顽抗之敌，并迅速将伤员送往医疗救护点。宪兵连长林德纳带领增援车辆赶到现场，组织救援、实施警戒。

此次战斗中，向北行驶的车队有几辆车损毁、多人受伤，但没有人员阵亡。向南行驶车队多辆车受损严重无法修复，3 名民用车司机阵亡，7 名士兵受伤。战后美军清理战场，在便道以南的反美武装伏击阵地（包括两层建筑在内）只发现了一些弹壳，并未发现被击毙或受伤的敌人。便道以北情况截然不同，敌人尸横遍野，很多尸体上都揣有手铐（准备绑架车队司机），共有24名武装分子被击毙，9人受伤（其中2人因伤重死亡）。

（三）战例评析

此战是2003年伊战爆发以来美军遭遇的最激烈伏击战。执行运输补给和警戒护卫任务的美军官兵战前精细筹划，战斗中根据战场形势变化灵活控制，展现出较强战场适应性、主动性和作战行动控制能力，但也存在行动失调、指挥失当和通信失联等战场失控问题。

1. 美军作战行动控制的主要特点

首先，战前精细筹划。科学细致的战前筹划是实现作战行动精确控制的前提。作战筹划是对作战任务的科学规划过程，是指挥官和指挥机关根据作战任务需求对作战资源进行规划调度、实现作战任务和资源的合理分配以及任务序列的优化编排，涵盖理解任务、判断情况、提出作战构想、拟制和评估作战方案、定下决心、制订作战计划等一系列指挥活动，实质是对任务进行合理编排以及对作战资源合理分配，从而把控制关口前移至作战行动展开之前。尽管每次执行运输任务前，美军无法得知敌人伏击的时间和地点，但是基于实战经验教训以及对补给线和运输车队重要性、脆弱性的清醒认识，每次行动前都精细筹划、精心设计，制订多套应急预案并反复演练。一是精心设计预案，反复推演和演练。宪兵班长和3名组长在制订预案、进行推演和组织演练中发挥了重要作用。他们共同研究并预判敌人可能设伏的岔路口，制订遭遇伏击后的各种应对之策。在制订预案过程中，他们“穷尽”能想到的各种场景，并对技战术细节和具体动作做出详细规定，例如何时进攻、何时离开伏击区、何时下车、何时留在车内、谁提供火力掩护、如果车辆中弹如何处置等。预案制订后，班长采取地图推演、白板推演与实地演练相结合的方式验证并完善预案，要求全班按照实际作战编组进行战前演练，要求每个人、每个动作都要精确到位，严禁任何人各行其是。通过反复现地勘察，宪兵班每名士兵对作战地域的地形地物烂熟于心，通过反复进行实地演练，每名士兵对各种突发情况的处置方法都形成本能反应。二是精心养护车辆，精确配置装备。无论执行什么任务，每次任务结束后宪兵班都精心检查和保养车辆，拆除可能影响车辆机动或火力发挥的多余装备。每一辆战车作战物资的种类、摆放位置和放置方式完全相同，实现标准化配置，确保激战中全班所有人都能够快速、准确找到急需物资。

其次，战斗中灵活控制。在战斗中美军根据城市作战形势瞬息万变的特点，采取授权式指挥，下放控制权限，赋予一线官兵行动自由和决策权，充分释放官兵的战场创造力、主动性和适应力。一是当战场态势出现重大变化时，以临机控制为主。遭遇伏击后，一线指挥官针对突发情况迅速决策、果断处置，临机下达控制指令、调控车队行动，体现出较强的战场适应性和临机控制时效性。激战中，对面一辆越野车失控横冲过来，与民用车相撞并堵塞道路。在形势混乱、难辨敌我的情况下，指挥官杰佛瑞·乌尔当机立断，及时清除路障，消除危险隐患。乌尔通过车载电台得知车队出现伤亡后果断采取措施，在伏击区以外建立伤员收容点，预先做好接收、救治伤员的准备，为挽救伤员生命赢得宝贵时间。向南行驶车队的“种马”33A率先冲出伏击区到达检查站，发现后面仅跟着一辆车，立刻通过车载电台向班长申请行动指令。班长根据战场形势变化临机改变计划，令其迅速折返救援。向南行驶车队通过车载电台得知宪兵班负伤急需支援，班长哈蒙斯临机调控全班行动，命车队后部的“种马”33C立刻前往救援，同时下令“种马”33A到南面安全地带建立医疗救护点，做好救治伤员的准备。

二是当战场形势危急时，以自主控制为主。在此次战斗中，面对复杂混乱的战场形势，美军一线官兵没有被动等待上级指令，而是充分发挥主动性，大胆行动、自主协同。向北行驶车队遭到伏击后，2号调控车为保护车队主动前出吸引敌人火力。正在附近巡逻的宪兵班得知车队遇袭后，没有等待上级命令而是立刻前往救援。宪兵班救援行动中的自主控制体现在四个方面：自主选择加入战斗的地点，主动深入伏击圈核心，直插敌人重心；自主选择与敌人交战方式，同时展开多种行动：利用地形地物建立阻击阵地、最大限度发扬自身火力以及申请空中支援；自主制订并优选应急处置方案①；自主申请空中支援，该班在紧急情况下越级申请，直接向空中支援中心申请空中支援。此外，救援途中宪兵班第3辆“悍马”发现

① 前往救援途中宪兵班自主制订了三套应急方案：一是继续前进，带领车队离开伏击区；二是停止前进，对敌人进行火力压制和火力驱歼，然后帮助车队重新开动；三是停止前进，召唤空中支援。该班根据战场实际将第二和第三套方案进行了有效结合。

公路两侧出现大量敌人，针对新的敌情威胁，车长果断下令停车，迅速带人下车建立阻击阵地，有效挫败敌人迂回侧击的企图，冒着巨大风险确保车队安全和道路畅通。宪兵班各车之间自主协同，第2辆“悍马”女驾驶员普伦通过电台最先得知第3辆“悍马”的战友受伤，她一边向班长报告、一边驾车折返救援。[①] 总之，在通信中断、指挥失联的情况下，警戒战斗车辆和宪兵班没有被动等待指令，而是依据平时演练中明确的参照物和目标点大胆行动、主动出击、动态调控，最终成功会合，形成火力优势，成为逆转战场态势的关键。

2. 美军作战行动控制存在的问题及原因

在战斗中美军也出现行动失调、指挥失当、通信失联和保障失能等问题。一是行动失调。美军车队遭到伏击后，民用司机纷纷逃离，整个车队深陷伏击区无法移动，官兵几度陷入不知所措、无能为力的状态，甚至出现己方车辆误撞误伤的事故。二是指挥失当。激战中指挥官所乘战车多次与其他车辆脱节、失去联系，无法掌控车队行动，在战场形势失控、士兵不知所措的情况下未能及时纠偏和带领车队脱险。三是通信失联。属于保障部队的运输连和隶属国民警卫队的宪兵连配备的通信设备与作战部队差距较大，通信手段单一，车载电台在城市作战中易受干扰、经常中断、极不稳定，即使在通联情况下也存在杂音大、通话质量差等问题，严重影响战场态势感知、指令传达和分队协同。此外，地空通联不畅，地面分队指挥官多次呼叫近距离空中支援都没有成功。四是保障失能。刚遭遇伏击车队的民用司机就纷纷弃车逃离，战时运输保障职能完全丧失，致使车队长时间滞留伏击区，加重了人员伤亡和车辆损失。

上述问题主要由三方面原因造成。一是对民用保障力量动员不充分、不到位，没有形成军民协调、一体联动，导致行动脱节、车队失控。承包商的民用挂车和司机是运输车队主体，但是美军在战前筹划中恰恰忽视了这支重要的运输保障力量，没有进行充分动员，没有通过精确计算将其融入作战方案，没有实现有效的指挥控制，没有在战前对其进行突发情况应急演练，结果导致在战场上枪响即溃，民用司机行动几乎完全失控，民用运输车与军车脱节，车队陷入瘫痪。

---

① 普伦和赫斯特因战斗中表现英勇分获铜星勋章和银星勋章，成为首批在近战中获得勋章的美国女军人。这也是美军半个世纪以来第一次将银星勋章授予女兵。

二是战前预测失误，敌情判断不准，低估对手实力。科学的战前预测和准确的敌情研判是战场上实现精确控制的前提。尽管在遭遇伏击的前两天，宪兵班对相关路段进行了侦察，针对各种突发情况制订了预案并进行演练，但还是对敌人的作战能力和意图估计不足。基于前几个月的作战经验，宪兵班预测敌人兵力一般为 12 ~ 15 人，完全没有预料到会遭遇至少 50 名敌人的伏击。激战中，宪兵班长内因深感兵力严重不足，双方力量对比悬殊。普伦战后回忆："如果内因知道会有那么多敌人，他会采取完全不同的行动。"①

三是武器装备性能不稳定，加重了作战行动失控的困境。武器装备，尤其是指挥通信系统，是将作战计划落到实处、控制作战节奏、夺取战场主动权、达成作战目的的物质条件和技术支撑。此次战斗暴露出美军保障部队和国民警卫队指挥通信手段单一、系统功能不稳定、抗干扰能力差、地空协同链路不顺畅等问题，直接导致行动失控。此外，作为战车的主要火力平台，M2 重机枪在关键时刻多次卡壳，导致"对敌人进行火力压制""提供火力掩护"等指令无法落实，加剧了战场形势失控。M4 卡宾枪作为单兵标配武器在战斗中暴露出杀伤力不足的问题，很难一枪毙敌，加剧了官兵心理压力。宪兵班长内因回忆："没有一个敌人是被 M4 一枪放倒的，绝大多数敌人被射中三到四枪才会倒下。"

---

① William G. Robertson. *Case Studies from the Long War (Volume I)* [M]. Fort Leavenworth, KS: Combat Studies Institute Press, 2006.

六、“封路行动”

（一）战例概要

2005 年美军在伊拉克首都巴格达实施的“封路行动”是伊拉克战争维稳作战阶段的一个典型战例。此次行动既有成功经验，也有深刻教训，既展示了美军合成营城市维稳作战的主要特点，也暴露出各种问题和不足，是伊拉克战场持续多年的城市维稳作战的一个缩影。这次行动反映出的共性问题对于探索现代城市维稳作战制胜机理和取胜之道具有一定启示和借鉴意义。

（二）作战背景及经过

2003 年 4 月美军攻陷伊拉克首都巴格达，此后巴格达陷入混乱，针对美军的袭击事件频发，驻伊美军进入维稳作战阶段并展开轮换部署。为稳定局势、支援重建，美军第 3 机步师第 2 旅 64 装甲团 1 营于 2005 年 2 月第 2 次部署到巴格达①，替换第 1 骑兵师 12 骑兵团 1 营，接管代号“无赖”的作战地区防务。该作战地区位于巴格达市提萨尼桑区内，位于底格里斯河东岸，西临萨德尔城，东临迪亚拉河，属于城市地形，面积约 40 平方千米，人口约 160 万，内有四条主要交通补给线且与附近居民区巷道相连。64 装甲团 1 营将该作战地区划分为 6 块，派连级分队分区驻守。

任务区内各种威胁混合交织、动态变化，绑架、贩毒、武器走私等非法活动猖獗，严重危害社会安全稳定。反美武装使用路边炸弹、车载简易爆炸装置和各种轻武器频繁袭击美军，尤其是沿主要交通补给线伏击美军车队。美军缺乏情报、敌情不明，难以防范各种袭击，陷入被动。为稳定局势、挫败袭击，64 装甲团 1 营采取一系列攻势行动，从 3 月初至 7 月中旬，在整个任务区实施了 10 次大规模作战行动。在历次行动中，美军均与伊安全部队混合编组、统一行动，目的是训练并提高伊军作战能力，为移交安全责任做准备。在行动中，美军注重与当地民众接触，希望通过接触赢得民众支持、获取更多情报。然而，伊拉克人对此态度冷淡、反应冷

---

① 该营曾于 2003 年在伊拉克作战，并执行突袭巴格达的“迅雷行动”。该营在两次“迅雷行动”中均作为先锋部队，起到破门“重锤”作用，成为美军主要突击力量。

漠，美军接触行动效果有限，并未获得高价值情报。反美武装依旧沿主要公路袭击美军，确保交通补给线安全成为64装甲团1营的主要任务和最大挑战。为消除隐患、扭转局势，该营决定采取代号“封路行动”的大规模维稳作战行动。

美军根据城市作战特点并结合此次任务实际，战前精心筹划，有针对性地确定作战指导思想、指挥方式和作战流程，并通过图上推演完善作战方案。第一，作战指导思想强调出其不意，注重作战突然性。基于这一作战指导思想，美军计划行动当天在任务区进行正常巡逻和交通安检，以迷惑敌人，使其无法预测美军行动时间和地点，从而达成行动突然、出其不意的效果。同时通过快速有效的震慑行动向伊民众展示美军致力于镇压叛乱、维护安全稳定的决心。第二，作战指挥强调以各级指挥官为核心。此次行动美军采取以指挥官为核心的任务式指挥，要求分布在城市各街区的连排指挥官在充分理解上级意图并达成作战共识基础上积极发挥主动性和创造力，根据战场形势变化临机决策、机断行事。整个行动中，营长亲临一线、靠前指挥。第三，注重因敌因地制宜，精确设计作战流程。此次任务主要由64装甲团1营的B连和C连执行，计划于7月13日实施行动。美军在认真分析敌情、地形和民情基础上，精心设计作战流程，具体如下：按任务需求重新编组作战力量、建立进攻出发阵地、建立阻击阵地、搜查目标区内所有车辆、撤回前沿作战基地。与此同时，为迷惑敌人、掩护主要行动，该营其他各连在任务区其他地域正常巡逻执勤。第四，通过图上推演完善作战方案。7月10日17：00，64装甲团1营下达作战命令。各连接到命令后展开图上推演，熟悉作战方案。12日14：00，各连上报推演结果及反馈意见，进一步修改、完善方案。

作战经过

7月13日，作战行动按计划展开，开局进展顺利。B连各排于08：00依次离开前沿作战基地，09：30占领进攻出发阵地。08：45，C连各排向各自阻击阵地机动。09：36，所有阻击阵地构设完毕，战术心理战小组开始在封锁路段内进行广播宣传。09：47，C连开始乘车巡查2.4千米长的封锁路段，要求所有民众都离开车辆并退到公路南侧空地，以确保清空目标地域，为B连徒步搜查创造条件。

10：00，C连对目标地域清查完毕。B连开始行动，穿越进攻出发阵地与目标地域之间的居民区，同时沿多条道路机动，在居民区与目标地域的接合部设立检查点，仔细搜查目标地域内车辆。B 连 2 排和 3 排采取轮换前进、交替掩护方式和“蛙跳”战术，自西向东逐一排查。搜查中，美军发现的违禁物品有限，但是在赢得当地民众支持方面较为成功。这次行动正处于交通高峰期，且天气炎热，封路搜查容易引起民众反感。得益于战术心理战分队的宣传引导和搜查分队规范专业的操作流程，当地民众态度平和，能够配合检查。搜查行动引来附近居民特别是大量儿童围观。美军在日常执勤巡逻中经常遇到此类情况，因此并没有驱离围观民众而是按惯例给当地孩子分发糖果。

搜查行动进展顺利。10:36，当搜查行动接近尾声之际，位于居民区与目标地域接合部的 B93 检查点突然发生爆炸。一辆装有简易爆炸装置的自杀式袭击汽车穿过居民区直逼检查点，在美军悍马车附近爆炸，当场导致美军 1 死 2 伤，29 名无辜伊拉克人死亡，其中绝大多数是儿童，还引起两处民房失火，现场一片混乱。美军立刻向爆炸现场集中，设置警戒线，撤离受伤官兵和平民。10:50，第一批救护车抵达位于前沿作战基地的美军救助站。爆炸引来大量平民，或是寻找亲人、或是聚拢围观，现场气氛紧张，民众情绪激动。爆炸发生后营长法拉尔第一时间赶到事发地点，立刻呼叫伊拉克警察和消防员支援。爆炸发生后不到 15 分钟时间，美军就将安全责任移交给伊当局，随后营长下令部队撤离目标地域，返回前沿作战基地。

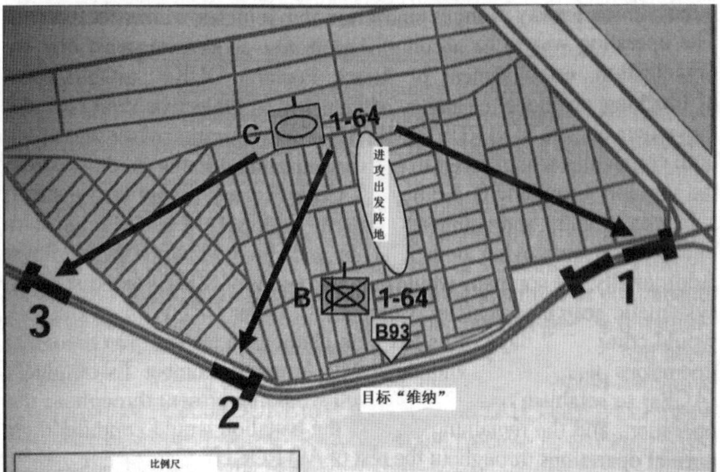

图 18　“封路行动”作战经过图

① 1 英里≈1.61 千米。

（三）战例评析

作为伊拉克战场城市维稳作战的典型案例，“封路行动”既有成功经验，也有深刻教训，既展示了美军城市维稳作战的主要特点，也暴露出存在的主要问题与不足，对于探索现代城市维稳作战制胜机理和取胜之道富有启示。

1. 美军此次城市维稳作战的主要特点

首先，按照小型、多能和模块化理念编组作战力量，形成全谱作战能力。系统结构决定其功能，此次行动美军作战力量构成体现小型、多能和模块化特点，具备完成多样化任务的全谱作战能力。64 装甲团 1 营属多兵种合成营，辖 2 个步兵连、2 个坦克连、1 个机械化工兵连、1 个前沿保障连和 1 个营部连。营部连辖 1 个摩托化侦察排、1 个机械化迫击炮排和 1 个医疗排。此外，该营还获得 1 个军犬小队、1 个战术人力情报组和 1 个民事组配属。该营实际员额为 817 人①，除 B 连外其他各连均齐装满员，并为插入其他作战模块预留了空间。执行此次作战任务的 B 连和 C 连力量编成如下：B 连为步兵连，主要装备 M1114 悍马车，其中 1 个排除悍马车外还配有 3 辆 M2A2 布雷德利战车，该连还配有 2 个军犬小组协助搜查。C 连为坦克连，辖 3 个 M1 坦克排，1 个战术心理战小组，3 辆用于构筑路障的 M9 重型装甲推土机。这样的作战力量构成小型精干、要素齐全、标准配置，有利于轻型部队和重型部队密切协同，有利于传统作战力量与心理战等新型作战力量有机融合，有利于作战分队与情报、工程及民事等保障分队相互配合，有利于不同作战模块和多种作战要素一体联动，从而形成完成多样化任务的全谱作战能力。

其次，战前精心拟制多套方案、综合评估各案利弊，在优化组合基础上创造性地定下决心。营长法拉尔提出各有利弊的多套行动方案。一是增加巡逻车队数量和巡逻次数。此前为确保交通线安全，该营每天派出 7 个巡逻车队不定时间在不同地段巡逻。该方案计划在此基础上增加车队数量和巡逻次数，弊端是需要增加人力和车辆，导致任务区内其他地域资源紧缺。二是在任务区内建立永久性交通检查站。该方案同样面临资源紧张问题，而且容易成为敌人袭击的固定目标。三是在袭击多发地段安装摄像头等监视器材。弊端是设备安装及维护成本较高，且需派兵看守以防敌人破

① 这一时期美国陆军合成营规定员额上限为 926 人。

坏。该方案的改进措施是真假摄像头混装，既可以威慑敌人又能够降低成本。四是展开营连规模的封路行动，在交通高峰期封锁公路的一段，仔细搜查封锁路段内所有车辆，切断非法物资流通，抓捕罪犯和叛乱分子，阻止反美武装沿交通补给线发动袭击。法拉尔科学评估、仔细权衡各案利弊，并进行优化组合，进而创造性地提出新方案、定下决心。

第三，精心选择行动地点，创设有利战场条件。“天地形者，兵之助也。”此次行动美军精心构设战场环境，既利于隐蔽集结，也利于快速机动，更利于封控围堵，做到攻守兼顾、进退自如，为实现指挥官决心、试验城市维稳战法创造了有利战场空间。此次行动目标地域“维纳”（WAYNE）是一条全长约 4 千米的 6 车道主要公路，其中封锁路段长约 2.4 千米，公路一侧为居民区，另一侧为开阔地。反美武装曾多次沿此路段袭击美军。该公路临近居民区，居民区巷道与公路相连，利于美军集结、隐蔽和快速机动，不易引起敌人怀疑，为美军提供了有利的进攻出发阵地。公路南侧地形开阔，且与公路隔离，美军使用车载武器可实施有效封锁，以防止敌人从南侧发起进攻或阻敌向南逃窜。为达到以少量兵力完成封锁的精兵作战效果，美军注重卡口控道，封锁公路上两个主要岔路口中间的一段，彻底切断封锁路段内外交通往来。但是，公路与居民区的结合部为薄弱环节，需要派兵驻守以防不测。

第四，精心设计作战，突出精确指挥、精确用兵、精确作战。城市维稳作战环境复杂、敏感性强，对作战行动的精确性和作战效率提出较高要求。美军在认真分析地形和敌情基础上精心设计作战行动所有环节，尤其重视各种细节，追求全流程环环相扣、全要素无缝对接。按照方案设计，B 连于 7 月 13 日 08:00 从前沿作战基地出发，向进攻出发阵地开进。机动途中为避免暴露，该连以排为单位沿多条道路呈疏开队形开进。到达进攻出发阵地后，B 连在此短暂停留，等待前进命令。C 连于 7 月 13 日 08:45 从前沿作战基地出发，在目标地域建立 3 个阻击阵地。1 号阻击阵地位于目标地域东侧，靠近主要岔路口，可切断自东向西交通。3 号阻击阵地位于目标地域西侧，可截断自西向东交通。2 号阻击阵地位于 1 号和 3 号阻击阵地之间，可拦截从北侧居民区巷道驶出的车辆。当阻击阵地构设完毕并完成路段封锁后，C 连派出战术心理战小组，乘流动巡逻车在目标地域内进行心战宣传，通知车主停车熄火，打开所有车门、行李箱和引擎罩，然后退到公路南侧空地。当所有伊拉克人按要求完成上述动作后，C 连向

B 连发出搜查信号。接到信号后，B 连从进攻出发阵地出发，穿越居民地前进至目标地域，在目标地域与居民区接合部建立检查点，而后采取徒步搜查方式逐一检查目标地域内所有车辆。为确保不遗漏、不重复，B 连对所有车辆进行分组检查，并标识已检车辆。等清查完毕后，所有车辆方可离开。任何载有违禁品的车辆及车主都将被扣押，接受进一步审查。搜查完毕后，B 连撤回进攻出发阵地，然后返回前沿作战基地。等 B 连离开后，C 连立刻撤离阻击阵地，返回前沿作战基地。方案设计要求各分队配合默契、衔接紧凑、运转流畅、行动高效，突出时间精确、指挥精确、协同精确和行动精确。得益于精确化的作战设计，美军以较少兵力不到 1 个小时就完成了对 300 多辆车和人员的搜查。

第五，因敌因地制宜，城市维稳战法灵活机动。美军此次行动中积极创新城市维稳战法，采取轻型部队与重型部队相互配合，乘车巡查与徒步搜查相结合，采取轮换前进、交替掩护方式和城市街区“蛙跳”战术，充分利用心理战小组等新型作战力量，取得较好效果。一是轻型部队与重型部队相互配合。轻、重型部队充分发挥各自优势，合力制敌。C 连为坦克连，属重装部队，主要担负构设阻击阵地、切断交通以及乘车巡查等任务，为 B 连树立坚固屏障，提供有效防护和机动能力。B 连为步兵连，属轻型部队，依托装甲部队的外围警戒和有效护卫实施徒步搜查。二是乘车巡查与徒步搜查相结合。C 连先期的乘车巡查便于快速锁定封锁路段内可疑车辆和潜在威胁，为 B 连徒步搜查减轻了压力。B 连徒步搜查彻底细致，弥补了乘车巡查可能出现的遗漏。三是采取轮换前进、交替掩护方式和城市街区“蛙跳”战术。B 连 2 排和 3 排因敌因地制宜采取的上述城市维稳战法好处如下。一方面可减少部队暴露时间，减轻狙击威胁。城市作战，狙击手是美军面临的最大威胁，轮换前进、交替掩护可尽量减少各排在目标地域暴露时间，减轻狙击威胁。另一方面可减少官兵和工作犬体能消耗，保持持续作战能力。巴格达天气炎热，在高温环境中保持人员和工作犬体力至关重要。“蛙跳”战术是指搜查过程中 B 连不断调整部署态势，各排搜查完一定数量车辆后立刻撤出目标地域、回到相对安全的居民区，然后沿居民区巷道直接插到目标地域的下一预定地点继续搜查。“蛙跳”战术既可减少部队暴露时间，也可让官兵和工作犬获得必要休息，有利于保持和恢复体力。四是充分利用心理战小组等新型作战力量。行动开始后，战术心理战小组在目标地域进行有效的心理战宣传，引导封锁路段内平民有序行动、配合检查。战术心理战小组充分发挥了战斗力倍增器作用，得益于有效的心理战宣传和舆论引导，整个搜查过程中目标地域内 300 多名平民始终井然有序，C 连无须采取其他管控措施，节省了大量精力和资源。

第六，作战流程顺畅高效，应急处突及时有效。在巴格达这样的大城市采取作战行动，节约时间、提高效率至关重要，任何迟缓都可能造成意想不到的严重后果。此次行动中美军多措并举，有效压缩了作战流程，提高了作战效率。一是各级并行制订并推演作战方案、同步展开任务准备。得益于长期共处、相互熟悉和标准化的技战术程序，在营下达作战命令前，各级指挥官就已经达成作战共识，B 连和 C 连连长领会上级意图、明确任务目标，并向各排班下达预先号令，实现了营连排班四级联动、同步制订并推演作战方案、同时展开任务准备，有效压缩了指挥控制流程，缩短了备战时间。二是根据任务需求提前编组作战力量，有效融入城市维稳专业力量和新型作战力量，优化各种维稳力量编组，搞好协调配合。美军提前将工作犬小组和心理战小组融入作战计划，并通过图上推演熟悉作战方案，合理区分任务和主次关系，确保了指挥高效、协同顺畅。三是熟练掌握标准化的指挥控制流程和技战术程序。行动开始前该营已经在巴格达部署 4 个月，熟悉战场环境，实战经验丰富，官兵相互熟悉，各级相互信任，目标清晰、任务明确，且熟练掌握标准化的指挥控制流程和技战术程序。因此战前无须再进行实兵实装演练，通过图上推演就可达到相同效果，有效缩短了时间、提高了效率。四是应急处置及时有效。爆炸发生后，营连主官第一时间赶到现场，控制局面、应急处突。为避免激化矛盾，营长立刻协调伊安全部队和警察负责民事救援，妥善处理平民伤亡。与此同时，美军在第一时间封控事发现场，抢救和撤离伤员。美军的救援行动及时高效，爆炸发生后仅 13 分钟，第一批伤员就运抵救助站。

纵观整个行动，美军做到了全流程精确设计、各环节无缝衔接：战前精心筹划作战；战中精兵行动、精确作战，各分队做到了时间精确、地点精确和技战术动作精确；战后撤离迅速有序。

2. 美军此次城市维稳作战存在的问题

此次行动也暴露出美军城市维稳作战存在的问题和不足。行动结束后，营长法拉尔亲自领导撰写事后评估报告，进行复盘检讨。第一，对敌情的掌握和判断不完整、不全面、不及时。行动中美军未能察觉封锁路段以外潜在威胁的变化，固守战前情报判断结论，预测敌人可能在封锁路段内利用车载简易爆炸装置和狙击手袭击 1 号或 3 号阻击阵地，没有预料到敌人会针对位于居民区与目标地域接合部的检查点发动自杀式袭击。情报研判失误导致美军没有在 B93 号检查点附近设置能够阻止车辆靠近的隔离线或障碍物，使检查点成为易受袭击的薄弱环节。

第二，爆炸发生后舆情社情管控不力、反应迟缓，导致与当地民众关系紧张。此次行动美军的最大教训是忽视了舆情社情对作战行动的影响。美军旨在通过此次行动切断违禁物品流通、打击叛乱分子，并为此进行了相应舆论宣传准备。然而，在战术层面对爆炸等突发事件发生后舆情社情引导和媒体管控准备不足、应对失策。一是缺乏相应的力量编组。战术心理战小组在舆情社情管控方面作用突出，但是此次行动 B 连却没有配备心理战力量，导致爆炸发生后未能及时疏导受伤平民及围观群众，未能有效平息事态。二是应急反应滞后，应对措施乏力，安抚工作不到位。爆炸发生后当地媒体抢先报道，对事件起因进行各种猜测性解读，称爆炸发生时美军正在给当地儿童分发糖果和玩具，目的是赢得民心，并未提到搜查违禁物品及犯罪分子等行动。媒体报道引发当地民众不满，指责美军应为爆炸事件负责。然而，美军公共事务办公室却反应迟缓，未能在第一时间发布官方正式声明、澄清真相，未能有力回击不实报道，只是声明正在对事件进行调查。这种表态反而助长了民众不满情绪。营长法拉尔试图通过接受媒体采访澄清事实真相，但是收效甚微，也没有引导媒体深入一线实地采访受伤官兵。爆炸发生后第一时间应对失策导致美军错失关键的舆情管控窗口期，爆炸后果经媒体宣传呈指数级迅速放大，造成难以挽回的负面影响，此后很长时间无法弥合与当地民众的关系，其结果出乎美军预料。为重新赢得当地民众信任，美军花费大量时间和精力，但效果有限，负面影响仍难消除。美军认真吸取教训，将突发事件后的舆情社情管控置于首位，制订多套舆情社情管控预案，更加注重将伊安全部队、警察和当地媒体融入应急预案。

第三，在行动期间没有将当地民众尤其是儿童隔离开，导致大量平民伤亡。如何在城市维稳行动中既实施有效隔离又不疏远当地民众，一直是伊拉克城市作战中困扰美军的一个难题。此前美军认为如果设置禁入区、实施隔离，会疏远与当地民众的关系，引起民众反感，难以获得高价值情报，而且与当地儿童在一起可减少遭反美武装袭击的风险，也显示与当地居民关系融洽。此次行动结束后，该营营长深刻吸取教训，下令在维稳行动期间禁止平民围观，禁止官兵向当地儿童发放糖果，并要求当地政府介入以阻止儿童进入美军行动地域。此外，该营还采取各种隔离措施，在检查点设置交通锥、拉设警戒线，警示当地民众切勿靠近。上述措施逐渐成为伊拉克各城市美军维稳作战的标准作业程序。

第四，在目标地域暴露时间过长，为反美武装发动袭击提供了可乘之机。城镇维稳作战环境错综复杂、威胁动态变化，在目标地域暴露时间越长，越容易成为袭击目标，风险越大。此次行动前，美军认为反美武装在目标地域没有固定组织机构，需要较长时间才能召集足够的人力及武器装备。基于这种研判，美军认为在目标地域停留一个小时的风险在可控范围之内。从实际行动看，从 C 连设立第一个阻击阵地到发生爆炸，历时约一个小时。然而，B93 号检查点的爆炸证明上述假设错误。行动结束后，营长法拉尔认识到必须尽量减少美军在目标地域活动和暴露时间，规定部队在目标地域停留一般不超过 10 分钟。

七、夺控拉马迪

（一）战例概要

2006 年 6 月开始的拉马迪作战行动持续长达一年之久，充分体现了大城市反恐维稳作战的长期性、复杂性和艰巨性。拉马迪之战正值伊拉克局势最为动荡、美军处于低谷之际。美军在作战设计上注重政治与军事并举，综合采取“夺、控、建”等措施一体联动，有效扭转了战场形势持续恶化的局面。拉马迪模式成为美军大城市反恐维稳作战的成功范例。

（二）作战背景及经过

安巴尔省是伊拉克面积最大的省，人口约 120 万，以逊尼派穆斯林为主。省会拉马迪是该省最大城市，东西长约 15 千米，南北长约 12 千米，人口约 50 万。[①] 拉马迪市分为人口密集的城区和众多郊区。市中心区北接幼发拉底河，西临哈巴尼亚运河，南靠铁路线，东邻郊区。除东侧外，还有几个主要的郊区坐落在哈巴尼亚运河西北和幼发拉底河北岸。横跨幼发拉底河和哈巴尼亚运河的两座大桥连接市区与郊区。市区内最高建筑为一栋七层高的医院大楼，多数建筑为两三层高的传统平顶楼房。2003 年伊战爆发后，城市受损严重，基础设施基本瘫痪，当地政府停止运转。当地居民绝大多数隶属于杜莱姆部落联盟，该联盟曾是萨达姆共和国卫队的主要兵源。该联盟由若干个小部落组成，分布极为分散，扩散至邻国叙利亚和约旦境内，具有跨境杂居特点。

在安巴尔省，美伊联军面对三类敌人：一是“基地”组织伊拉克分支（以下简称“基地”分支），是最危险、最主要的敌人；二是曾支持并效忠萨达姆政权的逊尼派武装，萨达姆政权倒台后丧失权力和地位，怨恨美军和伊新政府；三是各种犯罪集团，通过违法犯罪活动谋利，通过实施暴力袭击从“基地”分支领取酬金。“基地”分支的领导权由非伊拉克人掌控，成员多为从叙利亚秘密入境的外国武装分子，也包括伊拉克当地极端分子，目标是迫使美军撤出伊拉克，击败伊安全部队，推

① 此处为 2006 年拉马迪之战发起时的人口数量，约为安巴尔省第二大城市费卢杰人口的 4 倍。作战期间绝大多数居民留在了城内。

翻伊政府，建立所谓的伊斯兰国家。①该组织通常采用游击战术对抗联军，尤其擅长采用车载简易爆炸装置和自杀式袭击。“基地”分支强推严酷的“伊斯兰教法”，向当地居民强征保护费，以威逼胁迫等方式严控当地平民。到2006年春夏之交，“基地”分支等反美武装实力已达5000人，并完全控制拉马迪。

安巴尔省军事行动由美军陆战1师师长理查德·齐奥梅尔少将统一指挥。陆战1师司令部作为联军联合指挥部指挥该省所有地面部队行动。2006年6月，由肖恩·麦克法兰上校指挥的装甲1师第1旅战斗队从塔尔阿法移防至拉马迪，接替国民警卫队第28步兵师第2旅战斗队，指挥关系由101空中突击师转为归陆战1师指挥。美军的总体目标是尽快向伊当局移交安全责任，尽早撤离战区，尽量减少自身伤亡。要实现这一目标，美军首先必须取得对拉马迪的实际控制，而后实现权力过渡。当时整座城市由“基地”分支控制，因此美军必须采取行动改变现状。但是，美军行动受两方面因素制约。一是兵力不足。在2004年11月第二次费卢杰作战中，美军动用8个营才艰难取胜。②拉马迪面积约为费卢杰的4倍，但装甲1师第1旅战斗队只有5个机动作战营，兵力捉襟见肘。二是行动受限。联军指挥部不希望拉马迪成为第二个费卢杰，因此力求减少人员伤亡和城市破坏，禁止第1旅战斗队采取常规城市战法——逐条街道、逐个街区清剿。根据上级意图、结合战场实际并借鉴第3装甲骑兵团此前在塔尔阿法的经验，装甲1师第1旅战斗队制订了“清剿、控制、建设”的作战方案：首先在市区的某个地点肃清敌人并建立哨所，以点控面、辐射周边，控制哨所周围地区；而后在伊军支援下控守该地区，抗敌反击或渗透；与此同时重建市政基础设施、改善民生，争取民意支持。③美军试图以此实现对拉马迪的控制，继而向伊方移交防务。该方案优点是通过集中优势力量于决定点可弥补美军兵力之不足，并可减少人员伤亡和城市破坏；缺点是需要较长时间才能见效。为保持主动权和进攻锐势，该旅决定每周实施一次大规模作战行动，始终使敌人处于被动应对、丧失平衡、无法恢复的状态，

---

① 2006年10月，拉马迪作战行动期间，该组织宣布以拉马迪为首都建立“伊拉克伊斯兰国”。

② 第二次费卢杰作战中，很多人暗中支持迈赫迪军并与美军为敌。当时美军动用的8个营为6个海军陆战营、1个陆军坦克营和1个陆军机步营。

③ 该方案成为2007—2008年美军在伊拉克全境采取攻势作战行动的范例。

从而丧失对拉马迪的控制权。

作战经过

1. 封控外围，孤立敌人

为切断城内敌人外援，美军前期行动从封控拉马迪外围关键通道开始。第6步兵团1营、第35装甲团1营和第506步兵团1营分别从北、西、东三个方向沿进出城区的主要通道建立前哨基地，舟船分队封锁城南水道，陆战8团1营守卫城区内的政府大楼。美军的目的是阻敌增援、切断城内敌人补给，使敌人陷入孤立无援境地。然而，拉马迪城市规模大，人口密集，道路众多，美军各营在不同方向封控通道行动中均面临较大压力。例如，尽管第35装甲团1营战法灵活，采取乘车巡逻、下车搜查及车内警戒观察等多种方式，但仍不断遭到敌人狙击手、简易爆炸装置、车载爆炸物及轻武器袭击，人员伤亡达25%，而且未能建成坚固哨所。

2. 构建哨所，以点控面

2006年6月，美军在空袭行动中击毙"基地"分支领导人扎卡维。装甲1师第1旅战斗队决定趁此机会发起进攻，夺占拉马迪。6月14日，该旅命第37装甲团1营跨过哈巴尼亚运河，在市区西南建立"猎鹰"哨所，标志着拉马迪作战正式开始。哨所由美、伊军各1个连驻守，是联军在拉马迪市西南执行保护平民、巡逻检查、搜集情报等任务以及实施常规和特种作战的基地，成为美军嵌入敌控区的第一个楔子。美军依托该哨所以点控面、辐射周边，实现对周围地区的控制。该旅在随后9个月内又建立18个哨所，并通过这些哨所布局造势，以星罗棋布之势编织起绵密的网络，进而拓展影响力和控制力，逐步实现对城内各居民区的控制。

3. 军政并举，促成"觉醒"

2006年9月，拉马迪形势发生剧变，当地逊尼派穆斯林爆发"安巴尔觉醒"运动，成为拉马迪之战的转折点。"觉醒"运动由11个部落酋长联合签名、共同发起，公开与美军合作、对抗"基地"分支。这些部落成为美军征募当地警察的主要来源，而且向美军提供大量高价值情报，涉及"基地"分支庇护所、领导人及武装分子名单、物资供应路线和武器藏匿点等。作为回报，美军承诺向当地部落提供保护、资金支持并分享情报。尽管新征募的当地警察需要经过数周训练才能形成战斗力，但是可以作为辅助力量帮助控制新占领地，守卫已经建成的哨所，有效缓解了美军兵力不足问题。在当地部落支持下，美军乘势加快作战节奏。

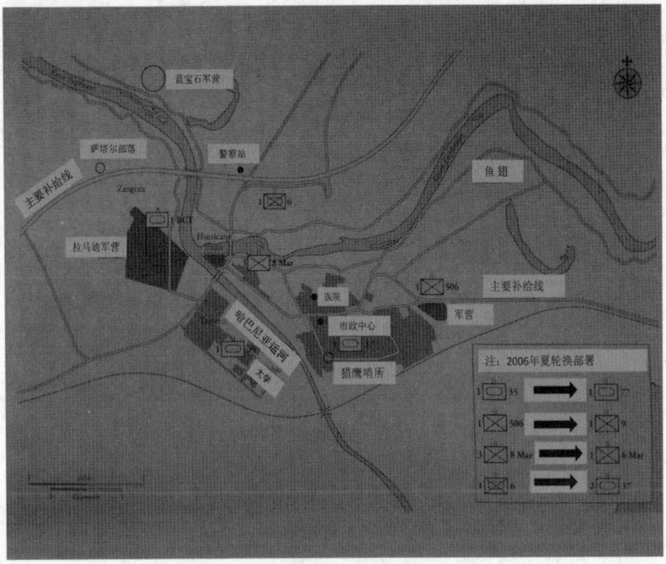

图 19　拉马迪作战行动图

“觉醒”运动对“基地”分支打击巨大，使其丧失了庇护所、情报源和民意基础。“基地”分支认识到严重后果，设法阻止运动蔓延，以武力胁迫各部落重回支持建立“伊斯兰国”的轨道。“鱼翅”激战标志着矛盾冲突的激化。① 当地一个名为萨塔尔的部落尚未参加“觉醒”运动，但是态度在悄然转变，由积极支持“基地”分支转为保持中立，并与美军及新联盟部落成员接触，在秘密商谈过程中被“基地”分支发现，进而遭到武力攻击。该部落酋长随即请求美军支援。美军立刻实施救援，凭借空地联合火力打击和夜战优势击退进攻之敌，拂晓时与该部落武装力量在“鱼翅”会合，战斗结束。“鱼翅”原本是“基地”分支在拉马迪城东最重要的基地之一，此战过后成为美伊联军的新基地和当地警察的来源地。

到 2006 年 11 月，美军在拉马迪的作战行动已经取得重大进展，控制了市区 70% 的区域，越来越多的部落加入“觉醒”运动，转为支持美军和伊政府。到 2007 年 1 月底，只有少数部落仍受制于“基地”分支。当装甲 1 师第 1 旅结束作战部署、准备撤离伊拉克之际，拉马迪城内已经很少发生袭击事件，局势基本稳定。2 月 18 日，美军第 3 机步师第 1 旅进驻拉

① 当地因地形特征被美军代号为“鱼翅”，位于拉马迪城东、幼发拉底河南岸。

马迪，尽管尚有零星战斗发生，但主要战事已经平息。该旅继续奉行装甲1师第1旅的策略，成效显著。到2007年夏，战斗彻底结束，拉马迪由最为动乱的城市变为伊拉克最安全的大城市之一，成为美军在伊全境反恐维稳作战的典范。“基地”分支被迫放弃了以安巴尔省为中心的建国计划，撤到其他地区。

美军最终艰难取胜。装甲1师第1旅有83名官兵阵亡，100多人受伤，装备损坏严重，仅第37装甲团1营就损失坦克、步战车和卡车共25辆。伊军警伤亡人数与美军持平。“基地”分支约1500人被击毙，另有1500人被俘。

（三）战例评析

美军作战行动特点

1. 政治与军事同步并举，互补增效。在伊拉克战场，拉马迪等大城市反恐维稳作战的政治性强，成功的关键不仅在于歼敌夺地，更在于争取民心。美军充分认识到政治因素的重要性，把拉马迪之战作为一场政治－军事仗来设计，将拉拢民众、争取民心作为第一要务，采取“清剿、控制和建设”三项措施一体联动，沿政治、军事两条战线同步展开。三项措施包括：首先，积极采取攻势行动，清除城区某一区域内的恐怖分子，建立稳固军事存在；其次，由具备一定作战能力的伊军警控制新占领地，抗敌反击和袭扰，突显“伊人治伊”的政治目标；最后，与伊方合作，在控制区内重建市政基础设施，恢复社会治安，加强有效治理，争取民众支持。两条战线是指：一是军事上与伊军联合作战，主动进攻；二是政治上与当地部落接触，争取民心，促进“觉醒”。在政治上，美军分化瓦解敌同盟、拉拢各部落建立新联盟、推动各部落“觉醒”共同反抗“基地”分支，政治上的攻势行动为军事行动营造了有利政治环境，提供了人力资源和情报支撑。在军事上，美军积极采取攻势行动、保持高压态势、使敌持续失衡，军事上的攻势行动有效打消了当地部落疑虑，为促成政治觉醒提供了安全保障和有力支撑。政治与军事相互促进、相得益彰，效果明显。

美军战后总结分析，如果没有与当地部落接触继而促成政治“觉醒”，美军也有可能成功，但是时间会更长、代价会更高，最终可能出现“胜而不利”的局面。另一方面，如果没有美军支持，当地部落反抗“基地”分支的斗争将更加艰难，甚至难以成功。“夺、控、建”同步推进、一体联动，政治－军事综合考虑、同步展开，在拉马迪成效显著，成为美军

2007—2008 年在伊全境反恐维稳的标准作业程序，进而在伊所有大城市推广开来，为美军向伊政府移交安全责任、实现平稳过渡创造了条件，最终推动美军作战部队于 2011 年撤出伊拉克。

2．审时度势调整策略，立足持久胜敌

2006 年 9 月爆发的逊尼派穆斯林“觉醒”运动是拉马迪之战的转折点。运动的爆发得益于美军审时度势调整策略、增强战略耐性，即由力求速战速决转为立足持久胜敌。当地逊尼派穆斯林最初支持“基地”分支的一个重要原因在于，他们认为美军只是临时性存在、迟早会离开伊拉克，与“基地”分支结盟才符合自身长远利益。针对这一情况，装甲 1 师第 1 旅调整策略，增强战略耐性，立足打持久战，并向当地部落传递与以往不同的信息，即在彻底打败“基地”分支前美军决不会离开拉马迪，既展示了美军的坚定决心和耐心、消除了当地民众疑虑，同时也让当地部落认识到继续效忠“基地”分支的严重后果。拉马迪作战行动持续一年之久，但是城市并未遭到严重破坏，而且作战过程中约有 50 万平民留在城内但伤亡很少，这也是美军调整策略、保持战略耐性的结果。

与之相反，“基地”分支缺乏耐性、急于求成，导致策略失误进而遭到民众怨恨。为预防和阻止当地部落“离心”倾向，“基地”分支采取恐吓胁迫等高压手段，甚至绑架并杀害了 1 名倾向于美军的当地部落酋长，并拒绝归还尸体，导致无法按穆斯林传统及时下葬。该事件成为当地逊尼派穆斯林与“基地”分支决裂的导火线，导致 11 名部落酋长联合签名，发起“安巴尔觉醒”运动，公开与美军合作、对抗“基地”分支。正反对比可以看出，“觉醒”运动既是美军调整策略、保持耐性促成的，也是“基地”分支策略失误、急躁冒进造成的，充分体现了在错综复杂的城市反恐维稳作战中保持战略耐性、争取民心的重要性。

3．一线官兵灵活主动，具有较强的战场应变力和创造力

城市反恐维稳作战复杂多变，要求一线官兵必须在准确理解上级意图前提下灵活主动、机断行事，善于捕捉和创造战机。在“鱼翅”战斗中，美军第 9 步兵团 1 营距离受到袭击的萨塔尔部落最近。当时营长费里中校并不认识该部落酋长，而且正准备率部执行其他任务，但是接到遇袭部落的支援请求后当机立断改变方案，立刻派坦克和步兵分队前往救援，充分体现出一线指挥官在理解上级意图和最终目标基础上的灵活性、主动性和创造力。而且其指挥救援行动专业高效，能够在错综复杂的战场上有效调

控部队行动。费里首先派无人机飞抵战场上空，通过无人机传回的战场视频实时掌握战局发展变化，并根据战场态势变化自主决策，申请空中支援。其次，派步战车和坦克组成的地面快反部队全速赶往交战地域。最后，通过卫星电话与酋长取得联系并保持沟通，既稳定情绪、鼓舞斗志，又为里应外合夹击敌人做好准备。

除地面指挥官外，提供空中支援的战机飞行员也体现出较强的战场应变能力和创造力。接到申请后，2 架 F-18 战机和 1 架“捕食者”无人机第一时间飞临战场上空。战机飞抵战场上空时，交战双方犬牙交错，难以识别敌我。为避免误伤，飞行员没有直接实施打击，而是临机采取低空高速俯冲和佯动攻击，既有效震慑了敌人，也避免了误伤，更有效提振了地面部队的士气。与此同时，飞行员立即与地面部队联系，让地面部队和当地部落武装佩戴围巾等明显饰物作为敌我识别标志，充分体现了一线官兵的战场创造力。

4. 战场情报工作坚持以“人域”为核心

城市作战，情报为先。以“人域”为核心展开卓有成效的情报工作，是拉马迪之战取得成功的关键。装甲 1 师第 1 旅刚到拉马迪时，最大难题是缺少及时准确的情报。先进的侦察技术手段无法清除“战争迷雾”，实时可靠的人力情报才是克敌制胜的关键。因此，美军注重以“人域”为核心进行战场情报搜集、分析和处理，立足于通过影响和改变当地民众认知和态度获取高价值情报。该旅冒着极大危险在市区建立前哨基地的一个主要目的就是在敌控区打入楔子，为近距离接触民众、搜集情报建立立足点。其中“人口普查式巡逻”充分体现了美军战场人力情报工作的特点。“人口普查式巡逻”是指在一段时间内对特定居民区逐户走访、逐一排查，核实并登记居民区内所有人员的身份、亲属关系及所属部落。这种做法取得以下效果。一是拉近距离，增进了解。通过近距离接触，密切了与当地民众的联系，逐步建立互信。二是增信释疑，消除误会。在交流接触中向当地民众阐释意图、展示诚意，避免误解和误判。三是保护情报源，避免暴露。挨家挨户排查、无一例外走访的做法起到了掩护“线人”、迷惑敌人的作用，使“基地”分支无法辨别哪些人支持美军并提供情报，有效降低了“线人”暴露风险，增加了安全感，美军情报源和信息渠道因而迅速增加。四是通过逐人逐户实地调查建立城市作战“人类地形数据库”，可根据作战需求迅速生成目标数据清单，为指挥决策和作战行动提供了有力数据支撑。

5. 技战术流程精确规范，诸军兵种密切协同

美军在敌控区建立哨所对“基地”分支造成致命打击，因而遭到敌人反复袭扰破坏。美军的成功与其技战术流程的精确规范密不可分，具体如下。首先，“海豹”小组实施夜间渗透，通过秘密进入拟作为前哨基地（代号“猎鹰”）的预定建筑物拉开行动序幕。“海豹”小组进入建筑后，为确保安全首先清空楼内平民，并逐层逐房间排查。与此同时，道路清理分队从拉马迪军营向前哨基地机动，沿途清除简易爆炸物，开辟通道。坦克分队紧随其后，与“海豹”小组会合后接管哨所。换班后“海豹”小组迅速转移至距前哨几百米远的有利地形处，沿敌人可能发起反击的道路建立狙击阵地。在此期间，战斗工兵分队在坦克和步战车分队护卫下乘卡车机动至哨所，设置障碍、构筑工事、架设武器。经过诸军兵种的密切协同，哨所的安全在几个小时内得到保障。在随后几天里，工兵继续加固工事，两周后哨所彻底建成，可作为永备工事抵御各种火力打击。整个过程中诸军兵种力量密切协同、一体联动，各个环节无缝衔接、环环相扣，以精确规范的技战术流程实现了作战效能的快速聚集与精确释放。“猎鹰”哨所的构建进而成为美军标准作业程序，熟练掌握这一流程后，该旅能够在 24 小时内完成进攻、占领和加固哨所等一系列行动。

6. 作战部队标准化建设有效提高了作战效能

得益于作战部队的标准化、模块化建设，美军参战各军兵种部队指挥关系转换顺畅、各种作战力量可实现“即插即用”，有效提高了作战效能。首先，指挥关系转换顺畅。拉马迪作战行动中，师、旅、营等各级可实现跨军兵种顺畅转换指挥关系，体现了美军指挥信息系统和指挥控制流程的标准化、通用化、一体化特点，适应一体化联合作战需求，有效提高了作战效能。一方面，装甲 1 师第 1 旅隶属于装甲 1 师，在伊轮战期间随作战任务和地域的变更多次转换指挥关系，驻防塔尔阿法时由第 101 空中突击师指挥，换防至拉马迪后改由陆战 1 师指挥，历次指挥关系转换均顺利完成。另一方面，该旅在拉马迪作战行动中能够有效指挥没有隶属关系、随机插入的作战模块，包括第 28 步兵师第 2 旅的 2 个机动作战营（陆战 8 团 1 营和第 506 步兵团 1 营）、作为中央总部作战预备队的 2 个机动作战营、第 3 野战炮团 2 营和第 16 工兵营以及“海豹”特战分队（辖 2 个排）和 1 个舟船分队等各军兵种作战力量。

其次，各种作战力量可实现“即插即用”。该旅建制力量包括 2 个坦克营、1 个机步营、1 个工兵营、1 个炮兵营、1 个保障营（负责医疗、维修和补给）、1 个侦察连、1 个情报连和 1 个通信连，但进驻拉马迪之时只有 1 个机动作战营在位，其他各营均在外地执行任务。因此，上级将其他军兵种力量临时加强给该旅，该旅总体实力达到 5000 人，配有 M2 步战车 84 辆、M1 主战坦克 77 辆，可直接指挥无人机和有人机等空中侦察打击平台。虽然各参战力量来自不同单位，但是能够迅速融合、快速形成战斗力，并具备适应反恐维稳需求、能够在多维空间作战的立体作战能力。其中舟船分队发挥了重要作用。配属舟船分队后，美军既能够巡航幼发拉底河和哈巴尼亚运河、检查过往船只、封控水道，防止敌人利用水道渗透；又可以从拉马迪外围实施水上机动，避开简易爆炸装置。此外，美军还与配属的 2 个伊军旅混合编组①：伊军新组建的 1 个旅与美军 1 个营一起驻守城东军营，实战经验丰富的 1 个旅的 3 个营分别与美军 3 个营共同编组、一起行动。尽管伊军战斗力较弱，但对于美军实现向伊方移交安全责任的目标具有重要政治意义。

除上述特点外，美军作战行动还有以下特点。一是使用精锐力量，坚持精兵制胜。美军注重使用数量较少但训练有素、装备精良的精锐作战力量，针对特定目标实施精兵行动，尤其注重发挥特种作战力量在城市作战中的奇效。此役以“海豹”小组利用夜暗掩护秘密渗透的方式拉开行动序幕，达成了行动突然性。“基地”分支针对美军哨所多次发起小群多路袭击，均被“海豹”狙击手成功压制。一个“海豹”小组在 24 小时内就击毙 25 名向哨所逼近之敌，有效慑止了敌人进攻。除监视并慑止敌人对哨所的进攻外，“海豹”狙击手还能够为巡逻分队提供警戒掩护，通常一个狙击小组就能够控制一条街道甚至一个街区。而且美军特战力量并非单打独斗，而是融入作战体系，与常规部队密切配合、一体联动、互补增效，实现了作战效能倍增。二是注重夺取和利用“制夜权”。此役中美军夜战优势明显，与对手形成巨大“代差”。美军能够利用夜暗掩护隐蔽接敌、准确识别和打击目标，从夜间渗透、夜间突袭到夜间伏击，美军对“制夜权”的夺取、保持并利用贯穿作战始终，实现了战场单向透明，达成了行

① 配属的伊军 2 个旅均严重缺编，其中一个旅刚组建，战斗力很弱；另外一个旅实战经验丰富，战斗力较强。

动突然性。三是注重发挥装甲部队优势。凭借坦克和步战车的强大火力和防护力，美军在与“基地”分支交战中优势明显。

“基地”分支作战行动特点

此役中，“基地”分支精心选择并有效打击对手作战体系中关键且脆弱的目标，给美军造成较大压力。首先，袭扰补给车队，威胁美军交通线。美军在拉马迪城区建立前哨基地期间不断遭到袭扰。前哨基地的优点是坚固稳定，可抵御来自不同方向的进攻，其缺点是自我保障能力有限，物资补给完全依靠外界提供。如何保护运输补给车队、确保交通线畅通成为美军面临的一大难题。“基地”分支针对美军补给车队的袭击每天多达数十次，迟滞了美军作战进程，导致美军兵力不足的问题突显，以至于无法同时展开清剿、控制和重建任务。其次，袭击应征者，切断兵员补给。为解决自身兵力不足的困境，美军希望伊政府从当地征募警察、充实兵员，负责守卫新占领地。伊警察部队属于地方武装，是控守新领地的最佳力量，需从当地征募并在当地部署执勤。“基地”分支敏锐抓住这一环节，不断袭击各征召点和应征者，甚至杀害部落酋长，起到了震慑作用，导致应征人数严重不足，兵员缺口难以弥补。

八、夜战迪瓦尼耶

（一）战例概要

迪瓦尼耶之战是美伊联军与反政府武装之间进行的一次典型的城市夜间战斗。此次战斗充分体现了美陆军重型装甲部队在城市夜战中的优势和局限性。美军重装部队的夜视能力、火力和防护力在城市夜战中的重要作用得到体现，空地协同、体系支撑是美军逆势取胜的关键，步坦协同水平制约着整体作战效能的发挥。与美军相比，反政府武装分子尽管不具备技术优势和体系支撑，但战法灵活且善于利用夜暗条件、地形优势和人脉资源，最大限度地扬长避短，取得较好作战效果。

（二）作战背景及经过

2006 年 10 月，美军第 8 装甲团 2 营 D 连的 1 个加强排在伊拉克陆军支援下，对反政府武装分子占领的迪瓦尼耶市区实施夜间突袭。联军部队遭到装备精良的什叶派武装分子伏击。在 4 个多小时的激战中，美军 1 辆 M1A2 坦克被毁，但没有人员伤亡，同时击毙反政府武装分子 30 多人。此次战斗十分典型，体现了城市夜战的特点、重型装甲部队在城市作战中的重要作用以及合成部队在城市作战中的重要价值。

迪瓦尼耶是伊拉克卡迪西亚省省会，位于纳杰夫以东 50 千米、巴格达以南 150 千米处，是重要商业和交通枢纽，巴格达至巴士拉的铁路线、8 号公路以及幼发拉底河支流都从此经过。当地人口约 50 万，几乎全部为什叶派穆斯林，曾长期抵制萨达姆统治。萨达姆政权被推翻后，迪瓦尼耶当地各派争权夺利、陷入混战。混战中萨德尔领导的迈赫迪武装影响日增。此外，还有两个因素导致当地局势日趋复杂：萨德尔领导的部分武装分子脱离控制、擅自行动；伊朗支持某些团体在当地实施暴力活动。为稳定局势，自 2003 年秋开始，波兰领导的多国部队进驻迪瓦尼耶市西南的前沿作战基地“艾科”，靠近伊拉克陆军第 8 师营地。

2006 年，以迈赫迪军为首的反政府武装分子用迫击炮和火箭弹频繁袭击伊军仓库、食堂及其他设施。8 月 26 日，伊军与反政府武装分子交火，经过两天激战伊政府军溃败。迈赫迪军当众处决了 17 名伊军战俘，以恐吓当地军警及其家属。伊军警纷纷逃出城区，城区控制权落入迈赫迪军手中。

战斗发生几小时后，驻扎在迪瓦尼耶以北 80 千米处前沿作战基地“卡尔苏”的美陆军第 8 装甲团 2 营接到预先号令。次日，该营 A 连、D 连及第 67 装甲团 1 营 A 连组成特遣队，采取陆上机动方式前往迪瓦尼耶，任务是恢复当地秩序并帮助伊军夺回迪瓦尼耶城区。营长詹姆士·霍华德中校随前进指挥所行动，营执行官大卫·塞古林少校负责协调部队快速机动中的各项保障工作。美军于当日夜间抵达迪瓦尼耶城外。与此同时伊军也从纳杰夫和库特等地抽调步兵连前往迪瓦尼耶。

在此期间，交战双方均加紧活动：反政府武装分子利用作战间隙补充人员和武器弹药，获得由伊朗提供的威力更强大的新型简易爆炸装置和更先进的火箭弹；美军则通过在该地区活动的特种作战小组搜集当地情报，帮助波兰军队实施民事支援和其他非战斗行动。美军情报显示，塞勒姆街附近发现武装分子重要据点。

当美军到达城外的前沿作战基地“艾科”时反政府武装分子已经消失，因此伊陆军第 8 师师长奥斯曼少将要求美军留在城外，由伊军收复城区。最初伊军进展顺利，然而此后不久就不断遭到反政府武装分子袭扰，伤亡严重。伊军师长奥斯曼不得不承认行动失败，批准美军展开大规模军事行动。美军第 4 步兵师第 2 旅战斗队第 2 营、伊军 7 个步兵连和波兰领导的 2 个联军排逐条街区展开清剿，重点清剿萨德尔武装聚集区。根据任务区分，伊政府军挨家挨户搜索排查，美军对迈赫迪军领导人和武器藏匿点实施突袭。

9 月，迪瓦尼耶局势相对平静。美军第 2 营继续帮助伊陆军第 8 师执行巡逻、突袭等行动，还帮助伊警察在城区建立检查站。鉴于局势已经相对稳定，营长霍华德带领两个连回到“卡尔苏”，D 连留在迪瓦尼耶协助伊安全部队抓捕杀害伊军士兵的反政府武装分子领导人。该营前进指挥所由营作战官库尔提斯·泰勒少校①领导，留在迪瓦尼耶西南侧的前沿作战基地“艾科”。

2006 年 10 月 8 日傍晚，美军 D 连 2 排获得重要情报，得知了处决伊士兵的反政府武装分子头目位置。鉴于情况紧急、战机稍纵即逝，美军第 2 营前进指挥所一反在夜间行动的常规，决定立即行动。美军出动 5 辆 M1A2 坦克，D 连连长希姆斯亲自指挥。由于自身缺少步兵，美军要求伊

① 泰勒为装甲专业出身，军龄 12 年，曾在阿富汗服役。

陆军第 8 师提供 1 个经过专门训练、适应此次行动要求的突击排。美军坦克排与伊军步兵排会合后，希姆斯向伊军明确了任务要求和行动方案。根据方案，美军坦克排一分为二，一部在队前开路，一部在队尾殿后，保护车队中间的轮式车辆到达目标地域；而后美军坦克封锁目标外围，伊军入室抓捕嫌犯。方案的核心是最大限度发挥各自优势，即美军火力和夜战优势，伊军与当地民众沟通优势，以及步、坦协同在城市作战中的优势。

为适应任务需求，连长希姆斯还带上翻译和伊拉克线人，让他们分别坐在两辆坦克装填手的位置，坦克装填手则留在基地。在联军联合行动中，翻译是联军沟通和协同的桥梁与纽带，连长希姆斯安排随队翻译与自己同乘一辆坦克，伊军排长向翻译提供了一部用于两军沟通联络的手持电台。出发前，线人建议走小路可以避开最危险的区域，美军航空侦察图片证实该路线可行。于是联军车队在线人指引下向萨勒姆街西侧的一个街区进发。

图 20　2006 年 8 月，美军第 8 装甲团 2 营 D 连的 1 辆 M1A2 坦克沿迪瓦尼耶市区街道机动

作战经过

9 日凌晨，突袭部队进入市区。最初行动进展顺利。当队首的 D24 坦克到达预定转弯路口时，车长琼斯 · 怀特发现转弯后街道狭窄，大量低矮电线悬挂在建筑物间，不便于装甲车辆通行，因此建议在前方 600 米处、更宽阔的萨勒姆街转弯。连长希姆斯批准了这一建议。几分钟后，D24 坦克转弯并沿萨勒姆街向北前进。这时躲在角落的一名反政府武装分子发射火箭弹。美军坦克炮立刻开火还击，但反政府武装分子已不见踪影。怀特采取反伏击战术，以阻止反政府武装分子利用萨勒姆街隐蔽。反政府武装分子再次发射火箭弹，但仍没有命中目标。D24 坦克一面重新装填弹药，一面用 12.7 毫米并列机枪射击。当 D24 坦克到达下一个十字路口时，右侧裙板中弹起火。反政府武装分子火箭弹小组三名成员立刻四散奔逃，两人躲在轿车后面，一名步枪手躲在货车后面。D24 坦克向反政府武装分子隐蔽的车辆发射破甲弹，三人当场死亡。片刻之间就有人从附近的房屋出来，将尸体抬走。

图 21　怀特中士带领 D24 坦克乘组离开营地执行任务

伊军排长被突如其来的伏击惊呆，通过电台呼叫翻译，声称接到命令返回营地。美军连长希姆斯反复请求甚至强迫伊军必须继续前进，同时监听连、营两级电台，实时掌握先头分队动向并及时向前进指挥所报告战场态势。当希姆斯与伊军排长争执之际，1 名反政府武装分子以停在路边的一辆微型面包车为掩护，向希姆斯乘坐坦克的左后方逼近。美军 D21 坦克内的排长莫查恩特发现敌情威胁，并用机枪扫射。经过一番争执，伊军排长最终同意继续前进，车队再次发动。

先头分队到达目标建筑后，占领阵地、封控街道。随后到达的伊军士兵迅速入室搜捕，几分钟内就成功抓捕反政府武装分子领导人。在此期间，车队后部的坦克经过刚刚发生伏击的同一路段时再次遭到伏击，D22

坦克侧裙板被火箭弹击中起火。爆炸的巨大威力震坏了车长观瞄系统，车长拉塞尔·查普曼通过夜视镜继续指挥炮手开火还击。炮火卷起巨大烟尘使美军无法评估打击效果。反政府武装分子从同一位置发射第二枚火箭弹，没有命中受损的 D22 坦克。随后 D22 坦克与巷尾的反政府武装分子激烈交火。尽管坦克自动灭火系统扼制了火势蔓延速度，为坦克乘员继续战斗赢得了时间，但未能熄灭明火。随着火势逐渐失控，查普曼命令车内乘员撤离坦克。在撤离之际，炮手卡罗尔发现巷道尽头有两名反政府武装分子正准备发射火箭弹，于是立即发射了最后一枚破甲弹，在放弃坦克前击毙了武装分子。

连长希姆斯请求营前进指挥所立即提供空中支援和装甲增援，与此同时与 D21 坦克一起营救 D22 坦克。当他们靠近 D22 坦克时，该坦克乘组正坚守在燃烧的坦克内与房顶上的敌人交火。反政府武装分子占据了路口西南角两层高建筑的屋顶，用轻武器压制坦克内的美军。D22 坦克车长通过电台发出的最后消息是坦克起火燃烧、与敌人火箭弹小组交火、正组织乘员撤离坦克。前来支援的美军 D66 和 D21 坦克用并列机枪迅速结束战斗，消除了威胁。D22 坦克乘员迅速转移到其他坦克中，从而使每辆坦克乘员增加到 5 人。他们只能与装填手挤在一起，使得坦克内有限的空间变得更加拥挤，增加了装填手工作风险和难度——在激烈的城市战斗中不能出现一点延迟或失误。为美军指示目标的伊拉克线人主动将装填手的位置让给查普曼，自己则暴露在炮塔外，因此只有 D23 坦克能够正常运转。

图 22　D22 坦克乘组三人战斗到最后一刻才撤离燃烧的坦克

完成对 D22 坦克乘员的营救后，美军四辆坦克疏散开约 200 米距离，进入相应阵位。D24 朝向萨勒姆街北面；D23 坦克确保东北方向巷道安全；D66 坦克掩护前面两辆坦克的后背，炮塔指向北方同时重机枪指向东南巷道；D21 坦克在 D66 的后面，指向南面正在燃烧的坦克。伊步兵的“悍马”车置于美军坦克中间。遭到伏击后，伊军胆怯畏战，无法有效保护美军坦克、防敌渗透，导致美军坦克翼侧和后背都暴露，美军只能凭借自身力量组织防御。

尽管反政府武装分子人数众多、训练有素、装备精良，但美军仍相信所属坦克能够安全回到基地，然而 D22 坦克被火箭弹击毁使战场形势立刻发生逆转。如果美军放弃被毁坦克，武装分子肯定会借机宣传，而且 M1A2 坦克内部的秘密会泄露。因此，连长希姆斯决定承担一切风险，留在原地保护被毁坦克，等到救援力量到达并将坦克拖走。在连长希姆斯集中精力指挥战斗的同时，营前进指挥所努力阻止反政府武装分子形成合围之势，同时设法保护交通线。

反政府武装分子人数众多、攻势凌厉，且武器装备先进，包括狙击步枪和最新式火箭弹。如果反政府武装分子同时从多个方向发起大规模进攻，封锁美军增援部队前进道路，那么美军面临的危险将陡增。尽管高矮不平的建筑限制了反政府武装分子利用屋顶快速机动的能力，但美军仍处于武装分子包围之中，而且每一分钟威胁都在增加。

反政府武装分子的行动方案是沿美军增援部队必经之路埋设炸弹，伏击增援部队。为防遭敌伏击，美军营作战官泰勒派出 C 连 4 辆坦克组成的快反分队，在萨勒姆大街与杰姆毫里街的十字路口建立支撑点，每辆坦克指向不同方向，构成环形防御，以挫败反政府武装分子沿各条道路埋设爆炸装置的企图。美军快反分队刚到达指定地点，附近就出现反政府武装分子火箭弹小组。当美军增援部队为确保十字路口安全与敌人激战之际，反政府武装分子持续向 D 连施压。美军 D66 坦克通过狗和鸟的惊叫声察觉反政府武装分子正在逼近，于是并列机枪对准街道拐角做好战斗准备，12.7 毫米子弹打穿了围墙，反政府武装分子惊慌逃走。与此同时，一名反政府武装分子从萨勒姆街北侧拐角向 D24 坦克发射火箭弹，车长怀特开火还击，击毙了这名反政府武装分子。D24 坦克确保萨勒姆街北端通道安全，增援部队守卫南侧的杰姆毫里街，使得反政府武装分子没有机会向美军翼侧迂回。但是，由于缺少步兵支援，美军无法同时完成守卫 D22 坦克和封控两条主要道路的任务，因此美军的 8 辆坦克无法对反政府武装分子发起反击，也无法肃清萨勒姆街东侧街道上的反政府武装分子。战斗陷入胶着状态。

D24 坦克刚刚与敌人交火，营作战官泰勒就乘坐坦克到达现场，1 辆 M88 战场抢修车、伊军 1 个步兵连和当地消防应急分队也一起到达。伊军立刻沿杰姆毫里街建立防线，确保撤离通道安全畅通。战场抢修车前往清理 D22 坦克残骸。与此同时，两架“阿帕奇”攻击直升机也到达战场上空。在美军空地联合火力打击下，反政府武装分子纷纷逃进附近居民区，与当地平民混杂在一起。从美军遭遇伏击到战斗结束，整个战斗持续了四个小时。

太阳快升起的时候，战斗彻底结束。伊消防员扑灭了明火。D 连在距离被毁的 D22 坦克更近的地方组织防御，阻拦不断围拢过来的当地民众。伊步枪连和突击排开始搜查附近居民区，在萨勒姆街上的一个学校内发现了 1 枚火箭弹，并抓捕 8 名嫌疑人。在随后几个小时内，美伊联军占领了迈赫迪军控制的地区。

在整整一天时间里，大量充满敌意的当地民众聚集在美军防线周围。在抢修和运输车辆清理 D22 坦克残骸过程中，很多儿童跑到距离坦克不到 50 米的地方，向执行撤离任务的人员和装备投掷石块。其间美军还遭到手榴弹和狙击手的袭击。尽管面临巨大风险，但美军并未对当地民众使用武力。当有暴徒冲击防线时，美伊联军的处置方法是：大声口头警告，挥动手中武器，向空中开枪示警，排成一排向民众推进，迫使其后退，此外“阿帕奇”直升机也不断采取低空俯冲进行震慑。直到下午，坦克残骸清理完毕，美军回到“艾科”军营。

（三）战例评析

在此次城市夜战中，交战双方都注重扬长避短，在发挥自身优势的同时，抑制对方优势的发挥。

美军城市夜战特点

1. 组建适应城市夜战要求的任务部队是赢得战斗的基本条件。城市夜战危险、复杂，对任务部队提出很高要求，要求任务部队高度合成、官兵实战经验丰富、武器装备具备夜视夜战能力。参加此次战斗的美军在作战编成、人员结构和武器装备等方面适应了城市夜战要求。在作战编成方面，美军第 4 步兵师第 2 旅战斗队 2 营是美陆军最早组建的常设合成营之

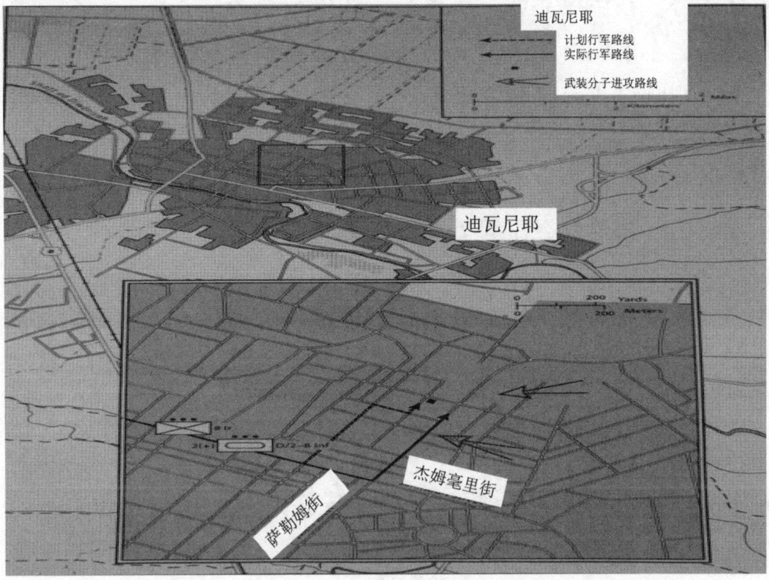

图 23　迪瓦尼耶作战图

一，辖 2 个机步连、2 个装甲连、1 个工兵连和各种保障分队。此次战斗的主力 D 连绰号“龙骑兵”，辖 2 个坦克排和 1 个机步排，在伊部署期间为适应城市作战需求还装备了机动性好、重量轻的“悍马”车，坦克和步战车乘员可根据任务需要迅速换乘。在人员结构方面，D 连绝大多数官兵已经共同生活、训练了两年时间，彼此熟悉、相互信任，几乎全连官兵都有在阿富汗或伊拉克实战经历。连长本杰明·希姆斯装甲专业出身，曾于 2001 年在科索沃服役、2003—2004 年在伊拉克服役。D 连第 2 排实战经验丰富，排长安德鲁·莫查恩特在陆军服役两年，各坦克车长均有十年以上服役经历，所有官兵都参加过几十次突袭行动。该营于 10 个月前从美国本土胡德堡部署到伊拉克，熟悉战场环境。在武器装备方面，D 连装备升级后的 M1A2“阿布拉姆斯”坦克①，配有全球定位系统、数字地形图、改进型热成像仪、空调及其他组件，具有较强夜视能力、抗通信干扰能力和战场态势感知能力。

2. 夜视能力为突袭部队逆势取胜提供了非对称优势。夜视能力可有效克服地形生疏、气象恶劣等不利因素，为遂行城市进攻战斗的部队提供

① 每辆坦克有 4 名乘员，分别是车长、炮手、装填手和驾驶员。

了非对称优势。在伊拉克城市作战中，凭借自身夜战优势、在夜间采取行动已经成为美军惯例。此次夜间战斗，美军凭借夜视能力实现了战场单向透明。美军刚刚进入市区时，城内灯光突然全部熄灭。尽管无法判定是反政府武装分子预警信号还是偶然停电，但黑暗并没有对美军行动造成影响，反而使美军夜视优势得到发挥。

在夜暗中，装备夜视仪的美军仍然可以清楚看到运动中的反政府武装分子。与之相比，反政府武装分子既没有夜视装备，也不了解美军夜视能力和火力打击能力，仍试图利用黑夜掩护隐蔽行动，有些人以车辆或围墙作为掩护，有些人甚至直接在开阔地域行动，结果都被具有夜战能力的美军 M1A2 坦克击毙。总之美军的夜战能力有效抵消了反政府武装分子的地形优势。

3. 空地联合为战斗胜利提供了有力支撑。在此次战斗中空地联合打击成为美军扭转不利态势、夺取战场主动权的关键，空地协同贯穿战斗的各个阶段。首先，在美军遭到伏击的最初 40 分钟内，反政府武装分子攻势猛烈，不断给美军防线施加压力，不给 D 连任何喘息之机。在敌人火力压制下，美军始终处于被动状态，两架 F－15 战机的到达成为扭转战场形势的关键。飞行员通过电台与第 2 营前进指挥所和前线坦克排取得联系，以燃烧的 D22 坦克为参照物，直接通过指挥专网通报在空中观察到的战场情况。美军战机发现在 300 米外反政府武装分子正从东北方向沿着与萨勒姆街平行的道路奔向战场，能够在很短时间内对美军防线发起攻击。有些反政府武装分子已经爬上屋顶，占领射击阵地，居高临下俯瞰美军坦克；有些反政府武装分子企图向 D23 和 D24 坦克的翼侧迂回。美军战机飞行员将敌情威胁实时通报给地面部队。连长希姆斯要求战机反复低空俯冲，对反政府武装分子进行震慑，以阻止更多反政府武装分子加入战斗。F－15 战机低空俯冲发出的巨大轰鸣声起到了预期效果，挫败了反政府武装分子的增援企图和进攻锐势，迟滞了其行动。

其次，在美军快反分队增援途中，其正上方的屋顶和燃烧的 D22 坦克附近的屋顶都出现反政府武装分子，但是坦克内的乘员无法看到上面的敌人。在敌情威胁严峻的关键时刻，提供空中支援的 F－15 战机用红外定向光束为地面上的坦克指示敌人位置，坦克车长可通过夜视镜发现红外光束底端的目标，进而用穿甲弹和并列机枪杀伤屋顶和围墙后的反政府武装分子。美军航空兵提供实时态势感知，不仅有效保护了装甲分队在极度危险的城市作战中免遭致命威胁，还使敌人丧失了地形优势。

第三，陆航成为在关键时节支援地面部队作战的决定性力量，为打破战场僵局提供了至关重要的空中支援。在美军清理 D22 坦克残骸过程中，两架“阿帕奇”攻击直升机抵达战场上空警戒，并发现反政府武装分子的一个火箭弹小组试图向美军 D23 坦克东北侧巷道机动。“阿帕奇”直升机立即开火，将反政府武装分子击毙。几乎与此同时，直升机发现在东侧街道也出现反政府武装分子。在确认附近没有伊军后，直升机随即开火射击，沿着与萨勒姆街平行的街道低空飞行，使用机载30毫米航炮进行地毯式扫射，既有效杀伤敌人又避免了附带伤亡。在第一轮空袭中就击毙2～4名反政府武装分子，使敌人陷入两难境地：如果留在原地继续战斗，会遭到直升机致命打击；如果进入旁边的街道，会遭到美军坦克的打击。相比而言，直升机的威胁更加致命。因此，为尽快躲避直升机攻击，有些反政府武装分子选择躲进旁边街道。结果两个火箭弹小组和多名反政府武装分子分别被美军坦克和直升机消灭。

4. 坦克在城市夜战中既有优势也有弊端。在此次战斗中，美军 M1A2 坦克在城市作战中的夜战能力、火力和防护力等优势得到充分发挥，但也暴露出各种弊端。美军坦克分队曾一度被反政府武装分子围困、陷入险境，计划之中的抓捕行动变为在敌对城市中的被动防御，似乎要再现“黑鹰坠落”的悲剧。然而，迪瓦尼耶最终并没有成为第二个摩加迪沙，“黑鹰坠落”的一幕也没有重现，这要得益于美军主战坦克在城市作战中的优势。在美军遭到袭击的最初几分钟内，战场形势复杂混乱，美军坦克成为主宰战场的移动堡垒，凭借其火力和防护力优势力挫优势之敌的进攻。而且在整个夜间战斗中，美军凭借坦克的夜视优势有效杀伤大量敌人，抵消了敌人的地形优势。美军连长希姆斯回忆，原本计划使用“悍马”车以增加行动的突然性，但是在遭遇敌人如此猛烈火力打击的情况下，如果使用“悍马”将无疑导致灾难性后果。

另一方面，此次战斗也暴露出坦克在城市战斗中的弊端。突出表现在坦克的行动自由在城市地形中受到限制。城市道路狭窄、地形复杂、自然和人为障碍较多，严重影响并制约了坦克的机动能力。在行动中坦克行动受限的情况多次出现，不仅影响了整体作战效能发挥，也为反政府武装分子提供了可乘之机。例如，9 月下旬的一日夜间，美军 D 连连长希姆斯带领“悍马”车、M1A2 坦克和伊军武装车辆在迪瓦尼耶城区巡逻，搜捕反政府武装分子领导人。希姆斯原计划让坦克在前面开路，但由于街道狭窄，坦克无法越过前面的“悍马”车，最后只能按原来的顺序将伊军的车辆排在车队最前面，连长的“悍马”车紧随其后，车队要到下一个路口处的检查站时才能调整队形。车队在行进途中遭到反政府武装分子伏击，车队前面的“悍马”车辆因防护力不足而出现伤亡。在本次战斗中，伊军步兵排到达杰姆毫里街与萨勒姆街的交叉路口时听到枪炮声，便拒绝继续前进。由于街道狭窄，坦克的机动受到限制，车队后部的美军坦克无法超越伊军“悍马”车继续前进，导致整个车队前后脱节，无法到达几百米外的目标。除道路条件外，城市中的各种障碍物也严重干扰坦克行动。在此次战斗中，城市街道上的大量低矮电线影响了坦克行动，D23 坦克的炮塔被废旧电线缠住，无法正常运转。

此外，此次战斗也暴露出美军重装坦克部队城市作战经验缺陷和训练不足之外。尽管美军第 2 营 D 连第 2 排实战经验丰富，但并没有驾驶坦克在城市作战的经历。尽管此前曾在胡德堡接受过相关训练，但训练环境与真实战场差距较大，没有按照实际城市作战环境构设训练条件，坦克在城市作战中的技战术性能和优缺点没有得到全面检验。作战经验和训练方面存在的隐患在实战中暴露出来，教训深刻。

5. 步坦协同水平影响着坦克在城市夜战中作战效能发挥。在城市夜战中，坦克与步兵密切协同，才能最大限度发挥作战效能，同时确保翼侧和后背免遭袭击。然而，在此次战斗中，缺少可以依靠的步兵正是美军 D 连面临的关键难题。遭到第一次伏击后，伊军排长胆怯畏战的特点充分暴露出来，并影响到全排的军心士气。美军连长希姆斯希望伊步兵能够守住屋顶清除坦克顶端威胁，或至少保护美军坦克后背防止敌人渗透。然而，当时伊军已经丧失斗志，导致美军坦克顶部和后背都暴露在敌人火力打击之下。美军只能凭借自身力量组织防御，希姆斯甚至将自己的手枪交给伊拉克翻译，以应对那些试图爬上坦克的反政府武装分子。可见在没有步兵的有效护卫下，坦克自身安全受到严重威胁。

当美军增援坦克分队到达后，D24 坦克确保萨勒姆街北端通道安全，增援部队守卫南侧的杰姆毫里街，从而避免武装分子向美军翼侧迂回。但是，由于缺少步兵支援，美军无法同时完成守卫 D22 坦克和封控两条主要道路的任务，也无法对武装分子发起反击，更无法肃清萨勒姆街东侧街道上的武装分子，导致战斗陷入胶着状态。

反美武装城市夜战特点

与美军相比，反美武装在城市夜战中不具备技术优势和夜视能力，然而却善于利用夜暗条件、地形优势和人脉资源，战法灵活，最大限度地扬长避短，取得了较好作战效果。

1. 善于利用夜暗条件伏击美军。反政府武装分子善于利用夜暗掩护发动袭击，行动隐蔽突然，而且频频得手。例如，9月下旬的一日夜间，美军连长希姆斯带领车队在迪瓦尼耶城区巡逻，搜捕反政府武装分子领导人。武装分子趁车队到达十字路口之际引爆炸弹，将队首的“悍马”车炸毁，车上的6名伊军士兵有两人当场死亡，其他人受伤。爆炸之突然、威力之巨大都令美军吃惊。

此次战斗打响前，武装分子通过夜间灯火管制措施进行预警和协同。当美伊联军车队沿杰姆毫里街行进至转弯路口时，市区内灯光突然全部熄灭。联军无法判定是反政府武装分子发出的预警信号还是偶然停电，因为这两种情况都曾出现过。实战证明，这既是反政府武装分子的预警信号，也是通过灯火管制协同行动，为伏击联军车队做好准备。

2. 善于利用地形重叠设伏。在此次战斗中，反政府武装分子采取击头和斩尾的方法，在同一位置重叠设伏，出乎美军意料，不仅成功击毁美军主战坦克一辆，而且利用被毁坦克吸引美军来援，进而伏击援军，达到了围点打援目的。当联军车队队首的D24坦克转弯并沿萨勒姆街向北前进时，躲在街道角落的反政府武装分子发射火箭弹。尽管美军坦克立刻开火还击，但采取“打了就跑”战术的反政府武装分子已经利用有利地形逃脱。当联军车队最后一辆坦克通过发生伏击的路段时，另一个火箭弹小组出现在相同位置，从150米外向联军车队最后一辆编号为D22的坦克射击，火箭弹击中坦克侧裙板，导致坦克起火燃烧，最终被彻底烧毁。反政府武装分子出其不意，在同一地点两次设伏，并通过对D22坦克的摧毁性打击成功扭转战场态势，赢得主动权。反政府武装分子还利用被毁坦克吸引美军来援，进而伏击增援部队，持续向美军施加巨大压力。

此外，反政府武装分子还利用城市建筑物顶部和街道拐角等位置向美军坦克的顶部、翼侧和后方机动、迂回，通过有效利用地形从坦克的视觉盲区对其薄弱部位发起攻击。

3. 善于利用人脉资源。迈赫迪军善于利用国际和国内各种力量，利用各种人脉资源弥补自身力量之不足，从而抵消美军技术优势。在利用国际力量方面，迈赫迪军争取到伊朗等国支持，获得威力更强大的新型爆炸装置和更先进的火箭筒。实战证明，新型爆炸装置和火箭弹威力惊人，杀伤力强，给美伊联军人员和装备造成重大杀伤，成为以低技术制衡高技术的有效手段。当联军发起清剿行动后，反政府武装分子一方面避免与联军正面交战，另一方面鼓动支持萨德尔的民众向伊拉克国防部施加政治压力，宣称美军造成了严重的平民伤亡，导致清剿行动刚刚开始，联军部队就接到终止行动的命令，被迫撤出城区。此后反政府武装分子注意保持低调、避其锋芒，不给联军发起进攻的可乘之机。

此外，反政府武装分子巧妙利用人脉资源成功撤出战斗。在此次战斗最后阶段，在美军空地联合火力打击下，反政府武装分子毫无胜算，在没有任何选择的情况下纷纷逃进附近居民区，与当地平民混杂在一起，使美军难以辨别。从美军遭遇伏击到战斗结束，整个战斗持续了四个小时。在取胜无望的情况下，反政府武装分子能够利用当地民众支持迅速撤离战场。战场突然间变得一片寂静、空无一人，甚至连伤亡人员也不见踪影。整个夜间，不断有非武装人员将受伤及被击毙的反政府武装分子搬运走的情况发生。

九、塔吉之战

（一）战例概要

2007 年 9 月，美军两个 AH－64D“长弓阿帕奇”攻击直升机编组在伊拉克首都巴格达北部遭到伏击。美军战机不仅没有撤退，反而逆势对敌人发起攻击，不但成功击退敌人进攻，而且给敌人造成严重伤亡。

塔吉之战是美军 AH－64D“长弓阿帕奇”攻击直升机在伊拉克战场进行的一次典型的反伏击战斗。此次战斗体现了攻击直升机在复杂城市作战环境中的技术和战术特点，同时也暴露出存在的各种问题。

（二）作战背景及经过

美军“塔吉”军营位于伊拉克首都巴格达以北约 20 千米处。当地是逊尼派穆斯林聚居区，也是“基地”组织伊拉克分支及其他反美武装的重要据点。“塔吉”军营西侧有一条西北—东南走向的公路，代号“红腿”路，是美军的一条主要补给线。反美武装分子经常沿此路发动袭击，袭扰美军补给线。反伏击、反袭扰和维护补给线安全，成为美军攻击直升机部队的一项重要任务。

2007 年 9 月 29 日，美军第 227 陆航团 1 营两个 AH－64D“长弓阿帕奇”攻击直升机编组（两架直升机为一组）在“塔吉”军营西侧“红腿”路执行巡逻任务，搜寻埋设简易爆炸物或架设迫击炮、火箭弹的武装分子。第一组的指挥官是托马斯上尉，负责指挥本组两架战机的作战行动并操控自身驾驶的直升机（代号“疯马 14”）武器系统。“疯马 14”的机长为特里准尉，实战经验丰富。“疯马 14”的僚机（代号“疯马 15”）机长是凯尔准尉，副驾驶员兼炮手是摩恩准尉。第二组的指挥官是罗宾逊上尉，副驾驶员兼炮手是亚伦上尉。僚机机长是欧内斯托准尉，副驾驶员兼炮手是戴维森准尉。

按照任务区分，第一组负责巡逻补给线“红腿”路的北半部分，第二组巡逻补给线南端。巡逻地段是反美武装分子伏击美军的重点地区，高度危险，几周前美军一个直升机编组刚刚遭到敌人重机枪火力的袭击。

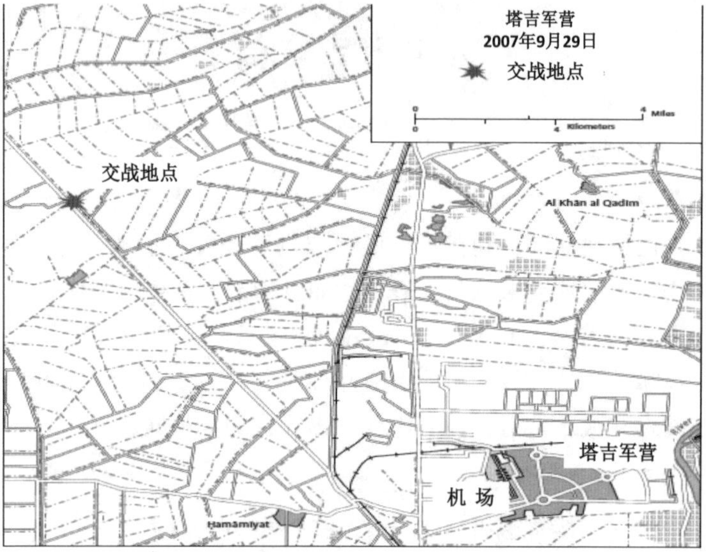

图 24　塔吉之战 2007 年 9 月 29 日交战地区图

作战经过

起飞前，情报显示反美武装分子可能在直升机巡逻地域聚集设伏。第一组指挥官托马斯决定，首先完成巡逻任务，而后搜索敌人可能的聚集点。飞机于 15∶20 起飞，在指定地域上空飞行 1 小时后，“疯马 14”出现轻微的机械故障，被迫在前沿加油点着陆，待尾翼故障排除后重新起飞，继续执行任务。约 10 分钟后，机长特里发现 4 辆白色卡车停在 2 千米外的十字路口，大约 15 个人在卡车与附近的建筑之间走动，行踪可疑。于是两架直升机都下降至距地面 45 米的高空，以便进一步观察、监视，这已经是美军规定的在伊作战飞行高度的下限。在向目标靠近的过程中，指挥官托马斯指示僚机副驾驶员摩恩使用机载目标获取和定位系统精确识别目标，就在此时，“疯马 14”的机长特里发现卡车上架有两具重机枪。在不到几秒钟的时间里，美军直升机就遭到敌人机枪和火箭弹的火力急袭。敌人发起攻击之迅速、火力打击之猛烈令美军飞行员吃惊。激战中，7.62 毫米机枪子弹射穿了“疯马 14”的舱盖，从机长特里脸旁擦过。当美军直升机躲过敌人第一轮打击后，开始实施反击。“长弓阿帕奇”攻击直升机强大的火力打击能力立刻显现，敌人纷纷向附近建筑内逃窜。直升机随即追击逃散之敌。在美军直升机编组进行战场协同的过程中，地面上的反美武装分子组织猛烈反击，重机枪子弹打穿了“疯马 15”的舱盖，试图迫使其退出战斗。

经过几分钟的激烈交战，美军直升机逐渐占据上风并夺取了战场主动权，开始协商既能够压制敌人又能够将自身风险降至最低的最佳方案。通过电台沟通，两个战机编组决定采取接力式进攻、滚动式打击方式，对敌人实施持续火力压制。经过几个波次的轮番攻击后，敌人开始放弃抵抗并驾车向北逃窜。“疯马 14”紧随其后展开追击，用航炮向逃跑车辆开火射击。敌人沿道路西侧的沟渠停车，试图弃车逃跑但未成功，车内人员当场毙命。完成对逃散车辆的追剿后，“疯马 14”立刻返回敌人伏击圈，锁定一辆静止不动的武装卡车并发射导弹，但是导弹却偏离目标。机长特里调转战机试图再次发起攻击，但此时直升机距离敌人过近，极易遭敌人火力毁伤，指挥官托马斯指示立刻后撤。与此同时，托马斯协调第二组指挥官罗宾逊迅速向北机动，拦截可能从受损车辆内逃跑的残敌。

此刻，剩余的武装分子已经丧失斗志，选择弃车逃跑而非继续战斗。美军直升机利用这一机会上升至更安全的高度，此刻机载 30 毫米航炮弹药已经几乎用尽。第一组决定对敌人实施最后一轮攻击。经过此轮攻击，第一组两架战机的燃油和弹药都已下降至极限，于是将剩余任务移交给第二组。这次交战十分短暂，仅持续约 12 分钟，却给敌人造成严重伤亡，重创了当地武装分子的袭扰活动。

图 25　第 227 陆航团 1 营两架“阿帕奇”直升机返回塔吉军营

（三）战例评析

此次战斗中，美军“长弓阿帕奇”攻击直升机优势明显，最终以零伤亡的代价摧毁敌人 4 辆卡车及大量车载重武器、2 辆轿车和 4 栋建筑，击毙15~25名敌人，其中包括1名“基地”组织在当地的军事领导人。这次战斗既展示了“长弓阿帕奇”攻击直升机在城市作战环境中的技战术特点，同时也暴露出存在的各种问题。

（一）美军的技战术特点

首先，战机技术性能具有较强适应力，能够在复杂城市环境遂行多种任务。美军AH-64D“长弓阿帕奇”攻击直升机的设计初衷是在陆战场的正规作战中对敌人装甲集群实施纵深打击，然而在伊拉克战场却被大量运用于城市作战环境中的非正规作战，作战环境、打击目标和执行任务都与设计初衷相差甚远。在伊拉克城市作战环境中，美军在2007年的1个月时间内损失6架直升机的严峻现实导致美军内部对直升机在城市作战中的作用产生争论，曾出现直升机过时论甚至无用论的观点。然而，战场实践证明，该型战机具有较强的战场适应能力，能够在复杂城市环境遂行多种任务，仍是美军在城市作战中夺取“一树之高”制空优势的利器。

经历此次战斗的美军直升机隶属于美军第227陆航团1营，该营是美军最早列装AH-64D“长弓阿帕奇”攻击直升机的部队，1998年11月正式形成战斗力。作为该营主战装备，AH-64D“长弓阿帕奇”攻击直升机具备数字化程度高、机动性与火力均衡配置、战场通信能力强及用途广泛等特点，成为美军在城市作战中夺取低空和超低空制空权以及提供近距离空中支援的有力武器。

一是数字化程度高。与前代“阿帕奇”攻击直升机相比，AH-64D“长弓阿帕奇”攻击直升机的最显著特征是数字化程度高，成为美军分散式指挥和分布式行动的重要节点。飞机内部装备有升级的通信、导航系统以及蓝军跟踪系统，机身前下方装备有目标获取和指示器、夜视仪、激光指示和测距仪以及电子光学摄像系统，可在夜间和恶劣气象条件下搜索和定位目标，战场态势感知、信息获取和信息共享能力显著提高。此次战斗中美军飞行员正是凭借先进的目标获取和指示系统锁定目标、抢占先机。此外，该战机显著标志是旋翼上方的长弓毫米波雷达，可同时跟踪上百个目标并优先锁定16个最重要目标，并可通过数据链实时共享加密信息、分配打击目标。在此次战斗中，地面上的车辆和人员数量众多且相对分散，尽管武装分子企图利用有利地形隐蔽、疏散，但最终都被美军战机成功发现并消灭。

图26　一名反美武装分子跑向架有重机枪的卡车途中被美军“长弓阿帕奇”直升机锁定

二是机动力与火力均衡配置。AH－64D“长弓阿帕奇”攻击直升机具备飞行速度快、机动性能好和火力强大等特点，尤其注重机动力与火力均衡发展。在机动力方面，该战机灵活敏捷、机动作战能力突出，可迅速改变航向和飞行高度，能够以各种高难度动作成功躲避地空火力打击，同时迅速抢占攻击阵位先敌发起攻击。在此次战斗中，该战机正是凭借高速、敏捷的机动，避开了地面伏击之敌的密集火网并对敌人发起攻击。在火力方面，该战机对地突击和对空攻击能力突出，被称为“空中重炮”“飞行坦克”，可挂载16枚AGM－114“地狱火”导弹或76枚“海蛇怪（Hydra）－70”火箭弹，也可以将二者混合挂载，此外还可携带1200发30毫米航炮弹药，具备同时打击多种类型目标的能力。在此次战斗中，该战机的火力打击效果对敌人产生了强大心理震慑作用。尽管携带弹药有限且遭敌人伏击，但是美军战机并未撤退而是逆势进攻，并且在很短时间内就摧垮了敌人作战意志。

三是战场通信能力强。能否在城市复杂电磁环境中保持通信畅通关系到作战的成败。美军战后评估认为，在此次战斗中稳定、畅通的战场通信发挥了关键作用。AH－64D“长弓阿帕奇”攻击直升机具备机载电台、数据链和战术互联网等多种通信手段且抗干扰能力强。在激烈战斗中，美军前后方、上下级以及左右邻之间能够始终保持通信稳定畅通，能够共享战场态势，为作战指挥、战场控制和作战协同的顺利展开提供了关键支撑。

图 27　在伏击区被击毁的武装分子卡车残骸

与敌人第一次交火后，“疯马 15”的副驾驶员摩恩立刻通过机载电台与陆航营的战术行动中心取得联系，报告战况并申请支援。与此同时，第一组指挥官托马斯上尉通过第 8 骑兵团 2 营的战术互联网传送相同信息。得益于及时有效的通信联系，当时正在“红腿”路南端巡逻的第二组不到 3 分钟时间就做出响应、提供支援。纵观整个交战过程，编组内部各战机之间和两个编组之间始终保持实施稳定畅通的通信联络。

四是用途广泛。在伊拉克城市作战环境中，该型直升机除执行各种攻击和侦察任务外，日常主要担负道路清理、反迫击炮作战、拦截导弹和火箭弹、车队护送、空中安全警戒以及为地面部队提供近距离火力支援等多种任务，而且可以在不同类型任务之间进行频繁转换。

其次，人员战术素养较高，确保战机作战效能得到充分发挥。人始终是战场上的决定因素，直接决定着武器平台作战效能的发挥。在此次战斗中，美军各战斗编组及各战机之间指挥高效、协同顺畅、处置得当，表现出较高战术素养，确保了战机作战效能在激烈交战中得到充分发挥。

一是指挥高效，消减冲突。与敌人交火后，美军一线指挥官一边向上级报告战况，一边临机指挥战机行动，从确定目标、定下决心、制定战法、协同动作到临机处置，各种行动都同步展开。积极主动、灵活高效的战场指挥缩短了“决策—行动”周期，适应了战场形势变化。高效的作战指挥也避免了在狭小作战空域内美军战机误伤、误撞事件的发生，有效消减了冲突。刚与敌人交火后，两个组的指挥官立刻通过电台进行沟通，为消减冲突、避免误伤，他们根据战场形势变化临机划定了各自飞行高度，第二组仍保持在距地面600米的高度飞行。第二组还可以在这一有利位置伴随并掩护第一组行动，做好随时加入战斗的准备。

图28　出其不意挫败武装分子伏击的4名直升机飞行员

二是自主协同，配合默契。第一组的四名飞行员在部署到伊拉克的最初六个月中共同执行了大量任务，在完成各项任务中相互熟悉、建立互信，团队精神和合作意识已经逐渐成为他们的第二本能。在此次战斗中，在遭敌人伏击且激烈交战的形势下，美军战机仍然能够较好地掌控作战节奏，正是得益于平时形成的高度默契。当两名指挥官完成沟通、划定各自飞行高度后，第一组两架战机再次加入战斗，在攻击方向、武器选择和火力运用上都体现出较高协同水平："疯马14"右转，再次飞入敌人火力伏击区，对敌人实施火箭弹攻击；"疯马15"从左侧相反方向进入战场，用航炮对敌人射击。此外，在美军已经占据战场主动权、即将锁定胜局的关键时刻，两个组决定采取接力式打击、对敌人实施持续火力压制，即一架战机完成火力打击在退出之际，另外一架战机立刻跟进实施打击，而且在每一轮攻击中直升机都从不同方向加入战斗。纵观整个战斗，美军战机对敌人攻击具有节奏感，火力运用富有层次感，体现出较高战术素养和自主协同水平。

三是机断行事，处置得当。尽管第一组指挥官托马斯上尉以及“疯马15”的主、副驾驶员都是第一次经历实战，但是“疯马14”机长特里准尉已经是第三次经历实战，其丰富的实战经验弥补了其他成员的不足。此次战斗正是特里凭借丰富经验首先发现敌情威胁，为美军先机制敌赢得宝贵时间。虽然两名指挥官没有实战经验，但是军事指挥素养较高且空战技能娴熟，能够根据战场形势变化迅速、果断地定下决心并密切协同，且临机处置得当。“疯马14”机长特里回忆，刚刚与敌人交火指挥官便立即做出反应，命令战机下降至距地面45米的高度极限，这样不仅可以阻止敌人集中兵力，还可以促使机组人员“积极交战并消灭敌人，不给敌人留下反应时间，抑制了敌人武器系统作战效能的发挥”。

（二）在作战中暴露出的问题

首先，精确制导武器的优势在近距离交战中难以发挥。“长弓阿帕奇”攻击直升机及武器系统的设计初衷是应对常规作战中的装甲目标，对敌人防御纵深的装甲目标实施远程打击，其非对称优势是在视距外发射“地狱火”导弹（射程可达8000米）。然而，在此次反伏击战中，直升机距离目标过近（6次发射均不到1200米），而且在激战中直升机没有时间进行调整，导致导弹精度下降，三枚“地狱火”导弹均未命中目标。在敌人伏击圈中心的路口处，“疯马14”向一辆无法移动的反美武装卡车发射导弹，然而导弹却偏离目标。“疯马15”在追击武装分子过程中连续发射两枚“地狱火”导弹，但由于直升机在近距离交战中高速机动而且受到天气影响，均未命中目标。尽管直升机可以通过后撤行动拉开与敌人之间的距离，从而提高导弹打击效果，但是敌人就会趁机进行力量重组或逃跑。

此外，精确制导武器对付低价值目标的作战效费比较低。作为“长弓阿帕奇”攻击直升机的标配武器，“地狱火”导弹造价昂贵，主要用于反装甲作战和对付高价值目标。然而，在此次城市近战中用该导弹对付反美武装皮卡等低价值目标，作战效费比较低，而且命中率只有50%的战绩令作战效果更是大打折扣甚至得不偿失。然而，如果全部改用航炮、火箭弹等低端武器，在敏感目标多的城市环境中又容易造成附带伤亡。因此，美军在提高作战效费比与降低附带伤亡之间面临两难困境。

其次，战机生存在城市环境中受到严重威胁。在车辆众多的补给线、城镇及市区上空飞行，直升机飞行员始终面临巨大压力，这是由城市环境的复杂性和危险性以及直升机低空、低速等特点决定的。每一辆卡车和每一栋建筑都可能藏有防空武器，即便机枪和火箭弹等低端武器也能够对直升机生存构成严重威胁。在此次战斗中，地面之敌的机枪子弹两次射穿战机的舱盖，险些击中飞行员头部，迫使一架战机退出战斗。

在城市作战环境中，飞行员始终要同时关注地面和天空，既要搜寻武装分子，也要时刻关注电线、电视塔等人为障碍，其危险性并不亚于敌人火力打击。通常瞬间的失误就可能导致机毁人亡。仅在2007年2月的一个月时间内，美军在伊拉克就损失了6架直升机。其中一个直升机编组在“红腿”路附近巡逻时陷入敌人地面火力伏击圈，遭到隐藏在一家工厂附近的反美武装分子猛烈打击。一架战机被重机枪击中，最终机毁人亡。严峻的现实迫使美军全面审视并修改直升机技战术流程，出台三项新规定：在夜间飞行，提升飞行高度，经常改变航线。新规定的效果立竿见影，被击落的美军直升机迅速减少。但是，新规定主要对运输直升机有效，攻击直升机仍面临巨大风险。原因在于攻击直升机所担负的任务是搜索目标而非躲避敌人，是寻找威胁而非规避风险。同年5月，美军第227陆航团1营两架“长弓阿帕奇”攻击直升机在“塔吉”军营附近再次遭遇伏击，一架战机尾翼被重机枪击中，险些坠落。

第三，战机作战效能易受不良天气影响。伊拉克天气炎热且多风沙，会导致直升机旋翼升力不足而且燃油消耗加快，不利于直升机作战。在这样的作战环境中，为最大限度确保飞行速度、机动能力和巡逻时间，攻击直升机通常只能减少载荷。此次战斗时天气炎热，高温限制了直升机的载弹量，“疯马14”和“疯马15”都仅挂载三枚“地狱火”导弹，此外还携带300发30毫米机炮弹和26枚火箭弹。载弹量不足加上燃油消耗过快，不仅制约了飞行员的打击选择，也缩短了战机交战时间。此次战斗仅持续12分钟，然而美军战机的弹药就接近消耗殆尽。最终，第一组两架战机在剩余燃油和弹药都下降至极限的情况下，不得不退出战斗。

第四，作战效果难以实时评估。此次战斗短促、激烈，战场环境复杂、充满不确定性，尽管“长弓阿帕奇”直升机装备了先进的目标获取系统及观瞄设备，但是飞行员仍无法确定参战敌人的数量以及伤亡情况，难以进行及时有效的作战效果评估。战损评估只能依靠战后的战场清理确定。

十、扎卡之战

（一）战例概要

扎卡之战是美陆军与联军进行联合战斗的一个典型战例。在此次战斗中，战场形势复杂多变，各种行动样式频繁转换，多种作战力量相互协同，充分体现了联军联合战斗的复杂性、作战协同的困难性、稳定行动技巧的重要性和“代理人战争”效果的有限性。

2007 年 1 月，在伊拉克宗教圣城纳杰夫以北的扎卡村，美伊联军对依托坚固阵地组织防御的反政府武装分子发起仓促进攻。整个战斗过程曲折复杂，战场形势扑朔迷离，战场主动权几经变化，突显了现代战场的流动性和作战协同的复杂性。

（二）作战背景及经过

伊拉克纳杰夫省首府纳杰夫是伊斯兰教什叶派圣城，位于巴格达以南约 160 千米处的幼发拉底河西岸。2006 年 12 月，美军领导的联军向伊拉克安全部队移交纳杰夫城防务，美军在当地只保留少量特种作战分队和军事过渡组。纳杰夫主要防务力量是伊陆军第 8 师 1 旅 2 营，驻扎在纳杰夫北郊 9 号公路附近的前沿作战基地（代号“宾馆”）。9 号公路与幼发拉底河之间的狭窄地带坐落着扎卡村。

该村由当地宗教领导人卡迪姆控制。卡迪姆掌握具有一定规模的武装力量，其核心是 200 名训练有素的“天堂战士”。此外，他还强征当地 200 多名信教民众入伙并配发武器。为严防其他宗教团体及联军的打击，卡迪姆领导“天堂战士”围绕扎卡村构筑起约 36 平方千米的网络化防御体系，工事完备、防守严密。卡迪姆还把扎卡村作为进击纳杰夫的军事基地，企图利用宗教节日到来之机杀害当地宗教领袖，夺取纳杰夫领导权。

作战经过

此次战斗可分为三个阶段。从营救遭伏击的伊政府官员、搜救失事战机、对依托坚固阵地防御之敌发起攻击到收拢战俘，战场形势复杂多变，各种行动转换频繁。

第一阶段战斗

2007 年 1 月 27 日夜，卡迪姆领导的武装分子袭击并占领了纳杰夫北郊、伊安全部队控制的检查站。伊军营长马基德立刻向前沿作战基地的旅长萨阿迪报告情况。萨阿迪命令马基德做好战斗准备，同时向纳杰夫省副省长阿伯坦报告。阿伯坦对卡迪姆有所了解，经与内务部情报主任商议，认为谈判协商比武力平叛更合适，于是指示萨阿迪派第 1 旅 2 营的两个连封锁扎卡村。次日清晨，副省长和情报主任在该营侦察排护送下前往扎卡村进行谈判，路上遭到伏击，处境危险。受过美军培训的伊侦察兵立刻联系位于前沿作战基地“大卫”的美军特战分队 A－566，请求支援。接到伊军请求后，该特战分队指挥官命令官兵准备战斗，同时将掌握的有限战场情报通报给美军特战分队 B－510。特战分队 B－510 辖特战分队 A－512 和 A－513 的一部，当时正在前沿作战基地“大卫”培训 50 名伊拉克突击队员。作为伊军高级军事顾问，特战分队 B－510 指挥官答应待伊军突击队准备就绪后立刻行动。

美军特战分队 A－566 的“悍马”车队很快赶到扎卡村。通过伊军旅长萨阿迪在战况简报得知，纳杰夫省副省长、情报主任及随行的伊侦察兵和警察遭到伏击，出现人员伤亡和车辆损毁。美军特战分队立刻投入战斗。反政府武装分子攻势猛烈，救援行动一度受阻。这时美军特战分队 B－510 及伊突击队及时赶到，并接替特战分队 A－566 继续战斗。特战分队 B－510 指挥官让配属的特战分队 A－512 队长负责指挥战术行动。

特战分队 A－566 刚退出战斗，几枚火箭弹就落到特战分队 B－510 及伊军突击队所在的树林，美军 1 名特战队员受伤，美、伊联军不得不立刻转移，退到敌人火力范围以外，并决定呼叫近距离空中支援。特战分队 A－512 队长带领两名空军战术控制员爬上土堤，观察敌人阵地构设和兵力配置。此时，美军第 332 远征战斗中队两架 F－16 战机已经在扎卡东侧空域待战。战术控制员首先引导战机对伊副省长车队前部被毁的伊军车辆实施低空扫射，以防车载武器落入敌手。F－16 战机的 20 毫米航炮对地攻击掀起巨大烟尘，令飞行员和地面控制员都无法评估打击效果。随后战术控制员又选择其他目标，引导战机使用机载炸弹进行打击，至少两枚炸弹命中藏有大量武装分子的土堤。

这时美军第 74 远征战斗中队的两架 A－10 攻击机抵达战场上空并加入战斗。然而，美军的空中打击未能压制武装分子行动。武装分子利用空袭间歇向联军翼侧机动，并占据清真寺上层有利位置开火射击。美军使用近距离空中支援火力打击敌人迂回分队。最终美军的空中打击成功压制了反政府武装分子，被困的伊政府官员和军警趁机撤到安全地域。此时战场态势已经明朗，伊军控制了战场局势，于是美军特战分队 B－510 与伊突击队返回基地。

图 29　美军的 M1126“斯特赖克”战车与伊军特种武器和战术组以及美军特战分队 A－563 一起占领武装分子院落东南侧阵地

1 月 28 日清晨，伊军阿巴斯上校带领伊特种武器和战术组在其军事顾问美军特战分队 A－563 陪同下抵达纳杰夫东北约 65 千米处，与此同时美军其他部队也在赶往扎卡村。上午 08：00，美军第 25 步兵师第 4 旅将战况简报通报给军事过渡组指挥官史蒂芬中校。史蒂芬立刻带领 6 名军官、6 名士官和 1 名上等兵分乘 3 辆武装“悍马”前往扎卡村。美军第 227 陆航团 4 营的 2 架 AH－64“长弓阿帕奇”攻击直升机升空准备战斗。长机（代号“大炮 52”）与僚机（代号“大炮 53”）于 10：20 离开塔吉军营，前往前沿作战基地“卡尔苏”。同行的两架 UH－60“黑鹰”直升机携带弹药、地勤人员和机械师，准备在“长弓阿帕奇”飞往扎卡村途中在“卡尔苏”建立前沿保障基地。

“长弓阿帕奇”直升机到达战场上空的最初一小时内并没有发现敌情，机组成员认为战斗已经结束。随后到达的伊特种武器与战术组及美军特战分队 A－563，在途经扎卡村西侧公路的伊军检查站时也没有获得任何敌情信息。于是伊特种武器与战术组指挥官决定横穿并清剿扎卡村，结果进入敌人伏击区。联军车队在“阿帕奇”直升机空中火力支援下与反政府武装分子展开激战。

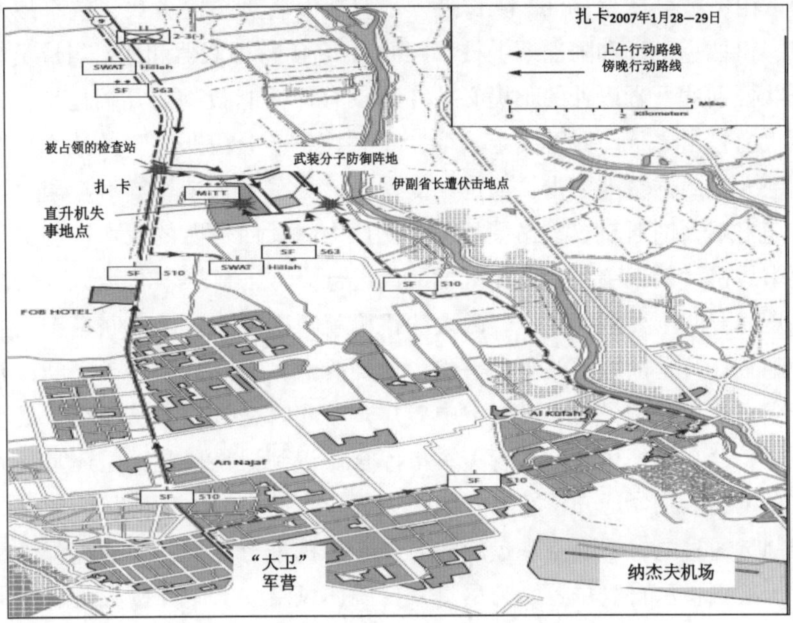

图30　2007年1月28—29日扎卡作战经过图

第二阶段战斗

13:30刚过，美军“大炮53”直升机被反政府武装皮卡的12.7毫米重机枪击落，战场形势随即发生逆转，美军所有行动都转移到营救失事战机。“大炮52”飞行员立刻发出警告，提醒战场上空的其他直升机警惕敌人防空火力。由于棕榈树林遮挡，美军地面部队无法确定飞机失事地点。当时正从西南方向逼近扎卡村的美军军事过渡组目睹了战机失事过程。当他们赶到失事地点时，两名飞行员已经死亡，失事飞机立刻成为敌人重点打击目标。军事过渡组指挥官史蒂芬下令后退300米，建立防御阵地，以火力封控飞机失事地点，固守待援。交战双方依托土堤掩护激烈交火。美军的火力阻止了敌人抢夺失事飞机的企图。经过长时间激战，双方火力逐渐减弱，美军弹药不足，反政府武装分子试图诱使美军进入开阔地带。截至此时，这里的激战并没有引起其他地点美军的注意，他们不知道军事过渡组在守卫失事飞机。

直升机坠机后，美军特战分队A-563与伊特种武器和战术组被敌人密集火力压制在土堤后面。美军指挥官采纳了军士长的建议：由军士长组织火力掩护，在正面牵制敌人，与此同时派迂回分队向敌人翼侧迂回。迂回分队由特战分队 A－563 队长带领，包括 1 名美军医务兵、空军战术控制员、伊拉克翻译和阿巴斯上校率领的 40 名伊特种武器和战术组成员。迂回分队要到达百米以外的土堤必须穿越没有任何遮蔽物的开阔地带，暴露在敌火力打击之下。联军决定采取“交替掩护、分段跃进”的战术，途中遇到敌人轻武器精准射击，前进一度受阻。美军第 227 陆航团 4 营“阿帕奇”直升机及时赶到，缓解了地面分队压力。迂回分队的战术控制员华莱士要求战机“对前方约 200 米处的敌人进行火力压制”①。待敌人火力减弱后，迂回分队刚要继续前进，敌人的机枪就再次开火。美伊联军士兵立刻就地隐蔽，可是前方道路更加平坦、无处躲藏，而且武装分子已经占领预定目标。战术控制员建议进行空中轰炸，但此时交战双方已经小于最小安全距离，存在误伤风险。尽管美军指挥官认识到误伤风险，但还是同意轰炸并命令随队翻译通知伊军注意隐蔽，等轰炸结束后立刻向目标跃进。战术控制员通过电台召唤空中盘旋的 F－16 战机进行支援，并通过镜子反光照射为战机指示自身位置。为尽量减少误伤风险，空中支援战机从与地面分队进攻垂直的方向加入战斗。美伊联军攻击分队利用空袭效果迅速前出、通过开阔地带，到达土堤时却惊讶地发现，前方依然是敌人防守严密的工事，一条很深的堑壕两侧隆起高大的土堆，土堆后面是架设重机枪的皮卡和十几名反政府武装分子。通过仔细观察，美军发现了敌人防御阵地的弱点：防御工事过于平直，缺少曲折变化。于是美军决定利用北、西两侧土堤的接合部对敌人平直且暴露的堑壕实施火力突击。

图 31　美伊联军的武装“悍马”车队前往搜救坠落的直升机

---

① 200 米是防止己方火力误伤的最小安全距离。

这时几乎所有反政府武装分子都朝向南方，被美军的牵制火力所吸引。只有距美军最近的少数武装分子发现美伊联军向翼侧迂回，美军通过更猛烈的火力打击阻止这些武装分子报警。在此期间，美军特战分队 B－510、伊军突击队和特战分队 A－566 从武装分子阵地的东北方向赶来，几经周折在扎卡村东南角与特战分队 A－563 会合，而后双方指挥官协同行动方案。此时这里的美军还没有发现失事战机。特战分队 A－512 队长试图通过在上空盘旋的直升机确定失事战机位置，但直升机却无法提供准确坐标。在几次尝试均失败的情况下，特战分队队长要求直升机飞到失事地点正上方发射照明弹，随后特战分队利用方位角和图上作业最终确定了失事战机大概位置。特战分队 A－566、B－510 与伊军突击队组成搜救队立刻前往营救。车队离开后，特战分队 A－563 队长命令队员沿南侧土堤继续牵制敌人，同时召唤空中火力对敌人实施压制，而后联军在空中火力掩护下退回到安全线内，没有出现伤亡。

图 32　美伊联军战术停顿，发起进攻前评估态势

特战分队 B－510 与伊军突击队是搜救行动的主力，特战分队 A－566 提供后方警戒。在棕榈树密布的地区搜寻失事战机十分困难，搜救车队遭到轻武器袭击并陷入敌人伏击区。反政府武装分子沿扎卡村西侧公路旁的土堤构设了长 400 米的杀伤区。美伊联军车队开火还击并加速驶离伏击区，激战中人员和装备受损。反政府武装分子的火力并未减弱，更多反政府武装分子从村子涌出加入战斗，有些则在村内屋顶构设阵地，屋顶视野更开阔，可以更好地观察联军车队行动。最终联军救援车队成功通过伏击区，发现了坠毁战机和一直在守护战机的军事过渡组。会合后，双方交换信息，协商下一步行动方案。其间美伊联军部分官兵沿土堤占领防御阵地，同时救治伤员、抢修受损武器、补充弹药。特战分队 B－510 损坏的“悍马”车中只有 4 辆可以修复，情况严峻。美军指挥官派特战分队 A－566 的车辆将伤员送回“大卫”军营，而后运回武器装备零部件和弹药。

在此期间，联军其他各部也正赶往扎卡村。特战分队 A－566 请求“斯特赖克”部队立即支援。美军第 25 步兵师第 4 旅派巴里中校率第 2 营前往支援。该营原隶属于第 2 步兵师第 3 旅，一周前刚转隶到第 4 旅，装备 M1126“斯特赖克”轮式战车。该战车装甲厚度不如“布雷德利”战车，但机动力更强。受领任务时，该营 A 连正在其他地区执行任务，只有 B 连和 C 连可投入战斗。根据营长巴里的部署，C 连前往失事地点，在失事战机南侧组织防御；营突击指挥所、事故清理车、平板拖车与 B 连编组在一起，等 C 连出发 25 分钟后再出发，在失事战机北侧组织防御。C 连于 14:30 从距离纳杰夫约 95 千米的前沿作战基地“卡尔苏”出发，必须全速前进才能在天黑前到达。C 连第 1 排为先锋，排长马丁曾于 2004 年 4 月在纳杰夫作战，深知该城形势严峻复杂。C 连很多士兵认为在稳定行动阶段反政府武装分子最多不超过 20 人，而连长克莱莫上尉则立足最难预想情况。克莱莫曾在美军第 75 游骑兵团服役，牢记索马里摩加迪沙之战教训，告诫士兵要避免悲剧重演。

C 连车队与特战分队 A－512 在目标地域会合，双方指挥官商讨行动方案。约 30 分钟后，营长巴里的突击指挥所与 B 连到达。途中巴里反复尝试与扎卡村附近的美军各分队建立无线电联系，以确保通信畅通。在美军特战分队、“斯特赖克”部队、军事过渡组以及伊军的密切协同和共同努力下，成功完成对失事战机的搜救。29 日拂晓前，“斯特赖克”营属工兵排完成了失事战机残骸的清理回收，美海军爆炸物处理组将散落在失事地点周围的火箭弹和炮弹搜集到一起。机载 30 毫米航炮是唯一无法修复的装备，被原地炸毁。

第三阶段战斗

战机搜救结束后，“斯特赖克”营营长巴里着重应对剩余敌人。此时武装分子已经四面被围、无路可走：底格里斯河阻断了东逃道路；美军第 227 陆航团第 4 营“阿帕奇”直升机在北面巡逻；“斯特赖克”C 连切断了西逃通道；美军特战分队A－563和伊特种武器和战术组在南面阻击。考虑到敌占区内没有平民，为减少人员伤亡，营长巴里决定使用火力打击而非兵力突击结束战斗，并下令所有未装备“21 世纪部队旅及旅以下战斗指挥系统”[①] 的人员一律撤出战场，以便将误伤风险降至最低。同时考虑到武装分子已经夺占了伊军车辆，增加了敌我识别难度，于是营长巴里决定暂停所有空中打击，并指示“斯特赖克”营以外的所有部队与敌人脱离接触、撤出战场。特战分队 A－563 军士长向队长建议，继续在原地坚守以掩护南翼安全，控制关键地形。经过思考，队长将建议上报给“斯特赖克”营营长，提出特战分队继续坚守，与“斯特赖克”连在原地换班。营长采纳了这一建议，要求 B 连尽快与特战分队换班。

当美军“斯特赖克”营逐渐夺回战场主动权的同时，反政府武装分子决定利用夜暗掩护包围南翼，重新夺取失事战机。武装分子尽管遭受损失，但是仍占有人数优势且熟悉地形。顷刻间美军“斯特赖克”车队遭到猛烈的火力打击。C 连连长克莱莫上尉派第 1 排加强外围防御，高出土堤的“斯特赖克”车顶部立刻吸引了大量火力，成为武装分子重点打击目标。美军利用车载热像仪和 12.7 毫米机枪开火还击。武装分子攻势猛烈，迫使营长巴里在特战分队还没有撤出战场的情况下再次呼叫空中打击。为避免误伤，巴里与特战分队指挥官划设了支援火力边界线。配属到“斯特赖克”营的空军战术控制员引导 AC－130 攻击机、F－16 战斗机和“阿帕奇”攻击直升机重点打击被反政府武装分子捕获的伊军“悍马”车。为阻止敌人向翼侧迂回，战术控制员引导空中火力向安全线延伸。

陆航力量在近距离空中支援中的作用显著。陆航第 227 团 4 营和 1 营的“阿帕奇”直升机编队在扎卡村上空整夜连续飞行，为地面部队撑起空中保护伞。“斯特赖克”营士官罗斯回忆：“‘阿帕奇’不停地在我们头上盘旋，忽左忽右，那一夜它们就是我们的守护天使。”

“斯特赖克”B 连最终到达后，立刻与特战分队 A－563 换班。地形生疏、植被遮挡以及夜暗影响，导致 B 连指挥官难以识别敌人堑壕、射击阵地、班组武器及车辆配置等情况，误认为特战分队夸大了敌人实力。尽管营长巴里也对敌人实力有所怀疑，但还是根据特战分队的敌情通报制订了方案。他将一条东西走向的堑壕视为敌人防御要点，计划以 B 连为主力夺占堑壕，进而继续向前推进；B 连发起进攻前，C 连向西侧机动、占领阵地，掩护 B 连翼侧安全。两个连通过划定各种调整线协同行动。营长巴里

---

① 该指挥控制系统可实时提供己方和友邻部队的位置信息，实现战场态势共享和同步感知。

还计划控制扎卡村后向伊军警移交防务，并将与伊方协调的任务赋予联合协调中心军官米特查上尉和军事过渡组指挥官史蒂芬中校。

清晨，营长巴里下令发起攻击。C 连首先行动，占领火力支援阵地，然后用扩音器进行广播，劝导敌人投降。当联军各班排抵近至扎卡村外围之际，美军 AC－130 攻击机炸毁了村内武装分子的弹药藏匿点，引发爆炸。突如其来的剧烈爆炸促使躲藏在建筑物内的反政府武装分子举白旗投降。基于敌人曾使用诈降手段诱骗美军进入开阔地域的经验教训，美军一时间无法判定敌人是否真正投降。事实证明，反政府武装分子并非诈降，而且投降人数过百。C 连随即由突击准备转为战俘收拢行动，利用“斯特赖克”车载蛇腹式铁丝网构建简易监禁设施，将战俘分类并救治伤员。“斯特赖克”营开辟了用于医疗撤离的机降场。尽管天气恶劣，3 架“黑鹰”直升机仍然在能见度不断下降且伴有大风的情况下降落，运送了 16 名受伤的非战斗人员。随着天气不断恶化，直升机不得不中止任务。

在 C 连处理战俘之际，B 连占领了堑壕。由于武装分子已经在夜间撤离，美军并未遭到抵抗，美军发现了大量敌人尸体、被摧毁的武装车辆及其他武器装备。清理完堑壕后，B 连开始搜剿隐藏在附近棕榈树林内的武装分子，发现了其领导人卡迪姆的尸体。伊军警协助美军展开搜查。美军军事过渡组和联合协调中心协调官米特查协助美军“斯特赖克”营与伊安全部队顺利完成交接。29 日入夜前，美军“斯特赖克”营、伊特种武器和战术组及特战分队 A－563 撤离扎卡村，伊安全部队承担全部防务。

图 33　美军 C 连押送投降的武装分子走向土坡，该连 3 排实施警戒

（三）战例评析

扎卡之战是美伊联军联合战斗的典型战例，各种作战力量相互协同，多种行动样式重叠交织、迅速转换，战局扑朔迷离，形势错综复杂，充分体现了美伊联军联合战斗协同的复杂性和稳定行动技巧的重要性，检验了“代理人战争”的效果。反政府武装的技战术特点也得到体现。

1. 协同水平决定着联合战斗效能的发挥

美伊联军联合战斗的关键是协同，难点也是协同。此次战斗涉及多军兵种力量、东道国安全部队和警察，关系复杂、协同难度大。协同的水平直接影响甚至决定了此次战斗的进程和结局。此次战斗的协同具有以下特点：美伊联军行动总体协同混乱低效，美军内部临机协同简明顺畅。

首先，美伊联军行动缺乏总体上的有效协同。根源在于缺乏统一的指挥机构。纳杰夫省防务由伊安全部队负责，美军在当地只保留小规模特战分队，没有设立指挥机构，也没有建立统一指挥作战行动的联军指挥机构，因此遇到突发情况时只能各自为战，不了解友邻行动，也不了解敌情和整个战场态势。自发式反应、缺乏准确情报支撑和总体协同混乱成为这次战斗的主要特点，影响到战斗的各个阶段。

在第一阶段战斗中，美军特战分队 A－563 开进途中发现土堤东南角聚集着身份不明、携带武器的伊拉克人和很多车辆，其实是伊安全部队。由于缺乏有效协同，双方均无法辨别敌友，于是都进行了警告性射击，迫使美军车队临时转向，结果进入敌人伏击圈。在第二阶段营救失事直升机的过程中，美伊联军行动缺乏总体协同的弊端再次显现，各分队没有统一指挥、各自为战，协同关系混乱，结果事倍功半。美伊联军车队在失事战机以北几百米的地方通过，但由于缺乏准确情报和有效沟通并没有发现失事战机。此外，美军第 25 步兵师第 4 旅旅部掌握和提供的信息非常有限，导致一线增援部队对战场上的美军情况知之甚少，对伊军情况更是一无所知。“斯特赖克”营长巴里指出：“我们只知道特战分队 A－563 在战场上与敌人交火，他们称不需要支援且正使用近距离空中支援压制敌人。我们以为他们正在守护失事战机，于是根据他们的位置制订行动计划。实际上，他们在失事地点东南约 1 千米的地方。失事飞机正由另外一支特战分队守卫，而且也在交战之中，但是当时我们并不知情。”在第三阶段围歼武装分子战斗中，为避免误伤，美军指挥官要求伊安全部队撤离战场，然而协调伊军撤离却异常复杂，直到午夜过后最后一支伊安全部队才撤出战场，延误了整个战斗进程。此外，特战与常规力量之间协同也不顺畅，缺乏及时、有效沟通。特战分队 A－563 未向换班的“斯特赖克”B 连通报战场地形条件，想当然地认为 B 连会利用南侧土堤掩护开进。结果 B 连因地形不熟而从西侧开进，被陡峭的土堤阻挡，车辆无法通行，被迫绕路前进，导致换班时间延误了 90 分钟。

其次，各作战单元的临机协同简洁顺畅。此次战斗战场形势混乱复杂、“迷雾”重重，客观上要求临机协同必须简单、高效。在缺乏统一指挥和总体协同的情况下，美伊联军各作战单元以临机自主协同为主，在整个战斗过程中临机协同简洁顺畅，取得较好的作战效果。在第一阶段战斗中，接到伊军请求后，美军特战分队 A－566 立刻将情况向友邻通报。接到通报后，特战分队 B－510 随即做好战斗准备。特战分队 B－510 带领伊突击队抵达战场后，立刻与特战分队 A－566 区分任务，接替前者继续战斗，同时特战分队 A －566 退出战斗，转为收拢人员、重组伊安全部队。

在第二阶段战斗中，搜寻失事战机的美军特战分队 B－510、A－566 及伊军突击队在扎卡村东南角与特战分队 A－563 会合后，各方临机确定了“正面牵制、翼侧迂回”的协同方案：特战分队 A－563 与伊特种武器和战术组沿南侧土堤配置，在正面牵制敌人；特战分队 A－566、B－510 与伊军突击队乘车从翼侧机动，寻找失事战机。途中，搜寻车队遇到一直在守护战机的军事过渡组，双方交换信息并再次协同行动。此后，特战分队又与前来支援的“斯特赖克”C 连商讨并制订了协同方案。根据方案，C 连 1 排与连属迫击炮班留在原地，确保路口安全并提供火力支援；连长及其他各排在特战队员引导下前往失事地点，特战队员搭乘 C 连 2 排的战车对离战机最近的敌人实施乘车突击；到达失事现场后，C 连 2 排构筑仓促防线，特战队员迅速奔向失事战机；而后 3 排迅速向前机动，增援前面的突击分队，随后与 2 排并列配置以巩固和扩大防线；1 排占领 2 排右翼阵地；连属迫击炮班、连部以及 4 排的 3 辆配有“陶式”反坦克导弹的“斯特赖克”车在后面 200 米处建立支援阵地；而后特战队员在军事过渡组协助下搬运失事战机飞行员尸体，搜集散落在附近的未爆炸药，清理失事战机残骸。营救行动的全过程展现出各作战单元之间临机协同周密顺畅，互补增效，充分发挥了各自优势。

2. 稳定行动技巧直接影响着美伊联军行动的效果

在美伊联军行动中，了解作战环境的地理、历史和宗教等相关背景，掌握稳定行动技巧并采取有效措施进行协调沟通十分重要，会直接影响行动效果。美伊联军在稳定行动方面的措施及效果体现在两个方面。首先，成立专门的美伊联军协调机构。美军成立了纳杰夫省联合协调中心，作为伊当地政府、伊安全部队与美军指挥机构进行沟通联络的桥梁与纽带。在此次战斗中，该中心实战经验丰富的米特查上尉随“斯特拉克”营一起行动，在错综复杂的战场上发挥了关键作用，成为美伊联军作战的力量倍增器。例如，在第三阶段战斗中，美军协调伊安全部队撤离战场的过程费时费力、异常复杂，关键时刻米特查与纳杰夫省官员取得联系，通过伊政府高官向伊安全部队下达指令，才实现了伊安全部队成功撤离。此外，米特查还与军事过渡组一起成功协调美军“斯特赖克”营与伊安全部队顺利完成防务交接。

除联合协调中心外，军事过渡组在协调联军行动过程中也发挥了重要作用。军事过渡组是伊陆军第 8 师的军事顾问，也是美伊联军之间进行沟通协调的军事联络分队，在作战阶段转换、稳定行动和民事支援等方面发挥了重要作用。在此次战斗中，作为美军在纳杰夫为数不多的常设军事机构，军事过渡组最先到达直升机失事地点并组织有效防御、固守待援。在第三阶段清剿和过渡行动中，军事过渡组随伊军进入扎卡村，在当地儿童指引下发现了躲藏在地下室的反政府武装分子重要头目，缴获了数百万美元、相关文件、护照、录像带和电话等设备。在协调美伊双方完成交接、美军部队撤出后，军事过渡组继续留在扎卡村并用一周时间协助伊方处理后续事宜，实现平稳过渡。

其次，尊重宗教信仰，慎重对待涉教敏感问题。纳杰夫为宗教圣城，清真寺和信教民众多。作战行动难免对宗教活动和设施造成破坏，能否避免宗教矛盾、赢得民心直接影响到作战行动的进程和效果。在此次战斗中，美军十分重视涉教敏感问题并取得较好效果。在第一阶段战斗中，反政府武装分子占据清真寺上层有利位置向美伊联军开火。美伊联军一度在敌人火力压制下陷入被动，只有使用空中力量对盘踞在清真寺内的敌人实施打击才能改变被动局面。尽管战况危急，但美军并没有立刻召唤空中打击，而是先与伊军旅长萨阿迪上校取得联系并征得其同意，而后才呼唤近距离空中支援，使用精确制导炸弹消灭了藏匿在寺内的反政府武装分子。

在第二阶段战斗中，联军车队途经底格里斯河上的一座桥梁，遇到一群相向而行的当地朝圣教徒，双方拥堵在桥上。虽然时间紧迫，但车队并没有强行通过，而是向维持秩序的当地警察求助，耐心详细的解释赢得了警察帮助。在警察协助下，朝圣人群让出一条通道，车队没有从人群中穿过，而是避开朝圣道路，从侧道通过。谨慎的言行化解了可能引起的民怨。

第三，妥善处理战俘、伤员及其他后续事宜。在第三阶段战斗中，当联军准备对武装分子阵地发起冲击之际，被巨大爆炸声震慑的武装分子纷纷投降，“斯特赖克”C连随即由突击准备转为收拢战俘，利用车载蛇腹式铁丝网构建简易监禁设施，并充分考虑当地宗教和风俗，将战俘区分为妇女、儿童、重伤员和未受伤战斗员等几类。在收拢战俘过程中，美军医护人员监督战俘分类并救治伤员。完成平稳过渡后，仍有400名战俘拘押在临时搭建的简易监禁所。萨阿迪领导伊军第1旅负责战俘的饮食、起居和医疗，并按当地风俗掩埋战斗中击毙的256具敌人尸体和9具非战斗人员尸体。

3. *伊军的表现制约了美伊联军联合战斗的成效*

在美伊联军行动中，战斗力最弱一方的表现直接影响到美伊联军联合战斗的总体效果，制约着美伊联军整体战斗效能的发挥。在伊拉克，美军希望通过“代理人战争”方式摆脱战争泥潭，尽快向伊方移交安全责任、尽早实现平稳过渡。然而，实践证明伊安全部队既缺乏组织复杂战斗的经验，更缺少勇敢顽强的战斗精神，不能弥补美军撤离后的能力缺陷，成为美伊联军行动的短板弱项，严重制约了美伊联军联合战斗的效果。在第一阶段战斗中，伊安全部队控制的检查站轻而易举被武装分子夺占，成为此次战斗的导火线。当联军救援车队经过扎卡村西侧公路的检查站时，检查站的伊军未能提供有用的敌情信息，导致伊方指挥官做出横穿扎卡村的错误决定。作为军事顾问，美军指挥官最终未能说服伊军指挥官改变其错误决定。为了维持合作关系，美军不得不跟随伊军一起行动，结果陷入敌人伏击圈。

在第二阶段战斗中，美军特战分队A－563与伊特种武器和战术组被敌人密集火力压制。美伊联军采取“正面牵制、翼侧迂回”战术，本应在阵地上进行正面牵制和火力掩护的伊军却躲在土堤后面一味自保避战，导致美军孤军作战、伤亡不断。迂回分队途中突然遇到敌人猛烈打击，美军呼叫空中支援而后利用空袭效果迅速前出，而伊军却滞留在原地并未同步跟进，导致行动脱节，迫使美军涉险返回接应。此外，由于伊特种武器和战术组训练不足，美军指挥官被迫放弃了向敌人堑壕发起冲击的计划。战斗中，随队翻译不停召唤伊军与美军一起行动，然而伊军却不听召唤，直到堑壕内敌人全部被消灭才肯前进，导致行动脱节、战机延误。

在第三阶段战斗中，武装分子夺取了伊军车辆，增加了敌我识别难度，美军“斯特赖克”营营长巴里决定暂停空中打击，指示“斯特赖克”营以外所有部队都撤离战场。然而，伊安全部队的撤离行动却异常拖沓，最后一支部队直到午夜过后才撤出战场。

纵观此次战斗，美军发挥了主导作用，但伊军伤亡却远超过美军。美军 2 人阵亡，12 人受伤，而伊陆军第 8 师 1 旅的 10 名士兵、12 名伊警察和 2 名突击队员阵亡，还有数十名伊安全部队官兵受伤。此外，美军提供给伊军的武器装备在战斗中轻而易举成为武装分子的战利品，并被用来打击美伊联军，导致美军不得不首先集中力量摧毁这些目标。总之，伊军训练不足、战斗力羸弱且战斗精神欠缺，令美军倡导的“代理人战争”效果大打折扣。

4. 反政府武装分子展示出较高的技战术素养

与伊军形成鲜明对比的是，反政府武装分子准备充分，在长期战争实践中善于向对手学习，战术灵活机动，展示出较高的技战术素养，令美伊联军付出较高代价。首先，打着宗教旗号聚拢人心。反政府武装分子头目卡迪姆是当地宗教领导人，以先知穆罕默德后代的名义在当地信教民众心中树立权威、确立合法性，进而组建异教团体和民兵武装，掌握了一支忠诚可靠且训练有素、战斗力强的武装力量。其骨干成员全部佩戴头巾，自称“天堂战士”。

图 34　堑壕内被美伊联军突袭击毙的武装分子

其次，准备充分、防守严密，依托防御阵地有效阻击和杀伤美伊联军。武装分子充分利用地形地物构筑工事完备、防守严密的网络化防御体系。在防御前沿纵深挖设了大量堑壕，便于观察、射击、隐蔽和机动，并预置大量武器弹药。村内设有指挥、后勤和医疗等设施以及各种工事，均利用棕榈树等植被进行隐蔽伪装。一个连规模的 60 毫米和 82 毫米迫击炮占据有利发射阵位，最大限度实现对周围地形的火力覆盖。加装 12.7 毫米和 14.5 毫米重机枪的大量武装皮卡形成对地和对空火力。大部分武器朝向南、东方向，封锁通往纳杰夫的主要道路，并在这两个方向上堆筑起高大土堤，可阻挡车辆通行。

最后，战术灵活机动，善于利用地形和战机。在第一阶段战斗中，反政府武装分子不但没有被美军空中打击所压制，反而利用空中打击间歇进行力量重组，持续进行火力袭扰，并成功将伊军丢弃的“悍马”车拖进树林。在空袭期间，反政府武装分子采取“正面牵制、迂回侧击”战术，从阵地东北角向伊军突击队翼侧迂回，大胆、机动的迂回穿插行动让实战经验丰富的美军特战分队指挥官吃惊。而且武装分子占据清真寺等宗教敏感目标和有利地形作为阵地，增加了美伊联军实施火力打击的难度。

在第二阶段战斗中，反政府武装分子利用有利地形和棕榈树林隐蔽伪装，成功击落美军“阿帕奇”攻击直升机 1 架，并以失事战机为诱饵，吸引美伊联军来援进而成功伏击美伊联军增援部队，一度成功扭转了战局，使美伊联军陷入被动。

在第三阶段战斗中，反政府武装分子在四面被围的情况下，仍然利用熟悉地形的优势和夜暗掩护，向美伊联军的南翼迂回，试图夺占失事战机，并依托防御阵地重点打击增援的“斯特赖克”车队。反政府武装分子的战斗技能令美军震惊。“斯特赖克”排长史密斯中尉回忆：“我很快认识到，我们面对的敌人训练有素。他们竟采用和我们一样的战术，相互支援、交替掩护、迂回侧击。”反政府武装分子的快速机动迫使美伊联军不断调整火力协同。而且武装分子设法贴近失事战机进行缠斗，迫使美军无法使用空中火力支援。武装分子攻势凌厉，迫使美军“斯特赖克”营 C 连暴露在开阔地域的官兵不得不从车上取出工兵锹，就地挖设掩体进行隐蔽①，还迫使美军指挥官在特战分队还没来得及撤出战场的情况下就呼叫空中打击。

---

① 恢复荒废已久的土工作业。

十一、萨德尔城之战

（一）战例概要

混合作战是美军当前高度关注且重点研究的作战样式。在2008年伊拉克战场萨德尔城作战行动中，美军面临的各种威胁混合交织、动态变化，交战双方既进行激烈攻防对抗，也展开拉拢民心的斗争，较量在物理和心理、有形和无形空间同步展开、频繁转换。此役既体现了美军遂行城市混合作战的主要做法和特点，也暴露出亟待解决的主要问题，是城市混合作战的典型实例。

萨德尔城之战持续长达一年之久，是一次典型的城市混合作战。此次作战充分体现了现代城市作战的极端复杂性，预示着未来城市作战的发展趋势。

（二）作战背景及经过

萨德尔城位于伊拉克首都巴格达东北部，人口约240万，居民大多失业，处于贫困状态。当地多种威胁混合交织，敌情、民情和社情错综复杂。首先，该城长期由地方武装迈赫迪军掌控。迈赫迪军是当地一支重要政治和武装力量，曾与伊政府合作。2008年初，迈赫迪军与伊政府关系破裂，公开袭击伊安全部队和驻伊美军，严重动摇了伊政权统治基础，严重威胁驻伊美军安全，成为美军头号敌人。其次，伊朗革命卫队等外部势力也积极介入，向迈赫迪军提供军事援助和训练，真主党等外国武装甚至渗入城内直接参战。最后，当地民众基本由迈赫迪军控制，很多人暗中支持迈赫迪军并与美军为敌。

萨德尔城地势平坦，植被稀少，建筑密集且多为三层以下低矮建筑，道路交错纵横，呈网格状分布，四周为笔直宽阔大路，城区内多为狭窄巷道。萨德尔城主要分为三个区：伊施比利亚、哈比比亚和萨德尔城区。其中，阿尔库达大街十分重要，将伊施比利亚、哈比比亚与萨德尔城区分开，美军将其称为“黄金路”。位于伊施比利亚区内的加米利亚市场是当地最大市场，也是迈赫迪军主要的经济来源和关键物资供给基地。萨德尔城的地形地物利于迈赫迪军快速集结、机动，采取伏击、狙击等城市游击战术，但不利于隐蔽伪装。另一方面，当地地形利于美军实施空中侦察监视和打击，但城区巷道狭窄，装甲车辆行动受限。

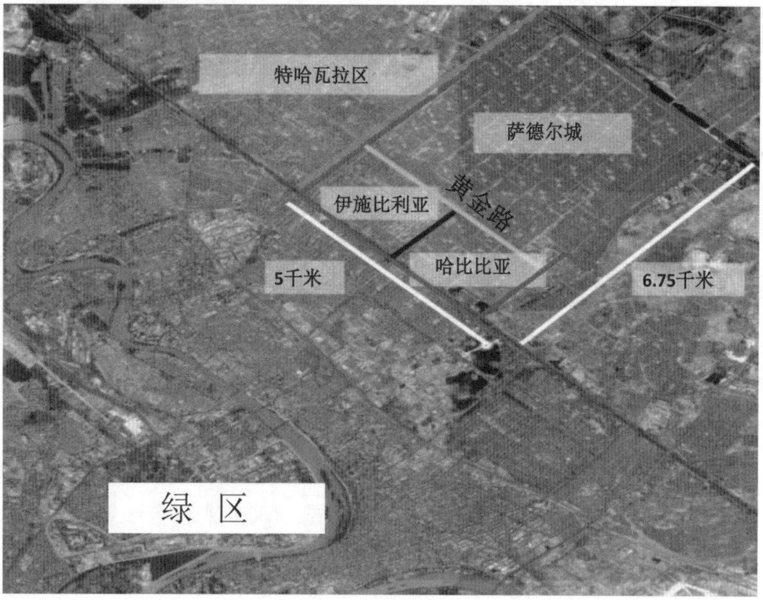

图 35　巴格达绿区和萨德尔城

图 36　萨德尔城区内的建筑

2008 年 3 月，美军机步 4 师第 3 旅战斗队与第 82 空降师第 2 旅战斗队换防，进驻萨德尔城。为适应错综复杂的城市环境，该旅采取多军兵种混

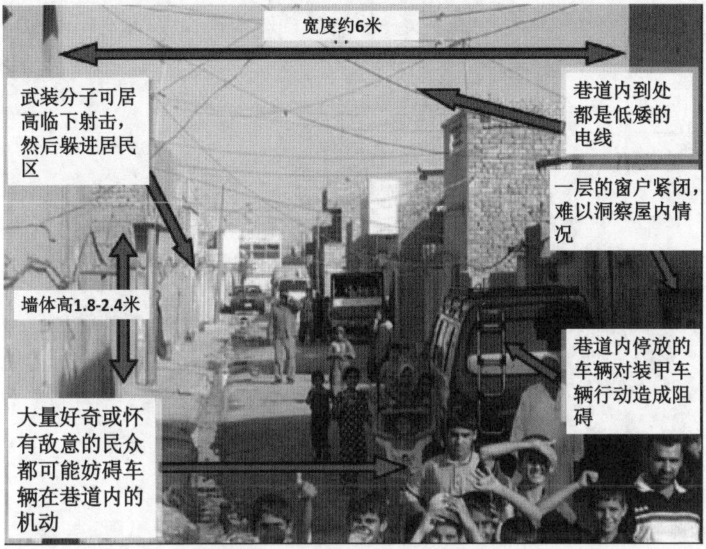

图 37　萨德尔城区内的巷道

合编成，除编有装甲、狙击、特战、工程、民事和心理战等力量外，还配有空中侦察与打击力量。具体编成包括第 6 步兵团 1 营、第 68 装甲团第 1 合成营、第 2 “斯特赖克” 骑兵装甲团第 1 中队、第 64 旅保障营、第 3 特种营、第 237 工兵连、第 62 军械连、第 404 民事营 C 连、第 1170 战术心理战分队、2 架加装 “地狱火” 导弹的空军 “捕食者” 无人机、2 架陆军 “影子” 无人机、6 架 “阿帕奇” 武装直升机和其他用于近距离空中支援的固定翼飞机。该旅所属各分队进行了充分战前准备，着眼实战需求强化临战训练，构建训练课目齐全、参训力量多元的模块化训练单元，常规战术训练与心理战、舆论战、维稳、城市重建及民事支援等训练课目综合集成，装甲、特战、心战、民事和航空等不同作战力量混编合训。为全面锤炼各部队完成混合作战任务的技战术素养，保障分队也加强射击和近距离战斗等作战课目训练。此外，美军还与伊安全部队和当地警察密切配合，协同作战。但是，伊军警缺乏作战经验，信心不足，各级领导软弱无力，部队纪律松弛，整体作战能力弱，只能执行安全检查等任务，不具备机动作战能力。

迈赫迪军装备精良，训练有素，擅长城市游击战术，且具备三项非对称优势。首先，接受伊朗革命卫队以及黎巴嫩真主党等外国势力援助和训练，能够熟练操作迫击炮和火箭弹等武器装备进行精准射击，擅长城市伏

图38　萨德尔城作战地域地形图

击和狙击。其次，广布情报网，具备较强情报搜集能力，同时严控当地民众、封锁信息，令美军难以获得有效人力情报，对城内情况几乎一无所知。最后，潜藏在萨德尔城区内的迈赫迪军经常越过“黄金路”进入伊施比利亚和哈比比亚，对美军阵地以及多国部队营地“绿区”发动火箭弹袭击，成为美军的首要威胁。然而，为减少萨德尔城区内平民伤亡和财产损失，伊政府禁止美军地面部队越过“黄金路”对城区实施清剿，美军只能动用空中侦察与打击力量对付城区内时敏目标。

作战经过

第一阶段

为牵制伊安全部队对巴士拉反政府武装的清剿，萨德尔城的迈赫迪军于3月23日突然发起进攻，从城区秘密渗透到“黄金路”以南，对政府军阵地和“绿区”实施火箭弹袭击，射程可覆盖“绿区”。突袭出乎美军预料，美军一边协同伊军组织反击，一边制订并完善作战方案。美军在作战过程中不断调整作战方案，但是有两个关键要素始终不变：一是派地面部队夺控迈赫迪军在伊施比利亚和哈比比亚的火箭弹发射阵地；二是使用空中侦察监视和打击力量压制“黄金路”以北的敌人火箭弹发射。

迈赫迪军准备充分，密切协同，精选目标，重点打击战斗力较弱的伊军。迈赫迪军能够熟练使用120毫米迫击炮，准确命中目标，装备有俄制

图 39　伊军检查站

SA－7 单兵防空导弹等先进武器。第一阶段战斗十分激烈，持续数日，在萨德尔城区外围多个地点同时展开。迈赫迪军进攻规模之大、决心之坚定、组织之严密前所未有。迈赫迪军昼夜连续进攻，多次伏击美军合成营车队和工兵分队，偷袭伊军检查站，并以清真寺为掩护组织和协调进攻行动。虽然美军 3 个机动打击营全部投入战斗，但是迈赫迪军“多点开花”的战法仍然令美军兵力紧张、顾此失彼。美军凭借空中和夜战优势多次击退敌人进攻，但仍无法扭转被动挨打的不利局面，持续激战迫使美军弃用“悍马”车，改用防护力和火力更强的坦克和步战车。为扭转战局，伊总理马利基授权美军对整个萨德尔城实施打击，但仍不允许地面部队越过“黄金路”进入城区，限制了美军战斗力的发挥。然而，迈赫迪军却可以自由穿越“黄金路”，躲避美军打击。

经过数日激战，战场形势依然严峻。美伊联军依然没能占据主动权，而是被迫在敌人选择的时间和地点被动应对各种袭击。美军受政治因素制约不能越过“黄金路”，受兵力不足的制约没有能力进入城区清剿。迈赫迪军则行动自由，越过“黄金路”袭击美军车队和“绿区”，而后迅速撤回城区躲避打击。纵横交错的狭窄巷道和密集的低矮建筑为迈赫迪军秘密渗透和突然袭击提供了便利。

第二阶段

严峻的战场形势迫使美军不断调整战术，决定采取“黄金墙行动”，

图 40　激战中的美军 M1 坦克

即沿“黄金路”修建隔离墙，阻止迈赫迪军向“黄金路”以南地区渗透，切断迈赫迪军的经济来源、物资补给以及与当地平民联系，将其封锁孤立在萨德尔城区内。4 月 15 日，“黄金墙行动”开始。最初，美军凭借夜战优势，利用夜暗掩护修建隔离墙。然而，迈赫迪军却利用白天埋设简易爆炸物、实施破坏，严重迟滞了美军行动。数日后，美军被迫冒着遭敌人狙击手射杀的危险昼夜连续施工。迈赫迪军狙击手实战经验丰富，严重威胁美军官兵的生命安全，给美军造成巨大震慑和心理压力，迟滞了隔离墙建设进度。双方展开激烈的狙击与反狙击较量。随着隔离墙不断拓展，迈赫迪军面临威胁日益严峻。迈赫迪军不惜一切代价阻止筑墙行动，宁可放弃有利地形、不惜暴露在美军火力打击之下主动出击、以弱击强，导致很多中层领导和大量武装人员被击毙，伤亡人数不断上升，抵抗能力日益减弱，逐渐丧失主动权。

在为争夺“黄金路”控制权持续激战的同时，美军实施“斩首”战术，信息战、心理战、空地精确打击与特战突袭相结合，重点打击迈赫迪军高层领导等高价值目标，有效起到震慑作用，瓦解其作战意志。与此同时，美军在“黄金路”以南地区展开重建和民事支援行动，保护民众安全、恢复社会秩序、重建基础设施、提供医疗服务，与迈赫迪军争夺民意支持。5 月 12 日，在损失了数百名武装人员、战斗力严重削弱的情况下，迈赫迪军领导人被迫宣布停火，伊安全部队于 20 日进入萨德尔城区，取得对城区的控制权。

第三阶段

美军乘胜追击，扩大战果，从东、西两个方向修建隔离墙，城北沟渠构成天然障碍，从而形成对萨德尔城区的全面封锁。随着迈赫迪军节节败退，当地平民逐渐摆脱其控制，开始向美伊联军靠近。美军利用当地民众提供的情报抓捕或击毙躲藏在萨德尔城内的迈赫迪军领导人，但是地面部队仍然不能进入萨德尔城区。美军白天沿街巡逻，支援当地重建，通过与民众广泛接触搜集情报，根据白天所获情报晚上实施搜捕。隔离墙建成后，美军第 68 装甲团第 1 合成营和第 2“斯特赖克”骑兵装甲团第 1 中队撤出作战地域，第 6 步兵团 1 营的重心转为执行维稳任务，与驻守巴格达的联军联合特种作战特遣部队以及伊军密切协调、共享情报。该营向各连下放指挥决策权，授权一线分队可根据当地民众提供的最新情报自主决策、临机行动。

图 41　美军第 2“斯特赖克”骑兵装甲团第 1 中队士兵正在登车

随着迈赫迪军的溃败，萨德尔城内的真主党旅成为美军面临的新威胁。真主党旅频繁使用威力更大的简易爆炸装置，给当地政府和民众造成严重伤害，并严重威胁美军安全。美军机步 4 师第 3 旅与其他各部以及伊安全部队密切协作、多措并举，截至 8 月基本挫败了真主党攻势，到 10 月萨德尔城形势基本稳定。此时，重建工作成为美军中心任务，美军力求通过社会重建和民事支援安抚拉拢当地民众，赢得民心。工兵部队掌握的军民通用技能在重建行动中发挥了重要作用。重建学校、医院、公园等公共设施的行动不但受到民众欢迎，而且有效遏制了迈赫迪军发射火箭弹的行动。迈赫迪军担心对上述场所发动袭击会伤及儿童和平民，丧失民意支持。美军富有成效的重建活动减少了暴力事件发生的频率，当地民众态度发生重大转变，开始向美军提供大量情报。与此同时，美军加紧训练伊军，提高其作战能力，逐步向伊方移交防务责任。2009 年 3 月底，美军全部撤出作战地域，伊军和警察部队独立承担萨德尔城安全责任。

图 42　美军在萨德尔城巡逻

（三）战例评析

混合作战是常规作战、非正规作战、反恐怖袭击和反武装叛乱等各种作战样式的融合。在混合作战中，军事与民事行动、政治与军事手段、硬实力与软实力综合运用，进攻、防御、稳定和民事支援等各种行动同步进行、迅速转换。在萨德尔城作战中，美军面临的威胁混合交织，有当地军事武装迈赫迪军、真主党等外国武装势力、各种犯罪集团，还有同情支持迈赫迪军、与美军为敌的当地民众。可以说，美军面临的是“难以明确的作战对象、似敌似友的民众和动态变化的作战环境”。交战双方既进行激烈攻防对抗，也展开拉拢民心的斗争，较量在物理和心理领域、有形和无形空间同步展开、交叉重叠，是一次典型的城市混合作战。

美军作战行动主要特点：

1. 多种手段交互并用，各种行动同步并行。城市混合作战不仅是军事的交锋，更是政治、经济等综合优势的较量。混合作战取胜的关键不仅是击败对手，更在于赢得民心。赢得民心的关键在于通过减少附带损伤、保护平民、提供基本服务和重建基础设施等举措获得民众好感，进而达到孤立对手、攻心夺志的目的。为此，美军充分利用“制夜权”“制信息权”“制空权”等综合制权和政治经济等综合优势，多措并举、多管齐下、同时发力，取得较好效果。

第一，利用“制夜权”同步展开多种行动，破、立并举。美军利用白天巡逻、化装侦察及与平民接触等手段获取情报，等夜幕降临后利用夜暗掩护和夜战优势采取突袭行动。在夜间行动中，空中与地面作战力量，常规与特种作战部队，美军与伊安全部队、当地警察密切配合，共同实施精确打击、特战突袭、武装巡逻、搜查与清剿、狙击与反狙击、城市重建及民事支援等多样化军事行动，通常在一个街区实施夜间突袭的同时，在另外一个街区入户走访调查，在第三个街区重建基础设施、提供民事支援。各任务部队具备执行混合作战任务的多种能力。例如，工兵部队也具备战斗技能，在利用夜暗掩护清除简易爆炸物、开辟通路、清理废墟和修建隔离墙的同时，还与敌人展开狙击与反狙击、伏击与反伏击的较量。

第二，利用“制信息权”实施舆论战和心理战，攻心夺志。美军针对迈赫迪军领导层实施心战宣传，明确告知美军已经掌握他们的身份和藏身位置，公布抓捕或猎杀计划，有效起到了震慑作用，加速了敌人抵抗意志瓦解和指挥体系瘫痪。此外，美军还利用媒体制权抢占舆论宣传先机和道义制高点，宣传迈赫迪军火箭弹袭击和简易爆炸物造成的平民伤亡和财产损失，特别是利用网络等新兴媒体传播袭击后果视频和图像，迅速扩大其负面影响，给对手造成巨大压力，有效抑制并减少了袭击行动，离间了迈赫迪军与当地民众的关系，削弱了迈赫迪军的控制力，动摇了其民意支持。

第三，利用政治经济优势采取有效的重建和民事支援行动，争取民心。美军在与迈赫迪军激烈交战之际，利用政治和经济上的综合优势，积极开展城市重建和民事支援行动，培训伊安全部队和警察，增强当地政府治理能力，提供资金和物资援助，确保当地民众生命和财产安全，提供医疗服务。工兵部队充分发挥军民通用技能，修复受损道路，清理垃圾，疏通河道，重建学校和医院，恢复城区供水供电，使平民生活重回正轨。美军一系列举措有效转变了当地民众态度，逐渐加强与美军接触，并提供有价值的情报。随着迈赫迪军不断溃败，越来越多的居民转向支持美军，有效解决了作战初期美军遭信息封锁、人力情报匮乏的难题。

第四，利用东道国部队妥善处理敏感目标，消除民怨。清真寺是迈赫迪军发动袭击的重要据点和庇护所，对此类敏感目标处理不当会产生严重后果。美军灵活采用杀伤和非杀伤行动，通过有效的联军行动和规范的技战术程序妥善处理敏感目标。对待清真寺等敏感目标，美军通常让伊安全部队和警察充当主力和先锋，由伊拉克人入寺搜查和清剿，美军负责外围封锁，并派狙击手在附近制高点警戒监视。这样做既可以避免触犯穆斯林宗教禁忌、消除民怨，也能够减少美军自身风险和伤亡，还可以在寺内敌人自外逃窜途中将其围捕或狙杀，确保不让一人漏网。实战证明，这种做法取得了较好效果。

2. 指挥重心下沉，指挥权限向下延伸。在城市混合作战中，威胁动态变化、形势瞬息万变、战机稍纵即逝，要求减少指挥环节、压缩指挥流程、下放指挥权限，要求前线指挥官根据战场形势变化临机决断、自主决策。针对上述特点，美军在作战中实施以指挥官为核心的任务式指挥，指挥重心不断下沉，更多采取分散决策，授予一线指挥官充分行动自由和自主决策权。

首先，空中作战力量指挥权下沉至旅一级。旅长无须通过上级有权直接向战役级空中侦察与打击平台（“捕食者”无人机）下达指令，还可以指挥2架陆军“影子”无人机、6架“阿帕奇”直升机以及固定翼近距离空中支援飞机等其他空中武器装备，直接对时敏目标实施打击，缩短了“决策—行动”周期。实战证明，空中作战力量指挥权限下沉至旅一级至关重要，可确保空中支援及时高效、成功捕捉稍纵即逝的战机、应对不断出现的新威胁。

图 43　MQ－1“捕食者”无人机（左）和 RQ－7B“影子”无人机（右）

其次，指挥通信链路直达战术末端，形成纵向贯通、横向互联的战场指控网络，实现上下级同步联动、左右邻自主协同。在此次作战中，美军利用先进的指挥信息系统和通信手段实现旅营连三级纵向一体联动、横向互联互通，各级之间共享情报信息，同步感知战场态势、定下作战决心，同级之间自主协同。旅长通过加密聊天软件和互联网协议路由器向营连指挥官下达加密信息和指令。直达战术末端的指挥通信链路增强了各级战场态势感知能力，指挥效能显著提高，为一线作战分队在城市混合作战环境中自主决策、自主协同和自适应提供了支撑。

图 44　美军持续监视及分发系统监视器

最后，敏感目标的处置权向战术末端延伸。在此次作战中，为减少附带损伤造成的负面影响，美军严格限制火力运用。但是，随着战场形势变化，美军在作战指挥中不断向下级下放指挥权限，强调分散决策、自主决策。尽管美军在作战中没有改变交战规则，但是对交战规则的解释和执行却不断调整，授予一线分队指挥官越来越多的指挥权，对时敏目标实施打击的决策权由营级下沉至连级。

3. 善于运用谋略，不断创新战法。鉴于城市混合作战的特点和要求，美军为避免伤亡而慎用武力，更注重与敌人斗智斗谋，在战法创新中谋求智取巧胜。

首先，釜底抽薪，迫敌就范。在此战中，美军地面部队行动严重受限，既不能越过“黄金路”进入城区，也不可能将萨德尔城区内240万居民全部撤出再采取行动。然而，迈赫迪军却可以自由穿越“黄金路”并以民用设施为掩护发动袭击。面对这一困境，美军逆向思维、反常用兵，通过修建隔离墙吸引敌人主动来犯，进而为歼敌有生力量创造战机。修建隔离墙将迈赫迪军封锁孤立在“黄金路”以北城区内，这一举措不仅切断了迈赫迪军赖以生存的经济来源和关键物资补给，也切断了其与当地民众的联系，对其造成致命打击，达到釜底抽薪、迫敌就范的效果。为保护生命线安全、避免陷入孤立无援绝境，迈赫迪军被迫放弃有利地形，不顾一切阻止美军筑墙行动，甚至不惜暴露在美军火力打击之下，在美军选择的时间和地点与美军交战，从而由主动陷入被动，进而被大量歼灭。

图 45　美军修建倒 T 形墙

其次，欲擒故纵，顺藤摸瓜。在此战中，迈赫迪军频繁的火箭弹袭击是美军面对的头号威胁。美军在实战中不断摸索和创新对付敌人火箭弹小组的战法，从最初“发现即打击”逐步演进为“发现、锁定、跟踪、监视、等待高价值目标出现后再实施精确打击”。从“发现到打击”全过程保持战术耐性，“捕食者”无人机等空中作战平台发现敌人火箭弹小组及发射车辆后并不立刻进行打击，而是对锁定目标持续跟踪监视，尾随其到达指挥所或基地后再实施打击。这种欲擒故纵的做法不仅能够消灭火箭弹小组等低价值目标，还可以顺藤摸瓜，一举发现并消灭高价值目标或瘫痪敌人指挥体系和力量网络。

图 46　美军空中武器组击毙武装分子火箭弹发射组

4. 坚持情报为先，构建多维立体情报网。城市混合作战面临的环境复杂、威胁动态变化，能否获得高价值第一手情报至关重要，准确的情报网是定下决心并采取行动的前提和关键。此次作战美军全过程坚持情报先行，克服各种不利条件为决策和行动提供有力情报支撑。作战初期，迈赫迪军严控当地平民、严密封锁情报，伊政府禁止美军地面部队越过“黄金路”进入城区，导致美军情报严重匮乏。面对困境，美军积极应对，坚持技术与人力情报并重，构设多维立体侦察情报网，全程全域侦察获取动态目标信息，有效解决了情报难题。

首先，利用先进技术手段，构建空地一体的立体情报网。在此次作战中，美军空中侦察情报手段先进，具备较强的情报搜集、分析和处理能力。旅战术行动中心可以直接指挥空军“捕食者”和陆军“影子”“乌鸦”等多型无人机，分空域、分时段实施持续侦察、跟踪和监视，此外还可获得上级通过卫星和“全球鹰”无人机提供的战略和战役级情报信息，构成高中低空相贯通、远中近程相衔接、战略与战术级相融合的立体情报网。战术行动中心参谋人员可整编融合多源情报并分发给前线连级战斗分队。

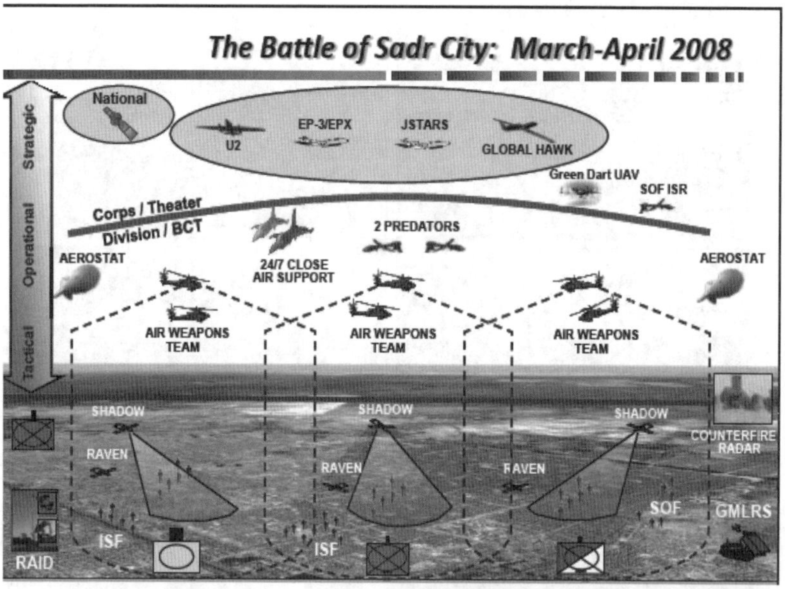

图 47　萨德尔城作战行动中使用的情报监视侦察及打击装备

其次，厚植情报资源，广布人力情报网。美军派出特战小组实施秘密抵近侦察和化装侦察，同时与伊军警密切合作，通过伊拉克人牵线搭桥拉拢，收买当地部族酋长，厚植情报资源，建立人力情报网。此外，美军利用各种渠道与当地民众广泛接触，通过提供保护、资金援助、市政重建等各种手段收买人心、发展线人，广布人力情报网。

美军作战行动存在的主要问题：

1. 战场情报信息链路不能贯通战术末端，导致行动迟缓、错失战机、风险增加。作战中很多时敏目标稍纵即逝，实施打击的最佳窗口期十分短暂。为有效捕捉战机，各连必须在 30 分钟内发起排规模突袭行动。这就要求各连级分队接入以战术级保密互联网协议路由器网络为支撑的数字化加密通信系统，直接获取相关情报信息并作为行动依据。然而，这种能力只能延伸至营级，并未贯通连以下战术末端。作战一线的连以下分队对于动态情报的需求最为迫切，但是自身不能直接获得无人机传回的实时情报，必须向上级申请急需的目标信息。而且营战术行动中心只能以语音形式将无人机拍摄的录像和照片等情报推送给各连。这不仅延长了从获取情报到分发至用户的时间，降低了时效性，而且情报信息的完整性和准确性在流转过程中丧失，导致作战行动迟缓、错失战机，增加了一线部队暴露的风险。

2. 数据分析和处理能力不足，情报信息不能实时流转。作战行动要实现精确控制，仅拥有大量数据远远不够，还需要基于数据挖掘的信息提取和合理呈现。尽管机步 4 师第 3 旅能够通过多种渠道获得海量数据，但是数据分析和处理能力严重不足，大量情报信息不能实时流转、没有发挥应有作用，暴露出整编融合情报能力不足、动态掌控作战态势能力不足、基于数据的决策指挥能力不足和基于数据实时评估作战效果能力不足等问题。在作战过程中，各种侦察情报平台源源不断传回大量数据，需要专业人员 24 小时不间断进行跟踪监视，才能从海量数据中提取有价值的信息。但是，该旅并没有足够的专业人员进行实时跟踪和监控，且缺乏航空图片判读经验和能力，数据分析和处理能力严重不足，很多重要敏感信息白白流失，未能发挥应有作用。该旅旅长回忆，尽管无人机视频和图像提供了大量重要信息，但是如果不能进行实时监控和评估，这些信息就毫无用处。因此，该旅不得不从其他岗位抽调专业力量加强数据分析和处理，请富有图像判读经验的空军专业人员分析和处理大量模糊不清的图像资料。此外，此次作战中上级加强给该旅的无人机等空中侦察平台超过了该旅的实际控制能力，很多装备未能发挥应有作用。尽管该旅作战行动中心超负荷运转，但仍有大量数据信息拥堵，未能及时流转。

第二部分
山地作战战例

一、折戟戈瓦德什山谷

（一）战例概要

2006年6月，美军一支精锐小分队在阿富汗东北部戈瓦德什山与反美武装展开激战。这次战斗暴露出美军在阿富汗山区作战存在的问题以及面临的严峻挑战。有些问题和挑战延续至今，并将继续影响美军未来的作战行动。这次战斗也从一个侧面揭示出“大国为何打不赢小战”的原因。

（二）作战背景及经过

2006年6月，为巩固阿富汗东北部山区的战果、稳定当地局势，加快向重建阶段过渡，美军第76联军联合特遣部队将部分兵力配属给第10山地师第3旅第71骑兵团第3中队，组建“提坦”特遣部队，执行代号为“戈瓦德什穿插”的作战行动。行动开始前，为探明敌情，特遣部队派遣一支代号为“猎杀小组”的精锐小分队深入山区，实施侦察监视任务。小分队共16人，均是实战经验丰富、技战术娴熟的士官，由上士坎宁安和蒙蒂领导。小组的任务是在2610高地附近建立观察所，监视目标区域，当特遣部队进入山谷时引导炮兵火力打击和近距离空中支援，阻止敌人经山谷逃窜。

战斗经过

第一阶段：进驻

“猎杀小组”于6月18日清晨出发。当地山势险峻，海拔陡增，他们用了3天时间在戈瓦德什山上艰难行进。小组在行进途中以及到达指定地点后发现了人员活动的痕迹，因此怀疑行动的突然性已经丧失。但是观察所位置极佳，便于观察、隐蔽和伪装，是执行任务的理想地点，于是小组决定留下来驻守。21日拂晓，小组获悉特遣部队的穿插行动被大量路边炸弹所阻，被迫推迟3天，这意味着小组的后勤补给将中断。后方指挥所经过权衡决定让“猎杀小组”继续驻守，同时为其提供火力支援和空投补给。由于急需饮水，小组冒着被敌人发现的危险请求指挥所空投补给物资。21日08:00，运送补给的“黑鹰”直升机从疑似敌占区上空飞过，直抵小组上空投下补给物资。在此期间，一名队员发现远处一个阿富汗人用望远镜观望。

图 48　美军猎杀小组及反美武装阵地图

第二阶段：交火

面对阵地可能已经暴露的危险，坎宁安和蒙蒂需要做出是走还是留的艰难决定。他们通过无线电向指挥所汇报了情况，接到的命令是继续驻守。18:45，在没有任何征兆和防备的情况下“猎杀小组”遭到突袭。敌人装备精良，人数众多，组织严密。经过最初的震惊和慌乱，训练有素的“猎杀小组”开始组织反击。开战后不久一名队员阵亡，另有两名队员受伤，其中一人伤势严重。小组依托有利地形迅速调整为紧凑防御阵形，同时呼叫火力支援。然而，险要的山地地形严重影响了火力打击效果，而且小组被敌人强大火力所压制，难以向指挥所提供准确信息。尽管如此蒙蒂仍设法与炮兵保持联系，引导火力打击。敌人的兵力和火力远超美军预期，只有得到更强大的火力支援才能扭转危局。激战中蒙蒂发现一名伤员躺在距自己 60 英尺远的空地上，随时可能被流弹击中。为营救战友，蒙蒂不顾个人安危穿越火力区，结果被火箭弹击中身亡。小组顽强抵抗、坚守阵地，这时美军一架 B－1 轰炸机飞临敌人上空，投下大量联合直接攻击弹药，同时美军地面炮火也锁定敌人目标实施急袭射击。在美军强大的空中和地面联合火力打击下，反美武装撤出战斗。

图 49　美导猎杀小组与阿富汗反美武装在戈瓦德什山交战过程中的机动路线图

第三阶段：撤离

战斗刚结束，美军一架进行医疗救援的“黑鹰”直升机飞抵观察所上空撤离伤员。在撤离过程中，因缺乏协同和技术故障导致两名队员从几百英尺的空中直接摔到地面，当场死亡。指挥所随即改变了在深夜用直升机撤离的决定，“猎杀小组”于 22 日清晨在空中警戒和火力掩护下徒步下山，当天入夜前回到基地。美军在战后总结中称，这是一次没有胜利的战斗。

（三）战例评析

戈瓦德什之战是美军在阿富汗山地作战的一个缩影，已被美军作为典型战例供前线指挥官学习研究。在此次战斗中，美军既有可取之处，也有折戟失利的教训，反美武装的表现更是可圈可点。

1. 美军的可取之处

一是战斗意志顽强。“猎杀小组”在遭遇突袭情况下能够以寡敌众、沉着迎战、坚守阵地。作为小组的领导，蒙蒂在敌人强大火力打击下沉着镇定，坚持用无线电引导火力打击。火力支援协调员战后回忆，尽管战势十分危急，但是蒙蒂的声音“非常镇静、清晰”，准确地提供了目标坐标并主动提出火力打击要延伸至距小组 200～300 米的危险区。激战中，蒙蒂为营救战友而牺牲。蒙蒂的表现鼓舞了整个团队，他们拼死抵抗，顽强抗击数倍于己的敌人，用行动诠释了美陆军的士兵信条“任务第一、永不言败、永不放弃、永不抛弃倒下的战友”。蒙蒂因在战斗中表现出色，战后被追授“荣誉奖章”并晋升为三级军士长。

二是技战术水平高。在突如其来的袭击面前，美军平时高水平的实战化训练和官兵过硬的技战术素养开始发挥作用。小组立即从最初的震惊中恢复过来，迅速调整为紧凑阵型，密切协同，组织起有效反击，引导空地联合火力对敌人实施打击。强大的地空火力支援是此次战斗击退敌人、守住阵地的关键。在地势险要的山区和激烈的战斗中，美军的前线和后方仍然能够保持联系，班排级指挥官能够有效引导并组织空地联合火力打击，关键时刻空军的 B－1 战略轰炸机准确投下重磅炸弹，成为一锤定音的重锤。这些反映出美军的联合作战能力已经向下延伸至连排级战术分队。战斗中，反美武装一度试图从两翼迂回包抄美军阵地。危急时刻，实战经验丰富的“猎杀小组”沉着应战，凭借过硬的技战术素养击退了从两翼迂回过来的敌人，确保了阵地翼侧安全。坎宁安战后回忆：“每个试图从小路包抄上来的家伙都被放倒。”

2. 美军失利的原因

此次战斗，美军精锐的“猎杀小组”4 人阵亡，阵亡率达 25%。“猎杀小组”因行踪暴露而被迫撤离，没有能够完成监视警戒任务，行动以失败告终。行动的失利有多种原因。

一是存在麻痹轻敌思想。主要表现为战前准备不充分、情报判断接连失误、后方指挥所忽视前线敌情通报等。整个行动建立在对敌情缺乏了解并低估敌人实力的基础上。特遣部队指挥官根据不准确的情报断定敌人最可能采取的行动只是观察监视，没有能力向美军进攻。尽管“猎杀小组”的任务区属于山势陡峭、险象环生的绝地，但是行动前拟制的两套撤离方案都建立在“不能确定的情况”的基础上。坎宁安战后回忆，尽管出发前任务很明确但是成功的前景并不明朗，“总感到有些不对劲”。此外，因空投补给而位置暴露后，“猎杀小组”及时向指挥所报告了情况，然而指挥官仍固守先入为主的轻敌思想而忽视了前线的报告和处境，判定敌人没有能力发动直接攻击。错误的情报导致错误的判断，错误的判断导致错误的决定，错误的决定导致行动失利。而这一系列错误的根源在于思想上麻痹轻敌。战后“猎杀小组”的中士林尼安将此次行动的教训归结为“满招损”。坎宁安总结的教训是，敌人飘忽不定、异常危险甚至超乎想象，必须“提高警惕”。特遣部队情报官博考夫上尉的战后总结称：“作为一支部队，我们很显然低估了敌人的实力，这次战斗教育我们敌人是富有经验、组织严密、伺机而战的战士。”

尽管认识很深刻，但自恃不可战胜的美军却难以摆脱轻敌思想和“胜利病”诱惑。两年后悲剧重演，接替“提坦”特遣部队驻守的美军难以忍受无仗可打的消磨，认为敌人发动有组织进攻的可能性微乎其微，称“最大的敌人是无聊”。结果，2008 年 9 月 11 日美军又一次在没有防备的情况下遭遇猛烈攻击，激战持续两个多小时，最后依靠“阿帕奇”直升机和 A－10 攻击机强大的火力支援才击退敌人，战斗中一名美军士兵阵亡。

二是战斗部队与非战斗部队协同不顺畅。战斗部队与执行后勤补给和医疗救援等任务的非战斗部队的关系通常称为“牙尾关系”。两者协同顺畅、配合默契可使战斗力倍增，反之则会自伤其身。在此次行动中，两次糟糕的协同是导致行动失利的重要原因。第一次是空中补给。为避免“猎杀小组”暴露，运送补给的“黑鹰”直升机原计划从相反方向飞抵距观察所几百米外的着陆区。然而，执行任务时直升机却偏离既定路线，在能见度极佳的中午时分径直从敌占区上空飞过，直接飞抵观察所上空投下补给物资。在此过程中，“猎杀小组”无法与直升机驾驶员取得联系，只能眼睁睁看着直升机朝头顶飞来。战后美军认为正是这次补给行动让敌人获知“猎杀小组”的准确位置进而组织起大规模进攻。第二次是医疗撤离。执行撤离任务的直升机没有能够与地面上的“猎杀小组”进行有效协调和沟通，导致一名伤员和一名随队医生从几百英尺的空中直接摔落地面死亡。这一事故直接导致指挥所改变撤离方式，迫使已经筋疲力尽的官兵不得不在有敌情威胁的情况下沿陡峭山路徒步撤离。值得一提的是，此类事故并非偶然。就在此次行动的几星期前，美军刚发生过一起类似事故。一架执行撤离任务的“支奴干”直升机在夜间因地空协同不畅而坠毁，机上十名官兵死亡，其中包括一名中校指挥官。此类事故一再发生，暴露出美军战斗部队与非战斗部队之间的协同存在问题。

三是战前针对性训练不足。尽管美军以严格逼真的实战化训练著称，但此次行动却暴露出战前针对性训练不足的问题。在平时训练中习惯于驾驶步战车和直升机实施快速机动的“提坦”特遣部队在阿富汗山地遇到了超乎想象的困难，快速机动优势难以发挥，大部分山路只能艰难地徒步行军。险峻的山地地形导致后勤补给异常困难，食品和饮水严重短缺。这一难题困扰着从班到师的各级作战部队，严重影响了部队的作战行动。而“猎杀小组”在战前却没有接受过补给严重匮乏情况下的山地战训练，官兵对这种困难缺乏思想准备。前进途中，“猎杀小组”每人背负50磅的战斗装具长时间在陡峭山路上攀行消耗了大量体力和物资，到达阵地时食品饮水就已经用尽。战后“提坦”特遣部队官兵接受采访时表示：战前没有人告诉他们将在高海拔山地打一场越战式的战争。此外，美军平时训练所遵循的基本战术原则没有充分考虑到险要山地等极端地形条件，导致火力打击效果在山地战中大打折扣。

3. 反美武装的表现可圈可点

美军行动失利既是自身失误酿成的，也是经验丰富、战术灵活的对手造成的。反美武装在战斗中充分展示了高技术战争中弱势一方如何有效利用天时、地利、人和优势及巧用战术实现以弱胜强。一是在情报战中赢得先机，营造未战先胜之势。反美武装充分利用美军骄傲轻敌心理，故意示弱并有效隐藏了实力，导致美军指挥官判断失误，认定对手没有能力攻击美军。在隐藏实力、故意示弱的同时，反美武装实施了有效的情报封锁，导致美军对实际情况知之甚少。美军行动就是在缺乏准确情报、敌情不明的情况下展开的，依据很少且不准确的情报陷入“战争迷雾”。相反，反美武装充分利用地形优势和民众基础广布情报网，对美军的行动了如指掌。兵马未动，情报先行。有效的情报战使战场形势单向透明，反美武装获得先机，未战先胜。

二是战术灵活机动。“善攻者，动于九天之上；善守者，藏于九地之下。”反美武装的山地伏击战发起突然、攻势猛烈，令美军措手不及；反美武装人数众多且装备精良，竟然能躲过美军先进的侦察监视装备而不被发现，连美军都觉得难以相信。纵观整个战斗，反美武装能打善藏、飘忽不定，做到了“迅疾如风、侵略如火、难知如阴、动如雷震”。战前，反美武装充分利用有利地形隐蔽伪装，同时密切监视对手，在以逸待劳、充分准备的基础上找准时机以迅雷不及掩耳之势向美军发起猛攻。在战斗中，反美武装严密组织、重锤猛击，兵力与火力相协同，正面牵制与两翼迂回相结合，展示出灵活机动的山地游击战术和丰富的实战经验，被美军称为“相当聪明的家伙”，让精锐的“猎杀小组”经历了进入阿富汗以来最严峻的考验。面对美军强大的空地火力打击，反美武装采取“打得赢就打、打不赢就走”的方法，以动如脱兔之势迅速撤出战斗。战后，反美武装迅速打扫战场，不给美军留下任何蛛丝马迹，以至于美军战后清理战场时没有发现一具敌人尸体。

这次战斗美军既败给自身失误，也败给对手狡黠，更败给民心民意。战前美军最大的问题是缺乏情报，其根源在于缺少民众支持。深入阿富汗山区的美军所见皆是冰冷的眼神和冷漠的表情，敌人无处寻觅却又似乎无处不在，以致产生“重拳打空气”、有劲使不上的感觉。比深入崇山峻岭更难的是深入人的内心，先进的侦察监视技术纵然可以“点亮”战场，却无法“照亮”人心。然而，赢得人心正是在阿富汗赢得战斗和战争胜利的关键，否则美军只能续写折戟戈瓦德什的故事。

二、鏖战萨瓦特罗萨

（一）战例概要

萨瓦特罗萨之战是美军在阿富汗山区为数不多的一次成功的伏击战斗，已成为美军前线指挥官研究山地伏击战的经典战例。山高林密的阿富汗山区对于当地反美武装来说轻车熟路，对于美军却十分陌生。美军能够在陌生地域、复杂地形和夜间视线不良条件下反客为主、逆势取胜，其成功之道值得研究。

（二）作战背景及经过

位于阿富汗东部库纳尔省的科雷戈尔山山高林密、地形复杂、交通不便，当地居民几乎与世隔绝。复杂的自然和人文环境相互交织，使科雷戈尔山谷成为塔利班活动最频繁的地区之一，被称为“死亡山谷”，2005—2010年共有35名美军阵亡于此。为改变这种状况，美军计划对盘踞于此的塔利班实施清剿，并将目标锁定在山谷一侧的萨瓦特罗萨山脊。塔利班武装经常盘踞在此，依托有利地形袭扰附近的美军和联军哨所。为探明敌人的确切位置、寻找敌人武器藏匿点并破坏敌人夜间行动，美军第1步兵师第3旅26步兵团1营B连2排奉命前往萨瓦特罗萨山脊执行巡逻和清剿任务。

战斗经过

执行此次任务的第2排排长史密斯中尉毕业于游骑兵学校，刚刚到任一周。为出色完成在阿的首次作战任务，史密斯做了充分准备。全排装备了由美军非对称战中心提供的各种新型武器。这些武器重量更轻，便于携带，适于山地作战。

2009年4月10日11:30，第2排从科雷戈尔哨所出发。史密斯率全排沿陡峭山路艰难行进，沿途搜索武器藏匿点，途中当地居民不断向塔利班通风报信。出人意料的是，由于山高林密，跟踪美军的塔利班“线人”竟然与美军走散了，并误认为美军已经返回哨所。巡逻途中，美军在通往萨瓦特罗萨山顶的小路上发现人员活动的大量痕迹。史密斯判断是敌人而非友军留下的痕迹，并通过无线电台向连长豪威尔报告了情况。史密斯根据新线索临机调整巡逻计划，重新选择巡逻基地。美军到达新位置后按既定方案迅速展开，构筑工事，进入各自战位，沿9点、3点和6点钟方向建

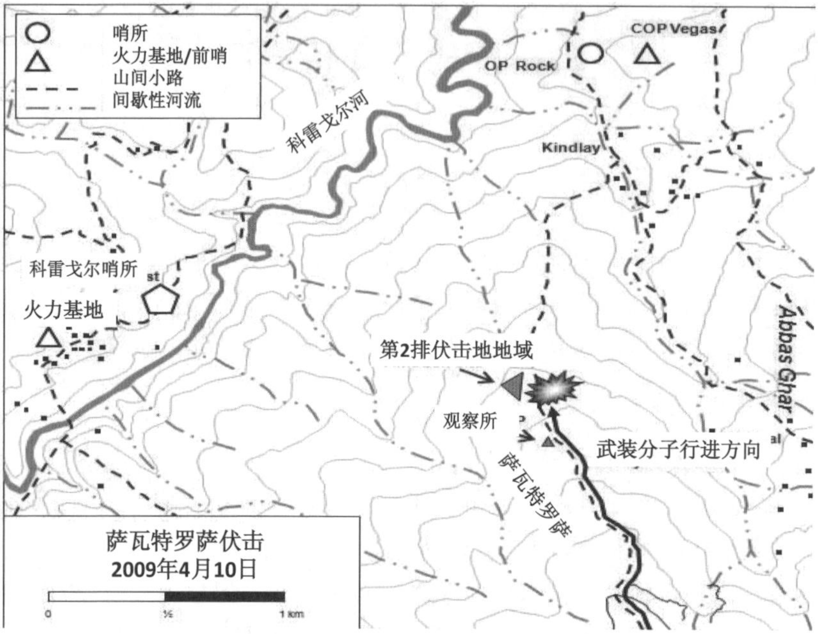

图 50　萨瓦特罗萨作战地域地形图

图 51　第 2 排行进在山间小路上

立三角形巡逻基地。史密斯带领侦察组选择有利地形建立观察/监听所。观察/监听所距山顶约 75 米，距巡逻基地 80～100 米。19：25，观察/监听所内的李斯中士发现从山顶下来一伙武装人员，沿山间小路向北移动，李斯立刻用无线电向史密斯报告了情况。史密斯根据敌情果断调整兵力部署，重点加强9点到3点之间的部署，将三角形巡逻基地临机调整为线式伏击阵地。

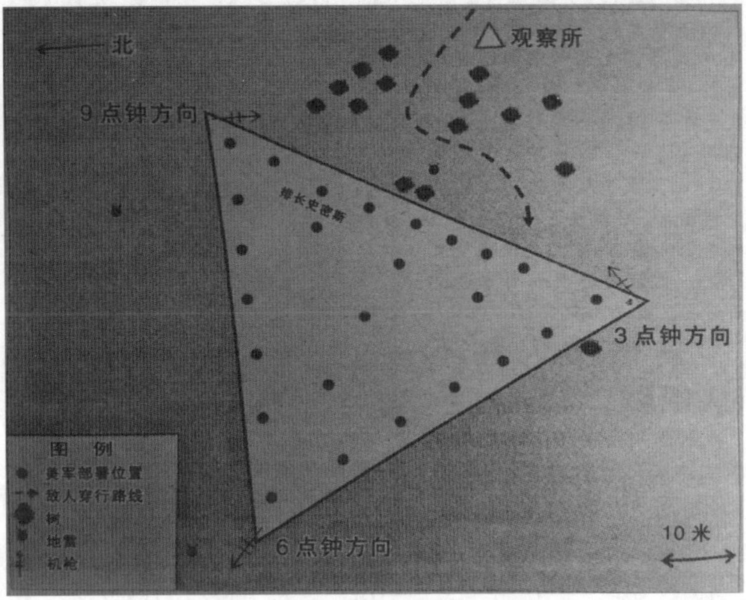

图52　萨瓦特罗萨美军伏击阵地图

随着敌人逐渐走进伏击阵地，美军发现此前从未在如此近的距离遇到这么多敌人。正当史密斯准备拉响地雷时，他身旁的一名机枪手不小心发出声响，引起敌人警觉。为避免暴露，史密斯果断下令开火。迅猛的突然袭击令塔利班武装措手不及，短短10分钟内就有多人毙命。战斗打响后，科雷戈尔哨所内的豪威尔连长立即呼叫空中支援。大约20分钟后两架F－15战机飞临战场上空，豪威尔引导F－15飞行员对前来增援的敌人实施空中火力打击。激战中，一些幸存的塔利班武装分子试图逃跑。这时两架“阿帕奇”武装直升机组成的空中火力组到达战场并加入战斗。“阿帕奇”直升机装有适于夜间搜索目标的热成像仪，在史密斯的引导下成功定位并消灭3名躲进山洞的塔利班武装分子。21:00左右，美军通过热成像仪发现一名塔利班武装人员从山顶走下来，随即呼叫空中支援。地面步兵使用远程红外激光指示器为“阿帕奇”直升机指示目标，随后“阿帕奇”实施空中精确火力打击，一举将其击毙。

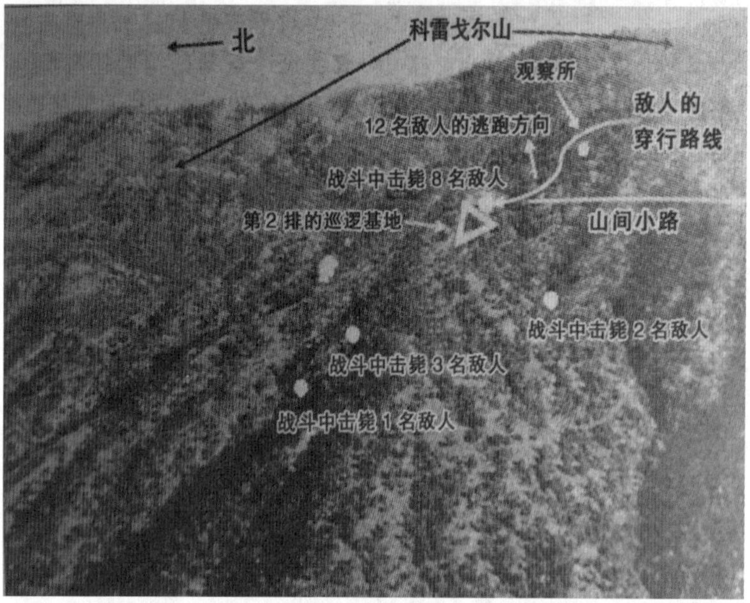

图53　萨瓦特罗萨作战经过图

战后，美军清理战场时共发现15具敌人的尸体，并收缴了大量武器和通信设备。美军在此次战斗中仅有两人受轻伤。由于行踪已经暴露，美军决定撤离巡逻基地，返回科雷戈尔哨所。为避免遭塔利班报复，美军选择在黑夜徒步沿崎岖山路撤离，同时由“阿帕奇”直升机提供空中警戒和掩护。经过12个小时艰难跋涉，美军终于平安回到哨所。

（三）战例评析

萨瓦特罗萨之战是美军在阿富汗山区最为成功的一次伏击战斗。这次战斗成功主要得益于以下因素。第一，战前精心准备，不打无把握之仗。此次战斗是新任排长史密斯带领全排在陌生地域和复杂地形条件下首次执行作战任务，面临诸多困难和不确定因素。史密斯不畏困难，带领全排进行了充分的战前准备，最大限度减少了不确定性，是取得战斗胜利的重要前提。战前准备主要表现在五个方面。一是认真研究了阿富汗山区反叛乱作战的各种战术指南，以及苏联在阿富汗的战术行动并从中吸取经验教训。此外，史密斯带领全排学习《游骑兵手册》所强调的山地战战术原则并在战前反复训练。二是在行动开始前史密斯同连执行官一起进行了先期实地勘察，通过勘察熟悉了地形，探明了行动路线，完善了行动计划，计算出行军时间、路程和携行量等关键要素。三是官兵之间深入交流，反复探讨行动方案、行动路线，研究当地的民情、社情和潜在威胁。四是设想了行动中可能会遇到的各种场景和突发事件，并反复进行针对性战前训练。五是针对官兵缺少在阿富汗山地构筑巡逻基地经验的现状，史密斯带领全排反复演练如何在险要山地构筑三角形巡逻基地以及迅速进行阵型变换。实战证明，上述准备在后来的战斗中发挥了重要作用。

图 54　美军巡逻途中

第二，指挥官展示出卓越的领导力。卓越的领导力是美军取得胜利的关键因素，表现在四个方面：一是与下属建立高度互信，构建有凝聚力的团队。史密斯尽管刚刚到任，但是能够很快进入状态、与士兵打成一片，平时关心下属、尊重士兵意见，训练中身先士卒、率先垂范，建立起官兵互信的良好氛围，增强了团队凝聚力。二是在执行任务中积极主动、敢于担当。出发前连长给史密斯下达的任务只是执行一次巡逻清剿行动，并没有指定巡逻基地的具体位置，也没有赋予伏击任务。在行动中，巡逻基地位置的确定以及后来的调整都是史密斯根据上级意图和任务需求并在熟悉地形基础上灵活机动、主动作为的结果。此次行动由最初的巡逻清剿任务演变成后来的伏击战斗更体现出一线指挥官的积极主动和勇于担当。三是在行动中展示出高度灵活性和适应能力。按照美军标准作业程序，在阿富汗山区一般都是白天设伏，夜间撤离，主要是基于对部队安全的考虑。然而，史密斯在行动中却能够根据实际情况灵活处置，背离标准作业程序实施昼夜连续设伏，成为成功伏击塔利班武装的一个重要因素。巡逻途中，史密斯根据新的线索果断调整，重新选定新的基地。到达新的巡逻基地后，按照原计划美军的任务是在基地内监控通往山顶的山间小路。然而，大量敌人却不期而至。针对新出现的敌情威胁和敌人行进方向，史密斯临机调整兵力配置，将三角形巡逻基地变为线式伏击阵地，将巡逻清剿行动迅速转换为伏击战斗，从而确保了有效杀伤和大量歼敌。李斯中士战后回忆：“任何因素都会导致作战行动随时改变……只有简单处理、运用直觉才能立于不败之地。”四是周密计划，谨慎行事。战前史密斯进行了精心准备，对敌情、地形、民情和社情等进行了细致考察，反复研究了行动路线、方案和突发事件处理等问题，并带领全排进行针对性训练。在撤离阶段，为了安全起见，史密斯坚持在夜间撤离，带领全排克服困难，在直升机空中掩护下安全撤回哨所，确保无人员伤亡。

第三，官兵技战术素质高，富有团队精神。过硬的技战术水平、密切的团队合作和严明的战场纪律是美军取得成功的重要因素。一是单兵技战术素养过硬，团队精神强。抵达新巡逻基地后，全排官兵根据计划迅速展开，分工明确，忙而不乱，表现出在充分准备基础上过硬的单兵素质和团队协作精神。通信兵运用 GPS 系统沿美军设伏的山间小路每隔 20 米确定一个坐标点。实战证明，这项工作十分重要，为后来战斗中的目标定位和精确火力打击提供了精确的经纬度坐标。二是先进技术装备与高素质官兵有机结合，实现了战场“单向透明”。山高林密的阿富汗山区对于土生土长的塔利班武装来说轻车熟路，对于美军却十分陌生。美军之所以能够在陌生地域、复杂地形和夜间不良视线条件下反客为主、成功伏击，得益于高素质官兵与先进技术装备有机结合。在此次战斗中，美军官兵都配备并能够熟练使用先进的夜视器材，有效解决了夜间作战的可视化问题，将对手留在了黑暗之中，实现了对敌作战的非对称优势。同时美军连、排级分队还配备了先进的远程红外激光指示器，在激战中地面步兵能够熟练使用这些器材指示目标，引导空中火力打击。三是纪律严明，高度互信。面对近在咫尺的敌人，潜伏的美军士兵能够做到严守纪律、听从命令、引而不发，确保伏击战斗达成了突然性。史密斯战后回忆：“如果不是他们严守纪律、相互信任，战斗的结果可能会大不相同。”四是灵活机动、突破常规。在此次战斗中，美军打破常规，并没有完全遵守《游骑兵手册》和步兵条令所规定的伏击战原则、样式及流程，而是践墨随敌、因敌施变，确保了大量歼敌，做到了因敌制胜。此外，在夜间能见度差和敌我相互交织的近距离战斗中，美军充分使用暗语和口令进行协同和联络，有效避免了激战中误伤己方人员。

第四，战斗中充分贯彻联合作战理念。此次战斗反映出美军空地一体联合作战能力已经延伸到连、排级战术分队。美军连、排指挥官可以呼叫并引导空军和陆航进行空中支援，各类支援飞机能够在第一时间抵达战场并加入战斗。空军飞行员和地面步兵能够实现空地通联、密切协同，空军战机与陆航直升机形成高低空搭配、远近程衔接。战斗打响约 20 分钟后，空军两架 F－15 战机就飞抵战场上空，并在地面步兵引导下对敌人增援力量实施了有效的空中火力打击。如果说 F－15 战机是歼灭敌人有生力量的“重锤”，那么“阿帕奇”直升机则是精确追歼残敌的“手术刀”。在此次战斗中，“阿帕奇”直升机装配有适于进行夜间搜索的热成像仪，在地面步兵红外激光指示器引导下，对隐藏在山洞内和岩石后的敌人实施精确打击和定点清除，确保不让一人漏网。空中火力打击结束后，地面步兵第一时间到达现场，对打击效果进行战损评估，实现了“侦察—打击—评估”的无缝链接。在撤离阶段，“阿帕奇”直升机为地面部队提供了有力的空中掩护和警戒。此外，战斗部队与非战斗部队也能够密切协同，战斗结束后执行医疗救援任务的黑鹰直升机及时对两名轻伤员进行了撤离。

另一方面，美军在此次战斗中也暴露出难以克服的问题。由于兵力不足和缺乏情报等因素，有 12 名塔利班武装分子在此次战斗中成功逃脱，美军没有能够实现全歼敌人的目的。问题的关键在于缺乏情报，缺乏情报的根源在于缺少当地民众支持。行动开始前和整个行动中，情报始终是困扰美军的头等难题。与之形成鲜明对比的是，美军哨所周围布满了塔利班的“线人”，美军的一举一动都在敌人掌握之中。兵马未动，美军已经在情报战中先输一局。在巡逻途中，美军的行踪被当地居民看在眼里、记在心上，不断报告给塔利班。美军此次伏击的成功有很大的偶然因素，即跟踪美军的塔利班“线人”意外地与美军走散并误认为美军已返回哨所。从一定意义上讲，美军的成功是敌人的失误造成的。然而，一般来说，在各种威胁混合交织的复杂战场上，如果缺少民意支持、不能赢得民心，那么即使装备再先进、实力再强大，也是一支处于黑暗之中的孤军，没有民众支持的孤军注定孤掌难鸣、难以取胜。

此次战斗是美军在阿富汗山区为数不多的一次成功的伏击战斗。美军能够在对手占有地形和人脉优势的情况下反客为主、逆势取胜，再次证明战场的主动权并非一成不变，而是事在人为，关键在于人的主动性的发挥。这种主动性既体现为战前的充分准备，也体现为战场上的随机应变、临机决断、因敌制胜，更体现为平时在战斗力建设和实战化训练日复一日的寂寞长跑中的执着坚守和主动作为。唯有如此，才能在战场上最大限度驾驭战争的不确定性、克服战场上的“摩擦和阻力”，把战争的确定性留给自己，把战争的不确定性留给敌人，最终走上“战胜不复，而应形于无穷”的制胜之道。

三、“水牛行动”

（一）战例概要

“水牛行动”是美军“斯特赖克”部队抵达阿富汗战场后进行的首战。作为美军数字化合成营的代表，美军第2步兵师第5“斯特赖克”旅战斗队第17步兵团1营装备先进且有盟军配合，然而却屡遭塔利班袭击，损失惨重。其作战失利的原因是多方面的，其中不乏美军深陷阿富汗战争泥潭多年的共性原因，可谓教训深刻。反观其对手，面对强敌，塔利班充分准备并认真研究美军特点，熟练运用非对称手段，采用灵活机动战术，频频主动出击并成功重创美军，呈现以低技术抵消高技术、以非对称手段制衡强敌的成功范例。

（二）作战背景及经过

美国陆军第2步兵师第5“斯特赖克”旅战斗队第17步兵团1营是首支进驻阿富汗战场的“斯特赖克”部队。该营总员额为750人，共辖4个连。其中3个是步枪连，每连配14辆“斯特赖克”装甲车、1个机动火炮排、1个60毫米迫击炮班和1个狙击组。营部及营部连辖1个侦察排、1个火力支援排、1个迫击炮排（配4门81毫米迫击炮）、1个狙击班和1个医疗排。

2009年8月，该营抵达阿富汗，任务是确保通往阿富汗南部重要城市坎大哈的通道安全，这条通道连接阿罕德伯河谷和沙瓦赫里考特山区。8月7日，该营进驻坎大哈机场以北约48千米处的前沿作战基地“弗兰”。刚刚到达，该营就接到新任务，奉命实施“水牛行动”，为即将举行的阿富汗总统大选提供安保。

该营任务区内地形复杂，西北和西南以山地和沙漠为主，东部阿罕德伯河沿岸地区植被茂密，遍布大量果园，其间有很多水渠和土墙纵横交错。美军将植被茂密的阿罕德伯河谷地区称为“绿区”。任务区内只有一条通行条件良好的等级公路，代号“熊路”。“熊路”自东北向西南直通坎大哈市，将坎大哈与前沿作战基地“弗兰”连接起来。此外，阿罕德伯河西侧还有一条与“熊路”平行的土道，代号“红狗路”。这两条路在前沿作战基地“弗兰”以南8000米处交会。道路沿线遍布塔利班布设的简易

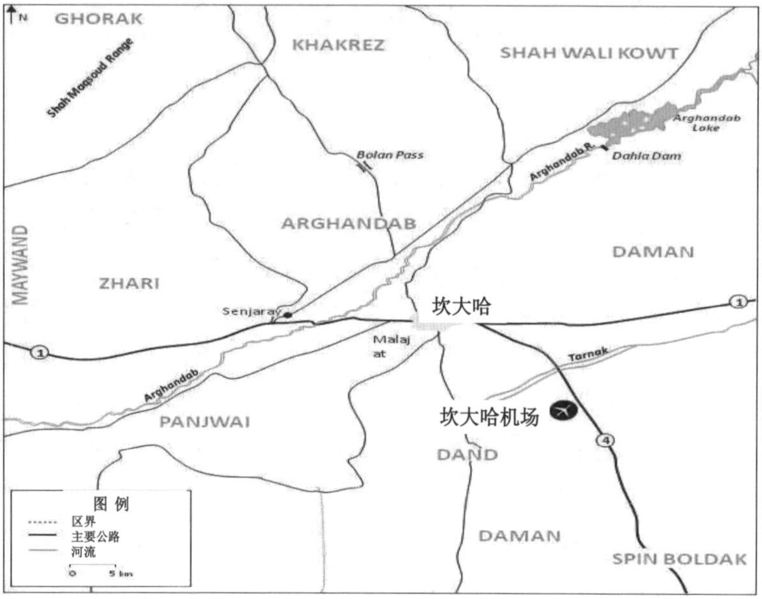

图 55 坎大哈市及周边地区图

爆炸装置。自 2008 年起，塔利班武装卷土重来，与此同时阿富汗安全部队流失严重且难以征募，导致坎大哈周边安全形势持续恶化。

作战经过

“水牛行动”是一个持续的过程，从初次接敌、搜寻失踪士兵、大选安保到接连遇袭，经历了多次任务转换，其中主要行动共有八次。

1. *初次交战*

随着阿富汗大选日益临近，8 月 10 日，第 17 步兵团 1 营 B 连奉命到阿罕德伯河谷地带执行侦察任务，任务区包含“红狗路”沿线的 10 座阿安全部队检查站。当地地形复杂，纵横交错的土墙将茂密的果园分割成若干块，如同迷宫一般。第 562 工兵连道路清理排在 B 连前面开路。行动进行不到两个小时，工兵连的一辆“斯特赖克”扫雷车踩上遥控起爆的简易爆炸装置，8 个轮胎全部报废，两名工兵受伤。车队继续前进不到 50 米，又一辆斯特赖克车引爆了第二枚简易爆炸装置，尽管没有人员受伤，但损毁战车阻碍了整个车队行进，只能停下来等待救援卡车的到来。

美军发现，控制第一枚简易爆炸物的导线通往附近的石榴园，于是部分官兵入园搜索，其余人看守车辆。在果园内，美军只发现一些儿童玩耍，并未发现可疑人员。空中负责侦察的“基欧瓦勇士”直升机及时预警，发现村南端有11名成年男子，并引导地面部队前往搜查。当美军接近转弯路口之际，突然遭到猛烈袭击。美军立刻开火还击，但是沟渠、土墙、植被和其他各种障碍物影响了美军机动和火力发挥。塔利班武装依托有利地形向美军翼侧迂回。慌乱中美军一辆“斯特赖克”车走错路并撞上土墙，左前轮损坏。紧急关头，装备12.7毫米机枪的美军防地雷反伏击车及时赶到，将塔利班武装击退。战斗结束后，B连守护损毁车辆，等待救援车辆。直到第二天，加拿大的工兵部队赶到，才将三辆战损车辆拖走。

为防止塔利班破坏大选，B连决定继续采取攻势行动，派一个排进行夜间巡逻，试图找到敌人的渗透路线。这个排克服了视线不良和地形复杂等困难，进行了5个小时的艰难搜索，没有发现任何线索。最后因担心遭到伏击而终止了行动。

2. 侦察排遇袭

8月14日，第17步兵团1营营部到达前沿作战基地“弗兰”。营长纽曼随即命令侦察排勘察基地周边地形。勘察途中，侦察排的4辆“斯特赖克”车在基地西侧遭到简易爆炸物袭击，排长所乘战车被炸翻，包括排长在内的3个人受伤，排长本人严重脑震荡，被迫退出指挥。排军士长接替指挥，立刻组织救援并设置警戒。伤员安全撤离后，侦察排彻夜守卫受损战车。次日拂晓，加军救援队赶到，将受损战车拖离战场。

3. A连和B连同日遇袭

8月18日，美军获悉塔利班正向沙赫瓦里考特地区东南的布雅娜村聚集。第17步兵团1营A连2排共4辆战车奉命前往搜剿。前三辆车搭载步兵和狙击班，第四辆车是M1129自行迫击炮，由熟悉地形的阿富汗安全部队在前面带路。15：00，美军到达村外，战车和步兵沿东、西、南三个方向占领有利地形。而后排长带人徒步进村搜查，其间遭到突袭。塔利班沿弯曲的干涸河道秘密机动，迂回至美军翼侧。激战中，与美军同行的阿安全部队仓皇逃走，留下美军孤军战斗。A连2排的步兵依托有利地形与战车相互协同，实施反击。为防止被塔利班的火箭弹锁定，美军“斯特赖克”战车在战斗中不停变换战位，在不断的运动中进行射击。

图 56　第 17 步兵团 1 营营长纽曼中校（2009—2010 年在阿富汗执行任务）

同日，前次任务失败的 B 连计划再次实施侦察行动，并得到 A 连 3 排的加强。按照计划，A 连 3 排与 B 连 2 排共同向北行进，执行侦察巡逻任务；与此同时，B 连 1 排和 3 排演练大选安保警戒方案。15：00，当 A 连 2 排遭到伏击之际，B 连下属的两个排（A 连 3 排与 B 连 2 排）正按计划沿“红狗路”向北机动。A 连 3 排在预定地点下车，徒步进入果园。在一座水泥桥附近突然发生爆炸，一名美军士兵当场死亡。幸好单兵之间都保持 10 米以上距离，没有造成其他人员伤亡。爆炸刚过，塔利班随即从美军背后开火。美军予以还击，击退敌人进攻后在清点人数时发现一名士兵失踪。在此期间，徒步搜索的 B 连 2 排听到爆炸声后立刻停止前进，通过电台得知 A 连 3 排遭到伏击，于是立刻前往救援。救援途中，B 连 2 排也遭到伏击，又有一名士兵在激战中失踪。结果 B 连 2 排的救援行动不得不转为人员搜救行动，所有人员撤回到水渠西侧实施警戒，同时向连长报告。

当 B 连出现人员伤亡之际，A 连 2 排仍在与敌人苦战。塔利班攻势猛烈加之受交战规则限制不能使用重火器还击，美军不得不与敌人脱离接触，乘战车撤出战斗。塔利班乘势在后面徒步追击。美军撤离后，塔利班武装站在楼顶对空开枪，庆祝胜利。

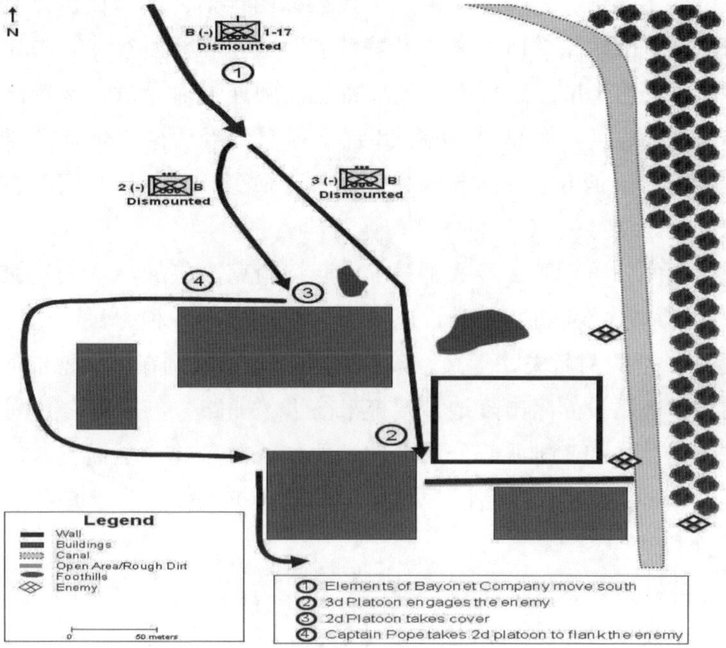

图 57　“水牛行动”中美军 B 连战斗经过图

A 连 2 排的 4 辆战车撤到 1000 米外的沙漠地带，建立环形防御，固守待援。A 连连长率领快反分队（A 连 1 排）及阿安全部队赶到后重整队伍，两个排共 10 辆战车重返战场。美军的返回令塔利班颇感意外，他们没有料到美军反击会如此迅速。美军车队接近村口时展开呈“V”字队形，立刻遭到来自各个方向的火箭弹袭击。塔利班武装在各建筑物之间快速穿梭，利用树林隐蔽机动，对美军实施迂回侧击。正当美阿联军遭受火箭弹猛烈打击、处于劣势之际，提供近距离空中支援的“基欧瓦勇士”直升机赶到。塔利班武装看到美军直升机后，迅速沿干涸的河道撤离。战斗结束后，美军用了很长时间修复两辆受损战车，直至深夜才回到前沿作战基地。

4. 搜寻失踪士兵

在阿罕德伯，B 连连长正组织演练大选安保预案，突然得知两名士兵失踪的消息。他立刻命令该连 3 排（快反分队）转入一级战备，而后亲自带领少量精干人员乘一辆“斯特赖克”战车和一辆防地雷反伏击车赶往B连2排和A连3排的位置。

在营部，营长纽曼一直密切关注A连和B连方向的战况。然而，茂密的植被阻碍了通信，营长无法得知士兵失踪的详情，于是让执行官值守营部，自己亲率战术指挥所3辆“斯特赖克”战车和营侦察排前往B连。

此时，B连3排已经转入一级战备。接到连长命令后，该排立刻赶赴B连2排出事地点。他们到达时，B连2排已经经历两次爆炸袭击，排长出现脑震荡。于是B连3排排长接替指挥，命令一部分士兵实施警戒，同时带领其他人搜寻失踪士兵。

在此期间，美军第2步兵师第5“斯特赖克”旅战斗队旅长派出包括特战分队、固定翼飞机、直升机以及无人机在内的各种力量，全力搜救第17步兵团1营的两名失踪士兵。该营B连和C连分别在阿罕德伯河南侧和东侧沿各检查站设立阻击阵地，搜查来往于“熊路”的车辆。其间B连连长要求该连2排和3排派部分兵力护送他到A连3排。然而，通信不畅造成误解，B连2排和3排错误理解为全部执行护送任务，于是停止搜救回到B连连长处。

B连各排会合后，全连官兵都已经筋疲力尽，于是进行休整。B连原计划的大选安保和巡逻执勤任务被迫转为搜救失踪人员行动。当日夜，B连2排再次遭到爆炸袭击，排长伤势严重。排军士长立即呼叫医疗救援。实施救援的“黑鹰”直升机刚刚离开，营长纽曼带领战术指挥所赶到B连连长所在的位置，才第一次得知士兵失踪的详情。他还了解到是由于B连2排军士长指挥不力才导致陷入敌人围攻，于是命令营军士长接替指挥。营军士长立即组织B连的10辆战车构成紧凑防御阵型并重新建立通信联系。随后营长命令B连连长重新编组力量，与其他连队一起行动、继续搜救。美军搜救行动持续了一夜，但并未找到失踪士兵。

5. 继续搜救

次日上午，B连连长带队继续搜寻失踪士兵。10:00左右，终于在水渠中找到其中一名士兵的尸体，鉴定身份后，立刻呼叫直升机将尸体运走。随后B连全力搜寻另外一名失踪士兵。搜救行动成了全营的主要任务，B连成为搜救行动主力，全连加入搜救行动。[①] 此外，营长给B连加

① 此时B连1排和机动火炮排也加入其中。

强了1个工兵排，用于清除无处不在的简易爆炸装置。

工兵排在前面开路，负责扫雷破障，其后是机动火炮排、B连2排和1排，所有官兵均乘坐“斯特赖克”战车。工兵排最先发现敌情，随即陷入激战。塔利班利用建筑物、树木和围墙为依托，从各个方向迂回包围美军。交战中，机动火炮排的战车遭到简易爆炸物袭击，车辆损坏，人员受伤。危急时刻，B连火力支援官呼叫近距离空中支援，赶到的“基欧瓦勇士”直升机和“捕食者”无人机将塔利班击退。

战斗结束后，B连继续搜救，但最终仍没有找到另外一名失踪士兵。为防止再次遭到伏击，美军不得不停止搜救返回营地，备战即将到来的大选。

6. 大选日遇袭

8月20日是阿富汗大选日。当日拂晓，第17步兵团1营加强给B连的A连2排向B连连长报到。了解情况并受领任务后，该排立即在任务区内沿各投票站展开巡逻。连续作战和负重行军导致官兵体力严重透支。完成大选安保任务后，A连2排返回营地，途中在通过一段狭窄路段时遭到简易爆炸物袭击，车辆损毁严重，车内人员重伤，通信暂时中断。当天，在B连任务区的其他地段进行巡逻的美军各分队也遭到伏击。

7. 加勒兰遇袭

阿富汗大选结束后，为获取更多情报，美军第17步兵团1营继续驻守在任务区。8月25日，当地气温已经接近40℃。正在任务区西南的加勒兰镇南端巡逻的C连3排突然遭到塔利班袭击，陷入被三面包围的险境。经过20分钟激战，C连3排被迫撤出战斗，穿过果园向北撤退，撤退途中遇到前来支援的“基欧瓦勇士”直升机。美军随即组织反击，通过空地联合火力打击将围追堵截的敌人击退。

8. 沙赫瓦里考特遇袭

8月25日，当C连3排遭遇伏击的时候，营长纽曼派A连替换在沙赫瓦里考特地区的H连。当地正爆发霍乱疫情，两个连一起前往当地医疗机构提供医疗援助。编队返回途中遭到爆炸袭击。简易爆炸装置正好在A连连长乘坐战车下方爆炸，爆炸的巨大威力将战车整个掀翻，包括连长在内的4人当场死亡，另有2人重伤。H连连长立刻呼叫医疗救援并组织灭火。一架“阿帕奇”直升机抵达战场上空，驱散围追上来的敌人。营长纽曼率领快反部队抵达现场后，意识到事态严重。

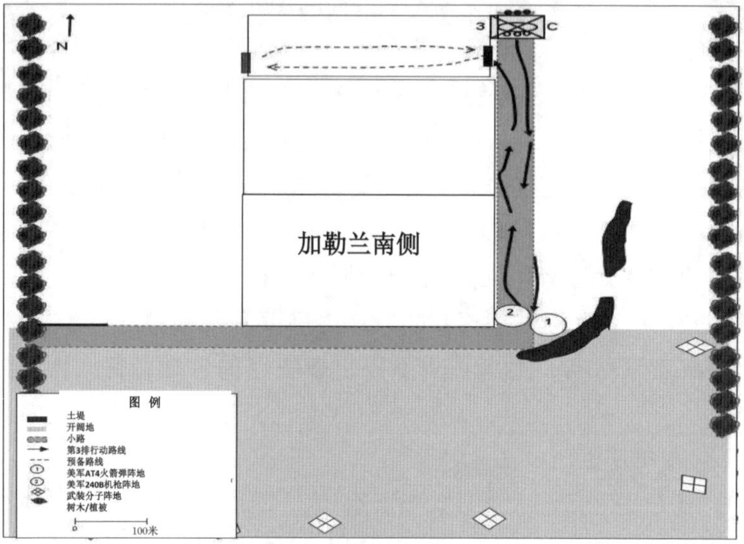

图 58　C 连 3 排反伏击战斗经过图

快反部队彻夜守护伤员和损毁车辆，直到次日清晨救援直升机将伤亡人员运走。沿途实施警戒的该营侦察排通过远程侦察监视系统发现，远处人群中有人携带简易爆炸装置。美军正要准备战斗，突然发生爆炸，携带简易爆炸装置的男子当场死亡，另有三人受伤。美军随即向塔利班武装分子开火，塔利班武装分子立刻将死伤者运上汽车，沿小路逃走。

经过多次激战，营长纽曼意识到，当面之敌并非战前估计的 30 ~ 40 人，而是至少在 300 人以上，而且沙赫瓦里考特地区也不只是敌人进入阿罕德伯和坎大哈的途经之所，该地区本身就是塔利班的重要基地。当地茂密的植被为塔利班的行动提供了有效掩护，使美军难以发现。营长纽曼回忆："从空中根本看不到他们，他们来去自由。"为铲除塔利班军事据点、确保当地安全并挽回首战失利的颜面，美军计划展开新一轮军事行动，代号"把握机遇"。

（三）战例评析

美军失利的原因

在"水牛行动"中，装备先进且有盟军配合的美军却屡遭装备落后但骁勇善战的塔利班袭击且损失惨重。其作战失利的原因是多方面的，其中不乏美军深陷阿富汗战争泥潭多年的共性原因，可谓教训深刻。

1. 战前准备不充分。第17步兵团1营刚刚抵达阿富汗，就奉命实施“水牛行动”。此时距阿富汗大选仅有两周时间，该营在没有时间熟悉战场环境和充分准备情况下仓促上阵。对于尚未适应战场环境的美军来说，高温天气和复杂地形成为首先面对的“顽敌”。当地8月份天气炎热，38℃以上持续高温迅速消耗着官兵体能，而且任务区内地形复杂，植被茂密，大量沟渠和土墙纵横交错，严重影响战场观察和通信。后来实战证明，炎热天气极大消耗了美军战斗力，复杂地形对战场通信的严重干扰超乎美军预期。此外，该营与盟军进行任务交接过程中出现的问题也影响到战前准备。与该营进行任务交接的是加拿大轻型装甲部队，加方移交的战情简报和通信记录等所有书面材料全是法语。语言障碍影响了美军对战场环境和敌情的感知。

2. 情报保障不力。此次行动情报保障不力主要体现在三个方面。一是盟军提供的情报不准确，低估敌人实力。加方提供的敌情通报显示，当地有30多名塔利班武装，而美军与加军沿“熊路”进行联合侦察时却发现，很多植被茂密、难以通行的地区加军还从未涉足，因此美军不得不涉险勘察这些“空白区”。经过多次激战美军才认识到，加军严重低估了敌人实力，当地塔利班武装至少在300人以上，是战前估计的10倍。二是上级推送的情报不充分，增加行动困难。为确保大选安全举行，该营首要任务是确定25处投票站的位置。然而上级提供的位置信息既不完整也不准确，致使该营很难甚至根本无法找到有些设立投票站的村庄，进而导致该营任务量和行动风险陡增。三是本级掌握的情报不真实，误判战场环境。根据战前掌握的情报，该营认为沙赫瓦里考特地区只是塔利班向阿罕德伯和坎大哈渗透的途经之所，并非其重要军事据点。经过多次交战并受挫后，美军才认识到自身掌握的情报失实，进而导致对战场环境判断失误，沙赫瓦里考特地区并非只是敌人进入坎大哈的渗透路线，该地区正是塔利班的重要基地。

3. 行动受到限制。受各种因素制约，美军行动处处掣肘，自身优势难以发挥。一是缺乏当地民众支持，情报搜集受限。当地人不愿意看到由美军守卫投票站，因此各投票站安保任务不得不交给阿富汗安全部队承担，而美军只能作为快反部队为其提供支援，难以深入一线搜集情报。缺乏民众支持的民事支援和维稳行动注定难以成功。二是受民情社情制约，行动路线受限。在加勒兰镇遭遇伏击之前，阿安全部队曾告诫美军，果园

图 59 美军离开前沿作战基地

是当地居民私人财产，未经允许不得进入。因此，美军在行动路线的选择上不得不避开果园，沿道路行进。这就为塔利班跟踪美军车队进而设伏提供了便利。经历多次伏击后，为最大限度减少伤亡，美军决定不再沿道路行进，而是改为从果园中穿行，从而加剧了当地民众反感。三是受交战规则制约，优势发挥受限。为避免附带伤亡引发负面影响，美军交战规则严格限制武器的使用。8 月 18 日在 A 连 2 排反伏击战斗中，尽管美军配有自行迫击炮，但是由于目标距离民房过近，美军指挥官无权下令迫击炮开火，甚至炮手申请使用 MK19 榴弹发射器也遭到拒绝。火力优势无法发挥，导致美军陷入被动。

4. 装备保障不力。装备保障不力主要体现在两个方面。一是装备保障过于粗放。行动开始前，该营所属各连一方面缺乏执行任务急需的装备，如扫雷器材和排爆犬等；另一方面却配备了很多与执行任务无关的装备，甚至配发了水下照相器材。一名连长回忆："我们并不需要这样的器材，但却被告知'不管需不需要，你只管签收'。"此外，该营战术行动中心满载通信器材和保障物资的七个集装箱丢失，导致参谋人员只能依靠纸质地图和墙上白板进行作业。二是缺乏专业战场抢修装备。在初次接敌、侦察排遇袭以及此后交战中，美军战车多次遇袭损毁。该营因缺乏专业抢修设备，不得不整夜守护损毁车辆，等待加军工兵救援，既耽误了救援时间，也增加了再次遇袭风险。总之，装备保障不力既影响了营指挥官对战场态势的理解与感知，也妨碍了对下属各连队的指挥控制，更制约了前线官兵的行动。

图 60　美军"斯特赖克"战车被简易爆炸物毁坏

5. 训练与实战脱节。此次行动还暴露出美军平时训练存在不符合实战要求的问题。尽管该营部署到阿富汗前曾在美国国内训练基地接受海外部署前集训，其中包括车辆抢修训练，但训练中设置的"损毁"车辆至少保证还有两个车轮可以运转。然而，在阿富汗战场，简易爆炸物威力巨大，通常能将所有车轮炸毁，甚至将整个战车炸翻。由于美军平时训练缺乏应对最坏情况的准备，导致在战场上束手无策，只能等待盟军救援。相比而言，只有加军工兵做好了应对这种情况的准备。

6. 各方协同不力。盟军、友邻及地空协同不力是导致行动失利的重要原因。一是盟军协同不力。8 月 18 日，在布雅娜村反伏击战斗中，与美军 A 连 2 排并肩作战的阿富汗安全部队先是猛烈开火，胡乱扫射，很快将弹药耗尽，而后放弃有利地形，乘车仓皇逃走，导致美军翼侧暴露，陷入孤军作战、腹背受敌境地。二是友邻协同失调。A 连 2 排在三个方向同时遭猛烈袭击且受交战规则限制不能使用自身重火器的情况下，排长申请空中支援，但由于敌人处于 B 连作战地域内，已经超出任务分界线，因此申请并未得到响应，空中支援的缺场加重了该排困境。三是地空协同不畅。

8月18日，在A连反伏击战斗中，提供空中支援的美军直升机迟迟不到，既失去了空地联合火力制敌的良机，更导致地面部队长时间处于敌人火力压制之下陷于被动。

7. 战场通信不畅通。战场通信不畅严重影响了美军行动，并贯穿于各阶段。一是影响部队机动。美军“斯特赖克”部队各级指挥官配备的“陆地勇士系统”是数字化部队的重要标志。该系统集战场通信、态势感知和指挥控制等功能于一体，既能够提供战场实时态势图，也可以标绘出本级、友邻和敌人位置以及行动路线。然而，该系统在实战中暴露出性能不稳定等问题，导致美军在关键时刻陷入被动。8月18日，B连2排前往解救遭伏击的A连3排，途中“陆地勇士系统”受地形影响信号极不稳定，图像时断时续。依靠该系统通信导航的美军无法准确定位A连3排。B连2排只能依靠纸质地图寻找，结果也遭到伏击。二是影响搜寻行动。在搜寻失踪士兵过程中，B连连长要求2排和3排派部分兵力护送他前往A连3排阵地。然而，由于通信不畅造成误解，B连2排和3排错误地停止搜寻，全部返回执行护送任务，导致搜救行动中断。三是影响救援行动。B连2排再次遇袭且排长重伤后，排军士长呼叫医疗救援。尽管陆航“基欧瓦勇士”直升机、“黑鹰”直升机与空军AC－130“空中炮艇”机都参与救援，但是复杂地形导致通信不畅，致使救援行动迟缓，地面人员等待近1个小时，重伤的排长才被救走，浪费了抢救重伤员的黄金时间。四是影响指挥官的战场态势感知。尽管营长纽曼一直在营部密切关注A连和B连方向战况，但是茂密植被导致通信受阻，他无法获知士兵失踪详情，不得不亲率部分精干力量前往B连，直到深夜才赶到B连并得知士兵失踪的详情，而此时士兵已经失踪了十几个小时，错过了及时组织全营力量进行搜救的宝贵时间。五是影响火力支援。8月25日，C连3排在加勒兰镇巡逻时突遭塔利班袭击。排长呼叫空中和炮兵火力支援，但是通信不畅导致火力支援未能及时响应，使3排陷入被敌人三面包围的险境，被迫撤出战斗。

8. 一线指挥官指挥不力。一线指挥官指挥不力是导致美军行动失败的又一重要原因。一是遭遇伏击后，带领车队前进的B连军士长既没有组织战车迅速机动，也没有派人实施警戒，更没有主动与上级和友邻建立通信联系，导致车队陷入孤立无援、被动挨打的境地，损失惨重。二是战车编队行进过程中，美军指挥官所乘车辆位置过于固定，总是在车

图 61　美军指挥官巡逻途中使用“陆地勇士系统”

队中间部位，从未进行任何调整。而且这一特点被塔利班掌握后，美军仍浑然不知、未加改变，结果在 8 月 14 日侦察排遭伏击过程中，排长所乘战车被简易爆炸装置炸翻，导致排长严重脑震荡，被迫退出指挥。经历此次伏击后，美军各级指挥官仍未认真查找原因、吸取教训，结果造成更严重后果。8 月 25 日在沙赫瓦里考特的战斗中，A 连连长所乘战车再次被炸翻，连长当场死亡。

9. 战车性能不能满足实战要求。尽管美军的“斯特赖克”战车在伊拉克战场有效保护了车内官兵的生命，然而在阿富汗战场、在威力更大的简易爆炸装置面前，该战车防护性能已经显得薄弱，已经不能满足实战要求。在遭到伏击的情况下，美军战车先后几次被炸翻，损毁严重，包括连、排指挥官在内先后有多人阵亡或重伤。尤其在 8 月 25 日的伏击战中，包括 A 连连长在内的 4 人当场被炸身亡，另有 2 人重伤。这次袭击也促使美军重新评估“斯特赖克”战车的防护性能。

美军作战指挥主要特点

在“水牛行动”中，尽管美军作战失利并暴露出很多问题，但是作为数字化合成营的“大脑”，营长和营参谋军官展现出较高素养，是合成营任务式指挥的典型实例。该营营长纽曼中校已经任职两年，他熟悉并信任下属，在战场上善于充分授权；而且作为合成营指挥官，他精通诸兵种作战运用，能够有效指挥控制空地多种作战力量，并具备战略意识和全局眼光。一是在初次接敌战斗中，尽管战况激烈且车辆损毁，但是在营部密切监视的营长纽曼仍毅然决定不干预前线指挥，而是做好随时提供支援的准备。二是在搜寻失踪士兵过程中，营长带领战术指挥所亲抵前线，在工兵排突破地段的右后方观战，但并不插手干预一线指挥官具体行动，而是有效协调空中和地面各种作战力量统一行动，同时灵活机动地组织指挥所转移以避免被敌人锁定进而遭火箭弹打击。三是激战中营长指挥参谋人员持续向突破口两侧的 B 连警戒分队提供实时情报信息，加强了一线官兵的战场态势感知。四是大选日该营各连在不同地点遭遇袭击情况下，营长沉着冷静，在营部密切监视态势变化，有效掌控全局，高效协调作战地域内各种力量统一行动。五是作为战术指挥官，营长纽曼展示出战略意识和政治敏锐性。阿富汗大选日当天，他审时度势果断决定，美军不主动寻敌交战，只进行防御性自卫，由阿安全部队负责各投票站安保警戒，从而降低了政治敏锐性并减少了遭袭击的概率。

图 62　“斯特赖克”机动火炮系统发射 105 毫米加农炮

塔利班行动特点

在敌强己弱的情况下，塔利班充分准备并认真研究对手特点，熟练运用非对称手段，采用灵活机动的战术，善于根据战场态势变化与美军周旋，屡次主动袭击并成功重创美军，开创了以低技术抵消高技术、以非对称手段制衡强敌的范例。

一是准备充分。尽管塔利班武装实战经验丰富、作风骁勇剽悍且有熟悉地形之利，但在迎战强敌前仍准备充分，早在美军到达之前数个月就依托有利地形构筑起完备防御工事，沿美军必经之路埋设了大量简易爆炸装置。此外，还加强了当地武装力量，派遣外国武装分子进驻，训练当地人制造和使用简易爆炸装置。这与准备不充分、环境不熟悉就仓促展开行动的美军形成鲜明对比。

二是善于分析对手特点，精准发动袭击。塔利班善于研究敌人行动特点，抓住对手关键行动、瞄准对方高价值目标发动精准袭击。他们分析并掌握了美军指挥官所乘车辆总是在车队中部的编队特点，进而有针对性地发起袭击，先后两次精准伏击美军指挥官乘坐车辆，有效扰乱了美军的战场指挥，打击了美军的军心士气。第一次是 8 月 14 日，塔利班在美军侦察排勘察途中成功设伏，将排长所乘战车炸翻，导致排长严重脑震荡，被迫退出指挥。第二次是 8 月 25 日，塔利班使用简易爆炸装置成功伏击并炸毁美军 A 连连长乘坐战车，导致连长在内的 4 人当场死亡，另有 2 人重伤。

三是熟练运用非对称手段。在技术、装备和总体实力均处于劣势的情况下，塔利班善于使用简易爆炸装置和火箭弹等低成本、低技术的武器装备，熟练采用非对称手段有效制衡对手，削弱美军战斗力、消磨美军战斗意志。尤其是无处不在的简易爆炸装置成为塔利班以小博大、以劣胜强的利器，极大限制了美军行动自由，给美军的人员和车辆造成重创。接连碰壁、连遭伏击的美军惊叹，他们正在与“看不见”的敌人交手。

四是战术手段机动灵活。塔利班充分利用地形地物，灵活采取机动、迂回、伏击、偷袭等战术手段，多次成功渗透至美军翼侧和背后发起突袭，并多次包围美军。其机动速度之快、行动之突然令美军吃惊。美军一名排长回忆：“他们运动极快，真不知道他们是如何机动的。突然之间我们就被一群敌人包围了。”此外，为抑制美军空地火力优势，塔利班尽量靠近甚至黏住美军缠斗，贴身近战使美军空中火力和地面远程火力优势难以发挥，从而有效保存了自己。8 月 18 日，在伏击美军 A 连 2 排战斗中，塔利班成功的贴身近战使美军的车载远程武器系统失效，美军士兵不得不向车外投掷手榴弹进行自卫，空中支援飞机也因担心误伤己方人员而无法投弹。

五是善于洞察战况变化，快打快撤。塔利班善于在出乎美军意料的时间和地点发起突袭，而且能够迅速集中兵力和火力最大限度给美军造成伤亡。当美军空中和地面支援力量到达、战事即将发生逆转的情况下，塔利班善于洞察战况变化，能够根据战场形势变化适时撤出战斗并迅速撤离伤亡人员，即有效保存自己也使得美军难以评估作战效果。例如，在 8 月 25 日加勒兰伏击战中，当美军直升机到达、战场形势即将逆转的情况下，乘胜追击中的塔利班果断停止进攻并立刻组织撤退，迅速将伤亡人员撤离战场，使美军无法评估战果。此外，历次战斗结束后，美军在清理战场时未能发现塔利班伤亡人员，缴获甚微。

四、“把握机遇行动”

（一）战例概要

“把握机遇行动”历时 9 天。飘忽不定的敌人、无处不在的简易爆炸物、防不胜防的伏击和偷袭、充满猜疑和敌对情绪的当地平民、严苛的交战规则、错综复杂的地形地物、持续高温天气以及性能欠佳的高技术装备共同构成复杂作战环境。此次行动充分体现了复杂作战环境对美陆军合成营行动的影响，以及合成营应对复杂作战环境、驱除战场“迷雾”的主要做法和特点。

（二）作战背景及经过

“水牛行动”失利后，美国陆军第 2 步兵师第 5“斯特赖克”旅战斗队旅长腾内尔上校着手制订代号“把握机遇”的新作战计划，旨在从塔利班手中重新夺回战场主动权。这次旅级作战行动有两个目标：一是在塔利班控制区建立两个永久性哨所，二是搜集敌情信息。该旅下属的第 17 步兵团 1 营为此次行动主力，任务是肃清阿罕德伯河西岸从巴布尔镇到舒因伊奥亚镇之间的塔利班武装①，并在舒因伊奥亚镇以南的舒因伊沙夫拉镇建立第一个哨所。与此同时，该旅下属的第 1 步兵团 2 营在第 17 步兵团 1 营地区西南的纳葛汗发起进攻，并沿阿罕德伯河向东北方向推进，目的是牵制敌人、阻敌增援以减轻第 17 步兵团 1 营面临的敌情威胁，确保主要方向行动顺利展开。此外，第 1 步兵团 2 营还将在克豪斯罗伊奥亚镇以南建立第二个哨所。通过这两个新哨所的建立，美军在阿罕德伯山谷地区获得稳固立足点，既利于搜集情报，也利于将塔利班与当地民众隔离以达到孤立敌人的目的。

作战经过

2009 年 8 月，“把握机遇行动”开始。此时正逢阿富汗总统选举的敏感时间，整个行动分为两个阶段。每个阶段包含若干次既相互联系又相对独立的作战行动。

第一阶段行动

第一阶段，营长纽曼提出采取“锤与砧”战术，即 B 连和 C 连重锤猛

① 该地区涵盖了在“水牛行动”中该营两名士兵失踪的地域。

击，A 连作为“砧板”阻敌溃逃，从而将敌人一网打尽。根据计划，B 连从结拉乌尔哨所出发，前进至“红狗路”西北 4000 米处的巴布尔镇。C 连作为行动主力紧随其后，在巴布尔镇超越 B 连并继续向东北方向清剿，沿途依次穿越舒因伊沙夫拉、舒因伊沃斯塔和舒因伊奥亚等三座村镇。与此同时，A 连从前沿作战基地“弗兰”出发，向西南方向前进，穿越荒漠地带后转向东面建立阻击阵地，阻止敌人在 B 连和 C 连“重锤”猛击下向西逃窜。作为旅的主力，第 17 步兵团 1 营得到上级加强，旅长将第 1 骑兵团第 8 中队 A 连配属给该营。骑兵连沿阿罕德伯河东岸前进，作为屏障掩护主力翼侧并阻敌逃窜。营长纽曼研判塔利班意图，认为敌人会沿“红狗路”埋设简易爆炸装置，并预期美军会沿道路从西面逼近村镇。基于这一研判，纽曼决定反其道而行之，从东南方向逼近村镇，通过出其不意的机动达成行动突然性。

营长纽曼把骑兵连作为“耳目”，为其配备了先进的预警和目标获取装备并部署在阿富汗警察驻守的第 18 号检查站附近。该检查站位于巴布尔镇以北 11 千米处的“熊路”上，扼守横跨阿罕德伯河的桥梁，是塔利班进出阿罕德伯河谷的必经之路。该检查站的阿富汗警察也因此经常遭到塔利班夜袭。

8 月 28 日清晨，A 连与骑兵连从前沿作战基地“弗兰”出发。A 连穿越荒漠地带，在“红狗路”西侧沿道路向南开进，横穿“红狗路”到达舒因伊奥亚镇以北并建立阻击阵地。骑兵连在阿罕德伯河对岸建立阻击阵地。

B 连早晨刚出发就遇到麻烦。在 B 连 1 排穿过荒漠向“红狗路”开进过程中，车队 200 米外一名当地妇女和三名儿童踩上简易爆炸装置，伤势严重。这让营长纽曼更加确信，“红狗路”沿线已经布满简易爆炸物。这起事件导致 B 连行动拖延了 90 分钟，加上此前士兵被炸身亡的教训，B 连开进途中十分谨慎，徒步进入植被茂密的“绿区”时不得不避开道路，只能跨越沟渠、翻越土墙，因此官兵体能消耗严重。加上当地气温高达 40℃以上，导致官兵体力透支严重并出现非战斗减员。随 B 连行动的爆炸物排除士官昏倒后被送回后方，致使 B 连只能在没有专业排爆人员的情况下涉险前进。尽管美军骑兵连与人力情报组及阿富汗当地警察共同行动，但得到的有用信息甚微。

图 63　为躲避路边炸弹，B 连穿越沟渠，涉水前进

16:00，B 连 1 排到达村口并展开清剿，搜查出很多火箭弹藏匿点。

向北清剿

B 连用了两天时间清剿巴布尔镇。沿途为躲避无所不在的简易爆炸物，官兵们不得不在齐腰深的臭水沟中跋涉，同时要背负翻越围墙用的梯子。尽管臭水沟污浊腐臭、令人作呕，但官兵认为与外面 40℃ 的地面高温相比，水沟里要凉爽很多。

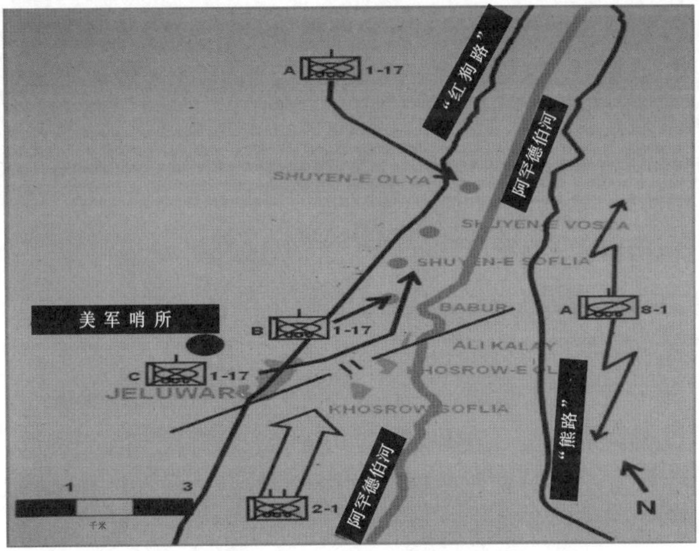

图 64　美军向北推进

8月30日夜，B连刚刚在巴布尔镇占领一处院落，就收到C连敌情通报，一伙武装人员正朝B连方向渗透。当B连发现目标时，塔利班已经逼近至距B连阵地几十米处，美军机枪手不得不向敌人投掷手榴弹。面对严重敌情威胁，B连连长向营火力支援官申请120毫米迫击炮支援。然而，第一次申请遭拒绝。理由是交战双方距离过近，会误伤己方人员。但是B连连长认为，危急形势下只有使用大口径迫击炮才能压制敌人进攻，于是决定在未经营部批准情况下使用迫击炮。第一批炮弹落入泥水中未能爆炸，B连连长立刻呼叫改用装有近炸引信的高爆弹。炸点距B连阵地只有75米，弹片从美军头顶飞过，幸亏有多道土墙阻挡，没有美军被炸伤。迫击炮火力成功击退了塔利班进攻，战斗很快结束。战后美军清理战场时发现至少1名塔利班分子被击毙。通过这次战斗美军总结出两条经验：一是在地形复杂的阿罕德伯河谷地区，使用近炸引信效果最好；二是在复杂地形作战，大口径迫击炮可有效进行火力压制，从而迅速结束战斗。战后B连士官长为连长未经上级批准使用迫击炮的做法辩护："我们很清楚，在混乱、炎热并携带沉重装备的情况下既无法抓住塔利班，也无法有效机动，只能依靠迫击炮火力。"

当B连清剿巴布尔镇之际，主力C连超越B连清剿北面的舒因伊沙夫拉镇和舒因伊沃斯塔镇。C连不敢沿道路前进，而是砸墙破洞而行，行进艰难缓慢。这两座村镇与巴布尔镇一样，美军到达时已是空无一人的"鬼镇"。C连在舒因伊沃斯塔镇清理出一座院落，作为要建立的两座哨所之一，代号"二号墙砖"。在此期间，A连进入舒因伊奥亚镇并会见了当地长老。他们并不欢迎美军到来，也不愿意夹在交战双方之间，更不愿意本村成为交战区。随后美军搜查了整个村落和果园，未发现任何威胁。

清剿舒因伊沙夫拉镇

8月31日清晨，C连3排沿石榴园内小路进入舒因伊沙夫拉镇搜索，路遇一道中间有洞的墙。美军以为是从此经过的阿富汗警察所为，于是穿墙而过。第一名士兵安全通过，第二名士兵经过时突然发生爆炸，炸出一个直径3米的弹坑，士兵尸体被炸出70米外。美军立刻实施警戒，但并未遭到袭击。工兵分队与C连一起搜排了整个地区，确保没有其他简易爆炸物。太阳落山时，C连3排完成搜索。此时C连2排正前往与其会合，途中踩到简易爆炸物，造成1死5伤。爆炸威力巨大，碎片飞落到百米之外。

图 65　“斯特赖克”车运送补给物资

美军立刻组织救治伤员。尽管急救行动迅速，但在直升机到达前还是有 1 名士兵因伤势过重死亡，其他 4 名受伤士兵获救。

第 18 号检查站侦察行动

9 月 1 日，当第 17 步兵团 1 营各连清剿巴布尔镇和舒因伊各村镇之际，营属侦察排离开前沿作战基地“弗兰”，乘三辆“斯特赖克”装甲车前往第 18 号检查站，执行建立观察所任务，以便为营部提供侦察预警和获取目标情报。为避开简易爆炸物，侦察排穿越荒漠地带，等日落后从西侧抵近目标。在距离一座步行桥 4.8 千米处，侦察排通过远程侦察监视系统发现阿富汗警察与塔利班在石榴园内交火，立即停止前进，向营长报告并继续监视。约 90 分钟后，侦察排发现 4 名塔利班分子沿“红狗路”埋设爆炸物，于是立刻报告营长。营长纽曼下达开火命令，狙击组击毙三人，剩下一人跑回屋内。狙击组留在原地不动，等人回来拖运尸体。很长时间内没有任何动静，狙击组刚刚撤退，果园内就传出机枪声。“斯特赖克”战车前出接应，用 12.7 毫米机枪和 40 毫米榴弹等车载武器进行火力压制。然而，塔利班的火力丝毫没有减弱。火箭弹不时擦着美军战车飞过，射击如此精准以至于美军怀疑塔利班也配有夜视器材。侦察排被迫边打边撤，一直撤退到 5000 米外的达马乃赫村才摆脱塔利班追击，而后收拢人员、重整队伍。稍事休整后，侦察排沿另外一条路返回，重新选择地形并建立新的阵地。夜间，侦察排与直升机密切协同，先后击毙4名企图埋设爆炸物的塔利班分子。次日清晨，侦察排受领新任务，为遭爆炸袭击的工兵分队“悍马”车提供保护。任务完成后，侦察排回到前沿作战基地。受这次行动成功的鼓舞，侦察排于9月5日夜再次执行巡逻任务，行动中又击毙一名塔利班分子，然而在返回前沿作战基地途中经过塔利班控制的村镇，排长乘坐的战车遭到简易爆炸物袭击，车的两个右前轮和发动机损毁。担心再次遇袭，排长命令其他车辆牵引受损战车迅速撤离。尽管没有再次遇袭，但是侦察排多花费了一个小时才回到基地。

第二阶段行动

在“把握机遇行动”第一阶段，第17步兵团1营完成对整个作战地域的清剿并建立第一个哨所，取得阶段性胜利。在此基础上，营长纽曼调整部署，将A连主力调回沙赫瓦里考特地区，命令B连转为清剿南面的三座村镇。

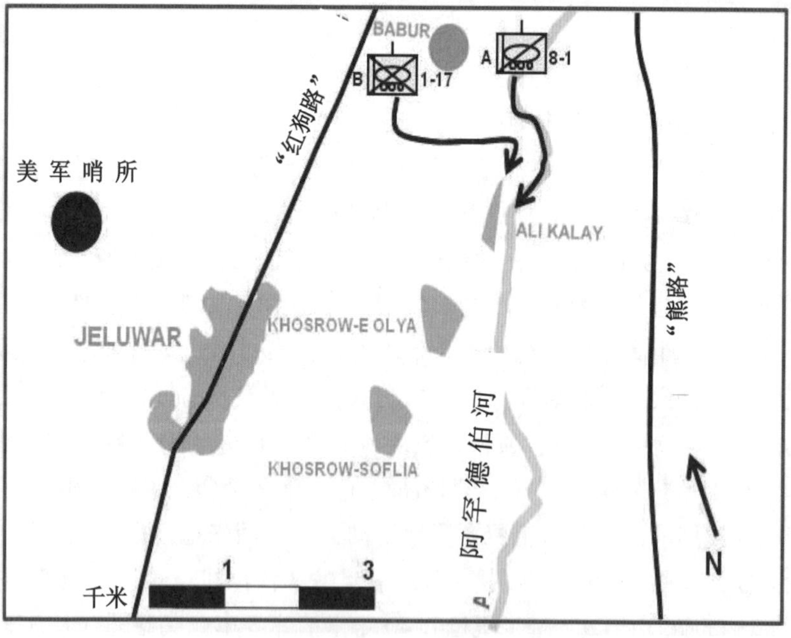

图66　美军向南推进

行动开始前，营部参谋大胆提出让骑兵连沿阿罕德伯河涉水南下的新方案，既可以避开沿途简易爆炸物，又能够达成行动突然性。

9月2日，B连开始行动，首先向东面的阿罕德伯河机动，而后沿河南下进入阿里卡雷。与此同时，营战术指挥所随骑兵连连夜顺河南下，到达阿里卡雷东侧。正如美军所料，塔利班没有想到美军会涉水行进。大量美军的突然出现让塔利班猝不及防。与此前美军到达时已经人去村空的情况不同，这次骑兵连到达阿里卡雷村口后很多平民才开始向村外逃散。B连官兵下车入村搜索，战车留在河床地带提供火力支援。随后B连与赶到的骑兵连会合，共同搜剿。在清剿塔利班战斗中，美军采取地面三面包围与直升机空中火力打击相结合的战术很快取胜。

图67　“斯特赖克”战车沿阿罕德伯河涉水南下

激战中，一群塔利班分子利用河岸茂密草丛为掩护，集中火力袭击美军战术指挥所车辆，被骑兵连和B连战车的联合火力击退。尽管塔利班火力密集，但是美军通信士官仍然暴露在敌人火力之下、冒巨大风险成功架设天线。

战斗中，B连通过十字路口并在葡萄园建立阻击阵地，很快就遭到猛烈袭击。塔利班以葡萄园内的小木屋为火力点袭击美军。美军首先用迫击炮火力成功压制敌人，而后B连3排立刻前出，夺控塔利班火力点，其余人提供火力支援。在两架“基欧瓦勇士”直升机支援下，美军很快夺取了火力点，占据了主动。随后B连连长再次呼叫迫击炮，清除邻近果园内残余敌人。炮弹落在距离B连3排仅30米的地方，险些误伤美军士兵。尽管如此，B连连长仍继续呼叫迫击炮打击，并要求火力向前延伸100米，从而一举将敌人消灭。美军事后调查发现，首轮打击险些造成误伤是操作动作不规范造成的，即迫击炮并没有安放在座板上，导致射程缩短。

图68 B连进入阿罕德伯地区的石榴园

夜袭

深夜，塔利班侦察员秘密探察B连防线，到达美军防线后以犬吠声作为联络信号。美军夜哨士兵通过夜视仪发现一名男子翻越土墙，并模仿犬吠声联系同伴。美军透过夜视仪瞄准了130米外的这名男子并开枪射击，正中男子胸部，犬吠声随之停止。在B连1排防线，作为夜间观察哨的排军士长因临机改变战位而躲过了塔利班的偷袭。

行动结束

9月3日清晨，塔利班再次袭击美军，趁部分美军士兵到部署在阿罕德伯河岸的战车取水之机，对取水士兵和村内美军同时发起袭击。美军呼叫迫击炮支援，对隐藏在果园内的塔利班实施火力打击。在美军火力压制下，塔利班撤出战斗。整个战斗持续了约10分钟。

骑兵连与B连会合后，并肩向南清剿。B连在西，骑兵连在东，两个连的战车沿河床并行推进，严防塔利班渡河逃窜。在推进途中，骑兵连发现一处院落并展开搜剿，发现此处藏匿有大量武器装备，配属的空军排爆小组对其进行销毁。此外，美军还发现塔利班的一处医疗救助站，并在此处搜出大量医疗用品。当天行动结束前，B 连和骑兵连在各自阵地周边的屋顶建立了观察所。

9 月 4 日，美军携带的补给物资已经严重不足。每人每天仅有一份野战口粮和一瓶水。尽管如此，美军仍继续搜剿，但从当地人获得的敌情信息甚微。天黑后，美军在几座清空的院落内过夜，B 连和骑兵连连长共同总结交流白天行动的经验教训。

9 月 5 日清晨，B 连和骑兵连再次联合清剿，仅发现几处小型武器藏匿点。15：00，骑兵连接到营部指示，停止前进。行动期间，为更好地指挥控制各连队行动，营长纽曼带领战术指挥所沿河机动，前进至距作战地域中心约 3000 米的制高点。

最终，第 17 步兵团 1 营 B 连与第 1 步兵团 2 营会合，并从第 1 步兵团 2 营手中接管了代号“罪犯”的院落作为巡逻基地，随后改名为“一号墙砖”，与 C 连建立的哨所“二号墙砖”呼应。这样美军在阿罕德伯河西岸的两座永久性哨所都建立起来了，达成了预期目标。营长纽曼下令终止“把握机遇行动”，而后向旅长建议进行任务转换。

作战行动的效果

“把握机遇行动”历时 9 天。美军第 17 步兵团 1 营不但频频遇袭、连续交战，而且一直在高温天气和复杂地形中持续负重行军，迷彩服都破烂不堪。由于用水紧缺，官兵多日没有洗澡，没有刮胡子，一个个蓬头垢面。行动中一名士兵阵亡，另有一名士兵染上黄热病回到基地后不治身亡。

尽管如此，“把握机遇行动”仍取得重要成果，对美军、塔利班和阿罕德伯河谷地区安全形势产生重要影响。首先，扭转了美军被动挨打、接连遇袭的处境，重树了自信。第 17 步兵团 1 营在此前“水牛行动”中伤亡严重，军心士气受到重挫。在“把握机遇行动”中，该营通过积极的攻势行动有效打击了塔利班武装，摧毁了数个武器藏匿点，重新夺回主动权。其次，严重削弱了塔利班实力。美军通过截获塔利班通信信号得知，塔利班士气受到重创，当地指挥官向上级申请在作战季节结束前提前撤离，而且多名高级指挥官被撤职。美军研判，当地塔利班高层都已经秘密撤走，仅留下一些基层指挥官继续战斗。最后，通过在敌控区建立哨所取得“一石三鸟”效果。一是美军在敌控区获得稳固立足点，为常态化巡逻和后续行动提供了基地。“把握机遇行动”结束后，美军以新建哨所为基地展开新的行动，打乱了塔利班的部署。二是在塔利班控制地区打入“楔子”，起到孤立敌人、离间塔利班与当地民众关系的作用。三是为美军与当地民众接触、改善关系提供了便利。随着与当地民众关系改善，美军获得的有价值情报逐渐增多，发现了更多武器藏匿点和路边炸弹，同时遇袭次数逐渐减少，最终重新夺回主动权。

（三）战例评析

在“把握机遇行动”中，面对复杂作战环境，美军多措并举，努力驱除战场“迷雾”，取得较好效果。

1. 复杂作战环境对美军合成营行动的影响

敌情、地形、交战规则、天气、东道国部队、民社情和装备性能等因素共同构成复杂作战环境，对美军合成营行动产生重要影响。

首先，敌情影响。尽管技术先进的美军面对的是装备相对落后的塔利班，但其并非散兵游勇，而是实战经验丰富、作风剽悍、熟悉地形且具备较高战术素养的武装力量，是复杂作战环境中最活跃、最不确定、最具挑战性的因素，是战场上最大的“迷雾”。其影响主要体现在三个方面。一是擅长连环伏击。塔利班善于设计多层叠加连环伏击圈。一方面沿任务区内唯一具备装甲车辆通行条件的等级公路埋设反装甲车辆简易爆炸物，构设连环爆炸带。另一方面，沿村镇果园边缘的小路埋设反人员简易爆炸物。企图首先迫使美军离开主路、下车徒步沿小路前进，而后再用反人员爆炸装置杀伤徒步行进的美军，从而造成美军更多人员伤亡。连环爆炸带非常密集，以至于在美军看来每一处果园和每一座院落入口以及连接沟渠的每一座桥下都埋有爆炸物，简直寸步难行。二是擅长战场侦察。在B连向巴布尔镇开进过程中，塔利班派成员一直暗中跟踪监视，实时掌握美军动向并通过手持电台随时向上级报告，对美军行踪了如指掌，让美军始终处于“敌暗我明”的不利态势。三是定力和忍耐力强。尽管美军在心理战方面做了大量努力，录制了50多条侮辱性信息并反复播放，但是塔利班始终不为所动，没有放弃有利地形、走出植被茂密的果园迎战美军，没有与美军正面对战，致使美军激将法落空。

其次，地形影响。此次行动的地形复杂，山谷地、丛林地、荒漠地、居民地和河滩地交错在一起，对美军各部队协同和作战系统性能的发挥都产生影响。一是影响部队协同。复杂地形导致美军两次出现误向己方部队开火事件。第一次发生在8月28日下午16:00，B连1排到达村口并展开清剿。此时跟在B连后面的C连正迅速向北面植被茂密的“绿区”推进。考虑到当地地形极易遭到伏击，C连加速行军，希望日落前到达便于防御的安全地点。B连察觉后方有响动，但是受植被遮挡无法辨别敌友，误以为是塔利班武装并开火射击，最后发现是C连，幸好没有造成人员伤亡。第二次发生在8月29日，在植被茂密的“绿区”，B连和C连再次险些发生误伤事件。美军“支奴干”直升机给B连空投饮用水，由于飞行员与地面部队存在通信障碍，误将物资投在C连附近。但是B连并不知道C连准确位置，B连1排在寻找空投物资过程中发现远处树丛响动，误以为是敌情威胁，于是立刻发射两枚榴弹，后来才发现是C连，幸运的是没有造成人员伤亡。二是影响作战系统性能发挥。8月31日，C连2排前往与C连3排会合途中，“陆地勇士”系统受到地形影响出现故障，无法导航定位，导致官兵迷失在夜暗中，在摸索前进过程中踩上简易爆炸物，造成1死5伤。

第三，交战规则影响。交战规则和《武装冲突法》等相关国际法的制约加重了战场“迷雾”，令美军陷入困境。平民房屋、学校和清真寺等与交战规则和《武装冲突法》禁止打击的敏感目标往往成为塔利班的庇护所或火力点，这样就极大限制了美军火力的发挥。此外，穿着普通平民服装的塔利班分子经常不携带武器并以平民身份为掩护对美军进行跟踪监视和抵近侦察。例如，9月2日，骑兵连进入阿里卡雷村时，村内已经几乎空无一人，却遇到一名自称要前往邻村的可疑男子。尽管美军确信此人是塔利班分子，但因其没有携带武器，美军在缺乏证据情况下只能将他放走。然而，该男子刚离开不久，美军就遭到火箭弹猛烈袭击。对美军而言，这种情况已成为既不得不面对又没有有效解决方案的难题。

第四，天气影响。天气也成为构成复杂作战环境的重要因素，影响美军行动。在复杂环境作战，美军地面部队严重依赖近距离空中支援。然而，山谷中天气多变，直接影响直升机的行动，进而对地面部队作战产生影响。例如，9月2日，B连在直升机支援下清剿阿里卡雷村，然而日落后山谷内刮起大风，导致直升机被迫返航，使地面部队失去了空中保护伞。

第五，东道国部队影响。在很难从当地民众中获得有用信息的情况下，阿富汗安全部队成为美军在复杂陌生地域行动的重要依托。然而，阿安全部队战斗力弱、纪律松散且与美军沟通不畅，不仅没有起到有效的支援配合作用，反而拖累了美军行动，关键时刻让美军陷入被动。9 月 2 日，在 B 连清剿阿里卡雷村行动中，配合美军行动的阿富汗安全部队以斋月为由，16:00 后拒绝继续行动并单独返回，置美军于陌生地域而不顾，使美军陷入在充满危险的塔利班控制区内孤军作战的险境。

第六，民社情影响。当地民众受塔利班影响较深，对美军普遍抱有猜疑态度甚至敌对情绪，成为构成复杂作战环境的又一“迷雾”。在行动中，美军很难从当地人口中获得有用敌情信息，相反当地人往往很快将美军行踪传递给塔利班，成为塔利班的重要情报源和遍布整个战场的“传感器”。例如，美军多次对塔利班控制的村镇展开清剿，往往美军到达时已经人去村空，不但塔利班不见踪影，而且当地民众也早已撤离，计划落空的美军反而还会遭到伏击。此外，无处不在的简易爆炸物给美军造成严重伤亡，然而往来于道路上的当地民众却很少踩上简易爆炸物，这令美军困惑不解。后来美军通过偶然发现的红丝带进而顺藤摸瓜才揭开其中奥秘。由此可见，当地民众早已经知道简易爆炸物的埋设地点和躲避方法，却从没向美军透露。总之，没有当地民众支持，美军如同在深夜中行动，四处碰壁；而当地民众那充满警惕而敌视的目光，又为这深夜增加了一重“迷雾”。

第七，装备影响。高技术装备原本是在复杂作战环境中行动的美军驱除战场“迷雾”的利器，然而装备性能的缺陷反而成为干扰美军行动的又一重“迷雾”。在行动中为鉴定拘捕的可疑人员身份，美军采用先进的生物信息采集设备扫描嫌疑人的面部、眼睛和指纹，将新采集的生物信息与数据库中原有的塔利班分子信息进行比对。但是该设备存在缺陷，只能大致判断被拘押者疑似塔利班分子，但无法准确断定其身份，甚至出现误判。例如，检测设备并不能准确区分化肥和爆炸物，检测显示一名被拘押者携带爆炸装置，但经搜查发现该男子身上只携带了少量化肥，因此美军只能将可疑人员放走。当地民众将美军的拘捕、搜身和检测视为侮辱和侵犯。这样的搜查不仅无助于抓捕真正的塔利班分子，反而恶化了美军与当地民众的关系，甚至将其推向对立面。

2. 美军合成营应对复杂作战环境的主要做法和特点

为抵消复杂作战环境对行动的影响，美军多措并举，最大限度驱除战场“迷雾”，取得较好效果。

第一，妥善处理突发事件。在行动中，美军对突发事件的处置及时、妥当，起到增信释疑、消除误解的效果，缓解了当地民众对美军的猜疑态度和敌对情绪。8 月 28 日，在 B 连 1 排穿过荒漠向“红狗路”开进过程中，车队 200 米外一名当地妇女和三名儿童被简易爆炸装置严重炸伤。面对突发事件，美军采取以下应急处突措施：立刻进行急救、向上级报告、实施警戒和搜索爆炸装置。为避免当地人误认为爆炸是美军所为，美军及时对事发现场和受伤者拍照取证。待受伤民众的家人赶到后，美军向其解释事件经过。医疗救援直升机着陆后，美军破例允许受伤民众的家人陪其一起乘机撤离。由于救治及时，尽管受伤者伤势严重，但全部存活下来。

第二，善于见微知著。为解决情报紧缺难题，美军从细微处查找端倪，从蛛丝马迹中发现有用线索，进而顺藤摸瓜破解战场“迷雾”。这主要表现在美军对三个细节的判断和处理上。一是通过衣着判断。8 月 28 日，A 连拦截到一些从阵地前经过的成年男子，在搜查过程中美军根据两点线索拘押可疑人员。第一点这些人都穿运动鞋，而当地平民大多穿拖鞋。美军根据经验判断这是一个重要信号，表明这些人很可能是塔利班分子。第二点是从一些人身上搜出两部以上手机，美军根据经验判断使用多部手机者可能为塔利班分子，因此将这些人拘押并移交给人力情报组进一步询问。二是通过当地儿童行为判断。A 连进入舒因伊奥亚镇后发现，很多儿童在河里玩耍。美军基于经验判断这表明当地很安全、没有敌情威胁。因为在塔利班策划爆炸袭击前，当地儿童会提前被撤离伏击区。尽管如此，美军仍十分谨慎，并没有向当地儿童分发糖果等食品，认为这样做会适得其反，让双方陷入危险、遭到袭击。三是通过细小地物判断。9 月 3 日，骑兵连与 B 连并肩向南推进途中，发现路边树枝上系有红丝带。美军没有轻易放过这一细节，而是通过仔细排查进而顺藤摸瓜发现了与之相连的简易爆炸物，并进行爆破排除。B 连连长称：“此前我们一直不明白为什么往来于道路的当地平民不会踩上简易爆炸物，今天这个秘密终于揭开了。”此后，美军十分关注道路两侧树木并从中寻找线索，从而减少了爆炸伤亡事故。

第三，善于发挥战场主动性和创造力。为抵消塔利班的地形优势和应对无处不在的简易爆炸物，美军积极发挥战场主动性和创造力，采取心战宣传和自制排爆装置等手段驱除战场“迷雾”。一是使用心战宣传诱敌出战。为了将塔利班从植被茂密的果园中吸引出来以抵消其地形优势，专司电子战的美军士官与营情报官共同编造了大量侮辱和诋毁塔利班战斗力的信息，美军飞机从战场上空飞过时反复播放。美军希望通过这种方式激怒塔利班、诱其出战，与美军正面交锋，从而将其一网打尽。二是自制简易排爆装置。在没有配备用于清除雷场和简易爆炸物的直列装药扫雷器的情况下，B 连官兵充分发挥战场创造力和主动性，用炸药、塑料管、细绳和石块等材料自制简易排爆装置。虽然简单粗糙，但是收效明显。

第四，合成营指挥官成为驱除战场“迷雾”的决定性因素。战场指挥官是战场的灵魂，一次作战行动的成功得益于指挥官出色的指挥。在复杂作战环境下行动，指挥官的指挥素养是驱除战场“迷雾”的决定性因素。在此次行动中，营长纽曼的指挥素养突出体现在六个方面。

一是敢于担当。这主要体现在两次事件中。第一次是为误伤事件担责。在此次行动前，尽管营部已经向在毗邻地域行动的 B 连和 C 连下达了多项具体指示并规定了明确的协同措施，但由于各连都已经习惯于在复杂地形独立作战，并未严格落实上级指示和规定，加上地形阻隔和通信不畅，导致两次发生 B 连误向 C 连开火事件，险些造成人员伤亡。事件发生后，营长纽曼主动承担责任，称“这是一次营级行动，未能杜绝此类事件发生，责任在我”。第二次是为侦察排行动担责。9 月 1 日，侦察排在执行任务途中发现疑似埋设爆炸物的人员。在有可能造成附带伤亡进而受到追责情况下，营长主动承担责任、亲自下达开火命令，以减轻下级指挥官压力和避免因误伤平民而受到的事后追查。营长纽曼认为，在错综复杂的战场，任何决策都充满风险，如果让一线指挥官因此而受到质疑甚至追究，会影响到以后行动中关键时刻的指挥决策，会因犹豫不决而错失战机、行动失败。营长纽曼称：“我要让他们知道，我相信他们的判断并准备好为他们提供支援。”

二是应急处置及时果断。B 连误向 C 连开火事件发生后，纽曼立刻制定了非常精确且严密的控制措施：命令 B 连和 C 连用图标在“陆地勇士”系统上标绘各自最新位置；让 B 连连长及时更新与 C 连的战斗分界线；命令 B 连和 C 连连长向营战术指挥所口头确认各自位置；要求各连在以后行动中尽可能缩小距离、保持紧凑，避免因距离过远而失联。及时果断的应急处置措施有效避免了误伤事件再次发生。

三是善于鼓舞士气。8 月 31 日，简易爆炸物造成 C 连 2 排伤亡严重，官兵士气受到重创。营长纽曼带领营战术指挥所及时赶到事发现场，一方面鼓舞士气、安抚士兵，另一方面与C连官兵分享了营部对任务区内简易爆炸物的评估，要求官兵注重分析塔利班意图，进而采取针对性行动。

四是善于掌控全局、关照重点。在复杂作战环境中行动，由于地形复杂、部队分散、通信不畅，独立作战的各连很容易失联失控，营指挥官也难以有效驾驭全局。此次行动中，营长纽曼始终靠前指挥，不断调整、前移指挥位置，带领灵活精干的战术指挥所实施机动指挥，既关照全局、掌控所有作战力量，又重点关注主要方向和主要作战力量，更能够在关键时刻出现在关键地点。其中最突出之处是纽曼始终对整个战场态势和全局有着宏观、透彻的理解与掌控，避免了某一交战地域内的连排指挥官因冲动和感情用事而酿成大错，避免了复杂作战环境中通信失联、行动失调、部队失控等问题。

五是善于分析对手意图。营长纽曼善于从对手角度出发思考问题，善于分析和判断对手意图，并多次告诫下级指挥官要认真分析对手在想什么、会怎么想、怎么做，在此基础上反其道而行之，从而达成了行动突然性，取得出其不意、攻其不备的效果。

六是知人善任，选贤用能。行动开始前，营长纽曼任命较年轻的营助理作战官库沃斯基上尉为A连连长，取代在“水牛行动”中阵亡的连长哈利特。库沃斯基在该旅任职时间较短且资历比其他上尉浅，而纽曼打破论资排辈，让其接任主力连连长，基于三点考虑。第一点，作为负责作战的营助理作战官，库沃斯基参加“把握机遇”行动的计划制订，比其他人更熟悉计划流程且能更好地领会营长意图。第二点，他曾两次在伊拉克战场服役，实战经验较丰富。第三点，善于鼓舞士气。库沃斯基向A连官兵战前动员时强调，自己为能够与全连官兵并肩战斗感到自豪，将竭尽全力打败敌人，为牺牲的连长及其他三名战友报仇。行动实践证明，纽曼的任命是明智的选择。

第五，合成营指挥机构发挥“外脑”作用。营指挥机构在提出决心建议、辅助决策和情况处置等方面发挥了重要作用，成为辅助营长指挥控制部队的强有力“外脑”，其重要作用在组织战斗和战斗实施阶段都得到充分体现。在第二阶段行动开始前，为避开沿途简易爆炸物同时达成行动突然性，营部参谋大胆提出让骑兵连沿阿罕德伯河涉水南下的新方案。为检验方案可行性，骑兵连先派出侦察分队现地勘察，确保战车在河深水急处也能通过。在详细勘察基础上，侦察分队探测出一条可行路线。在确保安全情况下，参谋人员向营长呈报新方案，并得到营长充分肯定。营长回忆："这是一条没有人走过甚至让人意想不到的路线，既缩短了距离也能够达成突然性。"

在激烈战斗中，营指挥机构"外脑"作用体现在保持对战场态势实时感知，有效控制支援火力，能够及时发现并纠正一线指挥官的失误。例如，9月2日，B连在阿里卡雷村遭遇伏击情况下呼叫迫击炮支援，情急之中报错目标坐标。营火力支援官接到火力支援请求后，通过"陆地勇士"系统发现B连发送的坐标正好与美军分队图标重叠，因此拒绝了B连的火力支援申请，立刻指出问题并向营长报告。同网督战的营长要求B连检查并修正数据。持续战斗数日已经疲惫不堪的B连连长因申请遭拒而不满并抱怨，但是营火力支援官依然态度坚定、不为所动，命令迫击炮班不准开火。最终，B连连长校验并修正数据后重新向营战术指挥所报告，从而避免了误伤事件发生。此次事件也体现了营指挥机构在复杂作战环境中善于利用"陆地勇士"系统等技术手段辅助决策、驱除战场"迷雾"。营长纽曼称："如果没有该系统，我们就无法核实下级在极度疲惫状态下上报的数据信息，误伤也就难以避免。"

第六，侦察力量作用显著。在复杂作战环境中，装备先进的合成营侦察力量成为合成营穿透战场"迷雾"的"耳目"和精确作战的"尖刀"。其非对称优势体现在三个方面。一是先机制敌优势。9月1日，第17步兵团1营侦察排离开前沿作战基地"弗兰"，乘三辆"斯特赖克"装甲车前往第18号检查站，途中在距离一座步行桥4.8千米处通过远程侦察监视系统发现阿富汗警察与塔利班在石榴园内交火，于是立即停止前进，继续监视并向营长报告。约90分钟后，侦察排发现1000米外有4名肩扛火箭筒和手持步枪的男子往返于"红狗路"，在搬运东西的同时用正步丈量距离。排军士长带领狙击组下车，穿过干涸的河道，秘密抵近至距可疑人员200米处，通过夜视仪发现他们在埋设爆炸物，进而确定了可疑人员身份。侦察排立刻报告营长，一直在监视战场态势的营长下达开火命令。从发现敌情、抵近侦察到开枪毙敌，整个过程隐蔽突然，没有被敌人察觉，充分体现了夜暗条件下视距外先敌发现、先敌打击的优势。二是空地协同优势。侦察排夜视优势和360度无盲区的远程目标获取能力与直升机快速机动和火力优势相互配合、协同增效，优势明显。9月1日，侦察排通过远程侦察监视系统发现两名塔利班分子走出果园并在路边埋设爆炸物。当时双方距离超过3000米，超出武器射程，于是侦察排呼叫“基欧瓦勇士”直升机并为其指示目标、引导打击。塔利班分子听到直升机响声后立刻停止埋雷、躲到树下，但未能逃过猎杀，消失在直升机扫射卷起的浓烟中。直升机打击过后，其打击效果通过侦察排远程侦察监视系统得到及时有效评估。1小时后，又有两个人在同一地点埋雷。侦察排再次呼叫直升机并引导打击，将其击毙。9月5日夜，在第二次夜间巡逻中，侦察排通过远程侦察监视系统发现一名男子尾随在车队后面的较远处埋设爆炸物，于是呼叫直升机支援。该男子没料到侦察排对其背后的情况也一清二楚。尽管该男子躲进隐蔽的小木屋，但侦察排仍成功引导直升机追踪目标，实施精确打击并评估战果。天亮后，侦察排在被击毙男子身旁发现一支AK47步枪。三是狙击作战优势。在复杂作战环境中，侦察排狙击力量能够有效克服不利条件，精确狙杀敌人，作战效益极高。在9月1日夜间战斗中，从抵近侦察、确认目标到完成射击准备，侦察排狙击组仅用3分钟。在黑夜且无依托条件下，狙击手与观察员密切配合，把枪架在观察员肩膀上瞄准射击，三发三中，毙敌三人。

在“把握机遇行动”中，合成营侦察排成效显著。一是通过侦察行动证实了营长纽曼的判断，即第18号检查站是塔利班的优选目标。二是完成了为营部决策提供预警和获取目标情报的任务，而且有效消耗了塔利班战斗力。侦察排通过一次次行动将战斗引入敌控区且“多点开花”，使塔利班无法左右兼顾、保持平衡。塔利班控制地区不再是其安全庇护所。三是有效牵制了塔利班主力，使其无暇西顾，从而有效配合了美军主力在阿罕德伯河西侧的行动。四是将阿富汗警察的第18号检查站建成深入敌控区的哨所。总之，侦察排充分发挥非对称优势，先进的光学侦测器材、高效稳定的通信设备、与各军兵种力量的“互联互通互融”以及延伸至班排级的精准技战术流程等，都是行动成功的重要支撑，战斗效能得到最大限度释放。

第七，临机协同高效顺畅。在复杂作战环境中，战场态势瞬息万变，突发情况层出不穷，作战协同更多以临机协同为主。高效顺畅的临机协同成为美军驱除战场“迷雾”的重要手段，既实现快速歼敌制胜，又有效避免误伤。一是多维一体、立体围歼。9月2日，B连在清剿阿里卡雷村战斗中，1排和3排分别从东、西两侧并行推进。1排突然遭到塔利班袭击，随后立刻开火还击。B连3排立刻加入战斗，从另外一侧挤压敌人，与1排形成左右夹击之势。这时涉水前进的骑兵连应声上岸，从南侧迂回，与B连形成三面包围之势。直升机也及时赶到并加入战斗，从而构成空地一体、立体围歼之势，很快取得决定性胜利。二是有效避免误伤己方部队。空中和地面多支作战力量在复杂环境中近距离战斗，极易引起误伤。针对这一情况，交战中的美军临机采取了严密而有效的防范措施。对于战机飞行员来说，地面上交战双方过于接近，因此美军战机在精准锁定目标后要向地面部队确认目标信息，经双方核实无误后再实施打击。甚至有时战机并不开火，而是通过发射照明弹或超低空俯冲的方式震慑并吓退敌人。对于对进合击的地面部队来说，骑兵连和B连采取交替开火方式可以避免误伤，即双方通过电台保持不间断联系并临机达成约定，骑兵连开火的时候B连停止射击并进行隐蔽，反之亦然。

第八，近距离空中支援灵活精确。在此次行动中，美军近距离空中支援灵活、精确，既迅速反转了战场形势，又有效避免了复杂作战环境可能造成的附带伤亡。9月2日，骑兵连在阿里卡雷村遭到火箭弹猛烈袭击，连长立刻呼叫在附近空域待战的F-18战机。为避免附带伤亡，美军战机没有实施火力打击，而是采取超低空高速俯冲的方式进行震慑。飞行高度仅15米的战机呼啸着从河岸上空掠过，并发射照明弹。掠地飞行的战机起到了震慑塔利班的预期效果，战斗仅持续5分钟，塔利班就仓促撤退。

在B连夺控阿里卡雷村塔利班火力点战斗中，两架“基欧瓦勇士”直升机在B连连长指引下对目标发起攻击。第一轮打击采取“敲屋顶”战术，即用适当弹药将塔利班分子隐藏的木屋顶棚精确掀翻，从而将屋内敌人暴露在外。在第二轮打击中，为避免误伤附近居民，美军飞行员并没有使用火箭炮和12.7毫米机枪等机载重型武器，而是使用M4卡宾枪精准射杀屋内敌人。

第九，坚持破与立结合，赢得人心。转变当地民众对美军的态度并赢得民心，是美军驱除战场“迷雾”进而取得行动成功的关键。为此，美军坚持破与立结合，在打击、孤立和消灭塔利班的同时，注重开展民事支援和地方建设。“把握机遇行动”期间及行动结束后，美军扶持的农业项目雇佣了3000多名当地平民，促进了当地就业。美国国际开发署在该地区建设18个项目，积极吸引当地人参与，这样当地人就更积极主动地配合美军保护家园、维护当地治安。在美军各项民事支援措施吸引下，行动结束后当地居民陆续回到阿罕德伯河沿岸那些空荡荡的村镇。尽管留在当地打游击的塔利班分子继续袭击美军巡逻车队、埋设简易爆炸物，但袭击频率和强度都大不如前。为应对简易爆炸物威胁，第 17 步兵团 1 营花重金向当地人收买情报，从而获知塔利班埋设爆炸装置的手段和地点。B 连连长称："买雷总比踩雷强。"此后，没有再出现简易爆炸物造成美军伤亡事件。

第十，战场直觉敏锐。美军合成营的资深士官作战经验丰富，基于丰富经验形成的战场直觉和敏锐性有效驱除了复杂作战环境中的"迷雾"。9 月 2 日深夜，完成清剿行动的 B 连在阿里卡雷村外驻防。在 B 连 1 排防线，排长让士官长作为夜间观察哨部署到预定地点，实战经验丰富的士官长部署到位后认为预定观察哨的位置较为暴露且距离本排防线过远，凭直觉预感在此处会遭到偷袭，于是他重新挑选了一处利于防守和隐蔽的位置作为观察哨，而后请示排长批准。他转移阵地约 10 分钟后，树丛中突然传来脚步声。随着声响越来越近，排士官长拉响了地雷。地雷爆炸后不久，脚步声再次响起并走到原来观察哨的位置。排士官长对着响动的方向连开五枪，之后传来惨叫和呻吟声。地雷爆炸声和枪声引来其他美军士兵，经核实并没有己方人员受伤。天亮后，美军展开搜索，在原定观察所的位置发现了血迹，据此判断是塔利班分子夜间偷袭。如果士官长没有凭直觉在夜间临机转移阵地，就已经丧命于前来偷袭敌人的枪口下。

附记：

从"水牛行动"和"把握机遇行动"透析美陆军合成营复杂环境作战

笔者点评："水牛行动"和"把握机遇行动"是美陆军第 17 步兵团 1 营在同一地区连续实施的两次作战行动，充分体现了复杂作战环境对美军合成营行动的影响，以及美军合成营在复杂环境作战的主要特点与问题。

在"水牛行动"和"把握机遇行动"中，第 17 步兵团 1 营同时采取毁伤性和非毁伤性行动，即通过搜剿歼敌等毁伤性行动打击并削弱塔利班，通过维护治安、战后重建等非毁伤性行动强化了阿富汗政府和安全部队的合法性。通过上述行动，美军第 17 步兵团 1 营实现了预定目标，即为阿富汗大选提供安保并在阿罕德伯河谷地区建立立足点。然而，美军行动并非一帆风顺，而是遇到了前所未有的困难并为此付出沉重代价。

尽管美军不断总结伊拉克战场的经验教训，不断改进“斯特赖克”合成营的技战术流程，但初到阿富汗战场仍难以应对各种全新挑战。美军第17步兵团1营的编成以“斯特赖克”装甲车为核心。在阿罕德伯河谷的复杂地形中，战车总体性能受到极大限制，尤其火力优势和快速机动性能难以发挥。此外，当地塔利班武装人数众多且经验丰富，当地民社情复杂。总之，地形、敌情和民社情等各种因素叠加，构成复杂作战环境，使该地区成为阿富汗境内最危险的地区之一。第17步兵团1营在当地连续实施的两次作战行动，体现了编制与条令、地形、武器装备和敌情对美军合成营作战行动的影响以及合成营在复杂环境作战的主要特点与问题。

一、编制与条令

美军“斯特赖克”部队是以轮式装甲车为核心、以步兵为主体的中型部队，力求实现杀伤力、生存力和机动力平衡配置，可通过空中运输快速部署，可依靠先进的信息技术夺取并保持战场主动权。美军作战条令明确规定，“斯特赖克”合成营遂行的任务包括：依靠火力和运动接近敌人，进而消灭或抓捕敌人；依靠火力、近战和反击等手段击退敌人进攻。美军条令强调，机动力是“斯特赖克”合成营成功的关键，“斯特赖克”战车为合成营在复杂地形发挥战斗效能以及为连排级分队遂行非接触战斗提供支撑。在作战行动中，一方面连指挥官依靠下车战斗的步兵分队消灭敌人；另一方面，编入“斯特赖克”步兵连的机动火炮排和迫击炮班显著增强了连指挥官运用建制内直瞄和间瞄火力支援步兵下车战斗的能力。尽管“斯特赖克”战车本身也能够为下车战斗的步兵提供火力支援，但条令强调战车的主要作用是运送兵力快速加入战斗以及提供战术灵活性。

在“水牛行动”和“把握机遇行动”中，第17步兵团1营的编制和行动总体上符合条令规定，符合运用步兵同时进行乘车战斗和下车战斗的原则。“斯特赖克”战车的性能给该营官兵留下深刻印象。一名士官回忆：“战车能够在荒漠地带每小时奔行80千米，没有谁能够跟得上。”一名排长回忆：“战车的火力、搭载的步兵、防空舱盖和远程武器系统综合在一起，在激战中锐不可当。”

在两次行动中，“斯特赖克”战车在关键时刻发挥了重要作用。在“水牛行动”中，美军依靠战车火力在开阔地带成功压制塔利班的攻势。此外，战车集火射击支援徒步分队进攻，迫使塔利班放弃占领的村镇。在

“把握机遇行动”中，“斯特赖克”战车发挥了更具决定意义的作用。在行动第二阶段，美军出其不意直插阿里卡雷村，进而达成行动突然性，这要得益于战车出色的机动能力。美军骑兵连和一个步兵排利用夜暗掩护，沿阿罕德伯河南下攻击阿里卡雷村，与此同时徒步分队从相对的方向发起攻击。美军秘密且快速的机动令塔利班措手不及。由于为时已晚、无法躲避，塔利班只能按照美军选择的时间、地点和方式被动应战。战斗中，“斯特赖克”战车为徒步分队提供了有力的火力支援。最终，美军在阿罕德伯河谷行动取得成功，建立起新哨所，为后续行动提供了立足点。

二、地形

总体而言，阿罕德伯河谷地形并不利于“斯特赖克”战车作战。果园众多，植被茂密，土墙和沟渠纵横交错，道路狭窄崎岖，这些都制约了战车行动。在“水牛行动”中，植被茂密的果园多次阻碍了战车为 B 连徒步分队提供直接支援。步兵不得不提前下车，徒步机动，从而增加了伤亡风险。在“把握机遇行动”开始前，战车无法穿越阿罕德伯河谷内植被茂密的“绿区”，也无法沿狭窄崎岖道路行进。为减少复杂地形对战车机动性能的影响，同时也考虑到塔利班发射火箭弹精度不高、风险可控，营长纽曼下令拆除 B 连和 C 连战车外侧的附加钢制栅栏。拆除附加栅栏后，战车每侧宽度缩短了 45. 7 厘米，更便于在阿罕德伯河谷内机动。沙瓦赫里地区地形相对平坦开阔，塔利班火箭弹精度较高。因此，在该地区行动的 A 连战车附加栅栏得以保留。在行动中，B 连和 C 连的行动都受到地形阻隔，步兵不得不在没有战车直接支援的情况下徒步穿越复杂地形。

美军战后总结指出，没有哪一款搭载步兵战斗的装甲车能够完全适应阿罕德伯河谷的复杂地形，在这里遇到的困境类似于越南战场上履带式装甲车在丛林地带的困境。尽管如此，美军还是不断总结实战经验教训并积极应对，力求最大限度发挥战车性能，例如，以河床作为机动走廊实施机动以及利用开阔的荒漠地带快速运送兵力。美军士官回忆：“在穿越荒漠地带和干涸的河床时，战车表现出色。”营长纽曼认为，战车最重要的能力是搭载步兵实施决定性机动。他指出：“在阿罕德伯地区，战车就是搭载我们抵达下车地点的平台。我们可以在荒漠地带大弧度转弯，直抵预定下车地点，从敌人意想不到的荒漠中出现。”尽管美军因地制宜采取了灵活机动的战术，但总体上阿罕德伯河谷地形不利于战车机动力和火力的发挥，因此美军“斯特赖克”部队于 2009 年深秋撤出该地区。

三、武器装备

在复杂作战环境中行动，战车性能、美军战场抢修能力和“陆地勇士”系统都暴露出问题。

第一，战车防护力和战场抢修能力弱。尽管“斯特赖克”战车卓越的战术机动性能为第 17 步兵团 1 营行动提供了重要支撑，但也暴露出问题，突出体现在战车防护力弱和战场抢修能力不足。在行动中战车修复多次成为主要战术行动，这让美军始料不及，更是措手不及。基于伊拉克战场经验教训，该营官兵在平时训练中一直使用“斯特赖克”抢修车拖拽“受损”但并非“完全报废”的战车。然而，在阿富汗战场威力更大的简易爆炸物面前，战车的防护能力明显不足，美军遭遇平时训练没有遇到甚至没有想到的各种情况，例如面对被整个炸翻、轮胎全部报废或熊熊燃烧的战车。显然美军对以上情况缺乏准备，最初只能依靠加拿大工兵实施战场抢修，后来才逐步装备了专业拖车并培训出胜任上述情况的抢修人员。即便如此，修复战损车辆仍需要至少 24 个小时。这就为塔利班集中力量攻击受损战车和守卫车辆的美军提供了有利时机，美军也因此常陷入被动。在完成修复前，一辆受损战车往往会牵制一支部队。在夜间，熊熊燃烧的战车就像火炬一样吸引塔利班的围攻。因此，营长纽曼要求提供支援的直升机飞行员像对待坠落的战机一样对待受损战车，“始终不要离开受损战车，直到战车被装上平板卡车运走为止”。

第二，“陆地勇士”系统性能缺陷且稳定性差。“陆地勇士”系统是美军合成营指挥信息系统的关键。美军可依靠该系统精确定位自己和友邻部队位置，实现战场态势实时感知和信息共享。然而，在复杂作战环境中，该系统暴露出性能缺陷和不稳定等问题，使美军陷入困境。系统性能缺陷体现在四个方面。一是过于沉重。该系统宽度要比普通士兵的后背宽 15 厘米，再加上各种单兵装备，给士兵进出战车造成困难。营长纽曼称：“该系统既沉重又笨拙。”二是电池续航时间短。该系统电池续航时间饱受官兵诟病。第 17 步兵团 1 营刚进入阿富汗战场时备用电池丢失，而系统电池电量又很快用尽，官兵只能连续多日背负没有电的沉重系统行军。三是经常死机。即使在没有长时间使用情况下，该系统也常常在关键时刻突然死机。在“把握机遇行动”中，当美军在夜暗中依靠该系统搜寻友邻分队位置时，系统突然死机。一名士官称：“屏幕上什么都没有，我们什么都看不到。”四是不能显示敌情。该系统只能做到“知己”，而不能做到“知彼”，即不能显示敌情。其设计初衷没有考虑到侦测和显示敌人部署情况。当B连使用该系统向塔利班翼侧迂回时，系统的数字地图未能发现敌人设置的各种障碍，进而给机动中的美军造成危险。

该系统稳定性差主要体现在易受地形地物影响，复杂地形、茂密植被和较远距离会削弱甚至阻断信号，造成通信中断。

四、敌情

美军合成营具有令塔利班无法企及的火力优势。深知自身劣势的塔利班尽可能避免与美军正面冲突，而是充分利用各种非对称手段制衡美军。一是善于使用简易爆炸物。美军一名上尉回忆：“他们不敢与我们正面交锋，而是依靠简易爆炸物和伏击挫败我们。”第17步兵团1营刚抵达战场，就领略了简易爆炸物的巨大威力。阿富汗战场上简易爆炸物的威力要远超伊拉克，包括A连连长在内多名美军官兵被炸身亡。塔利班在使用简易爆炸物对付装甲战车方面积累了丰富经验。2006年，加拿大轻型战术车首次进入阿罕德伯谷地。自那时起，塔利班就开始研究并试验如何炸毁装甲车辆。当2009年秋美军进入该地区时，塔利班已具备了袭击并摧毁中型装甲车的经验。尽管简易爆炸物本身构造并不复杂，但是塔利班运用简易爆炸物的战术却十分巧妙，令美军防不胜防。塔利班专门针对美军技战术特点采取相应反制措施，不断推出使用简易爆炸物的新方法、新手段。美军一名上尉回忆：“我们每采取一项新措施，塔利班都会找到相应反制措施。”而且塔利班善于观察和分析对手，掌握了美军车队编队特点和指挥官乘坐车辆的位置，重点袭击美军车队中部，成功炸死炸伤多名美军指挥官。

无处不在且威力巨大的简易爆炸物严重影响和制约了美军徒步分队的战术和机动。对美军而言，每条道路都充满危险，甚至寸步难行。在美军看来，每一个咽喉要道、每一条步行小路、每一扇大门和每一座桥下都埋有简易爆炸物，因此美军不得不避开道路，宁愿选择翻越土墙、穿越植被茂密的果园甚至在污浊的水沟中跋涉，官兵体能消耗严重，出现非战斗减员。针对无处不在的简易爆炸物，营长纽曼强调，要站在对手的角度思考问题，要注重分析塔利班的意图，要不断思考敌人想要干什么。

二是灵活机动。塔利班的战术素养令美军吃惊。美军一名士官回忆：“塔利班训练有素，善于完成正在做的事情。”塔利班作风剽悍，在多年战乱中积累了丰富作战经验，善于伏击和偷袭，而且善于从对手角度出发思考问题。美军回忆：“如果你认为眼前的地域适合部署L形伏击，那么塔利班肯定也想到了。”此外，塔利班十分注重撤离战场伤亡人员，使美军难以评估作战效果。美军士官回忆：“塔利班不想让我们发现伤亡人员，也不想让我们知道他们的伤亡情况。每当我们的榴弹命中目标，他们就会立刻收尸，甚至让十几岁的儿童帮助拖运尸体。”经过一系列激烈战斗，塔利班的表现给美军留下深刻印象。在美军看来，他们的对手是一帮经验丰富、机动灵活且誓死守卫阿罕德伯河谷地区的顽敌，是复杂作战环境中的最大“迷雾”。

五、“雄鹰行动”

（一）战例概要

2010 年 6 月，美军 101 空中突击师第 1 旅第 327 步兵团 2 营（编组为“不懈”特遣队）在阿富汗东部库纳尔省的马拉瓦拉地区展开大规模作战行动，代号“雄鹰行动”。此战是该营到达任务区后立即展开的首次大规模作战，将 2001 年阿富汗战争爆发以来美军在库纳尔省的一系列作战行动推向顶点。此次行动充分反映了交战双方在作战行动控制上的主要特点、制约因素以及主要问题，是美军合成营山地作战行动控制的典型战例。

（二）作战背景及经过

库纳尔省东与巴基斯坦接壤，北衔兴都库什山余脉，沿山脊线有众多山口，其中距首府阿萨达巴德最近的是隶属马拉瓦拉地区的伽西山口。马拉瓦拉位于阿萨达巴德以东，紧邻阿巴边境，特殊的地理位置使其成为武装冲突的核心区。塔利班经常越境发动袭击或逃避抓捕。伽西山谷是该地区主要地形，长约 11 千米，从马拉瓦拉一直延伸至边境，山谷南北两侧山峰耸立、山势陡峭，山峰与谷地高差约 800 米，谷地最低处的洼地有季节性溪流。山谷四周地势险要、易守难攻，20 世纪 80 年代苏军曾战败于此。山谷中有一条东西走向大车道贯穿桑盖姆、达里达姆和支那尔等三个村庄。美军情报显示，库纳尔省塔利班指挥官拉赫曼的作战基地就位于山谷中，其指挥部位于最东面的支那尔村。拉赫曼常年在阿巴边境活动，熟悉地形，作战经验丰富，手下武装约 300 人，得到当地村民广泛支持。

美军第 327 步兵团 2 营于 2010 年 5 月进驻库纳尔省，营长沃维尔立即着手分析战场环境和敌情特点，在全面评估基础上，将拉赫曼的基地作为首要打击目标，并拟制、上报作战方案。根据方案，美军首先夺取处于交战双方中间地带的桑盖姆村，而后占领塔利班的重要据点达里达姆村，在此基础上清剿拉赫曼的指挥部所在地支那尔。在地面部队行动开始前，机降分队先期在山谷两侧高地建立警戒阵地，居高临下、依托有利地形掩护地面部队主力沿山谷开进。

韦伯上尉指挥的营部连是本次行动地面部队的主力，连长韦伯担任“雄鹰行动”地面部队指挥官。该连采取任务式编组，编为“狼獾”特遣

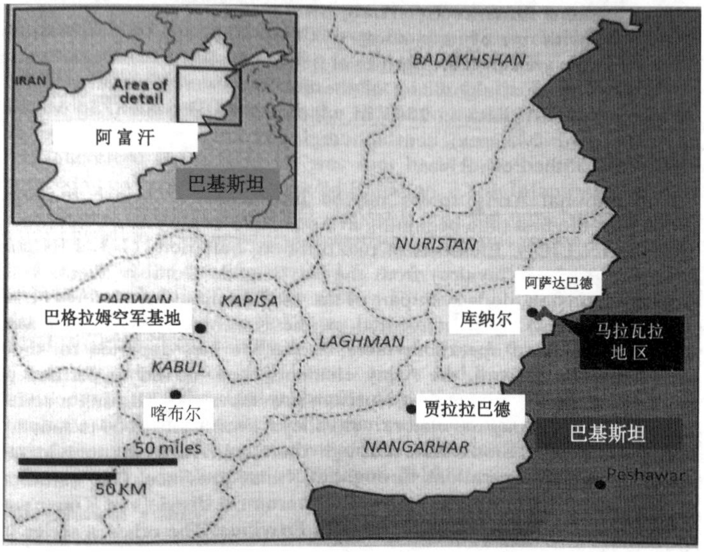

图 69　马拉瓦拉地区区划图

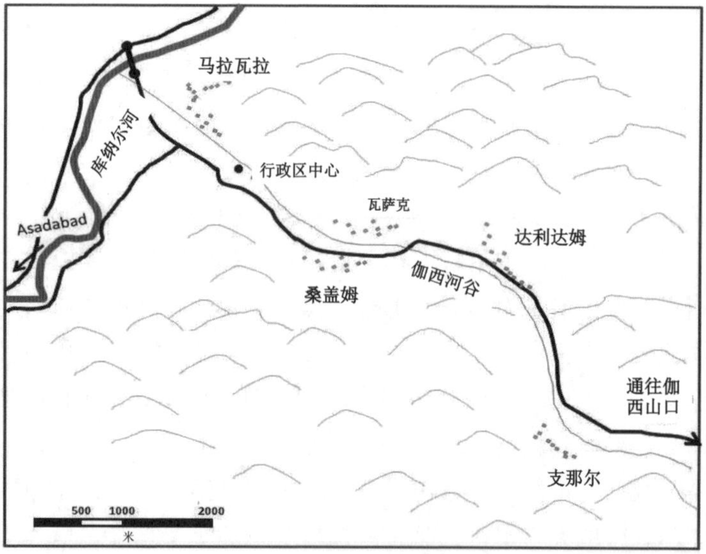

图 70　伽西山谷图

队，辖 2 个步兵排，每排配 4 辆全地形车，并得到阿军加强。每个排约 40 名士兵，分为乘车和徒步分队，担任驾驶员和射手的乘车战斗人员约 15 人。连火力支援官斯宾塞·普罗普斯特中尉可召唤包括“基欧瓦勇士”和

“阿帕奇”直升机、连属迫击炮和位于阿萨达巴德军营的155毫米榴弹炮在内的空地火力。2个步兵排为先锋，其中琼斯中尉带领一个配属有阿边防警察的加强排徒步沿进攻轴线左翼（北）前进，负责掩护主力部队左翼，解除桑盖姆村东北方向瓦萨克（Warsak）的敌情威胁。另外一个排由坦根中尉指挥，得到阿国民军配属，作为营部连主力清剿包括通道在内的山谷南部，当阿军警清剿桑盖姆村和达里达姆村等人口聚集区时为其提供支援。该排在道路清理分队引导下直接沿谷地行进，排属全地形车和连直接控制的全地形车提供安全警戒。两个排采取交替掩护、跳跃前进的方式。

另外，三支经美军培训的阿军突击队为此次行动提供支援，代号为“老虎”“欧米伽”和“僵尸”。阿军警均乘坐配有重机枪的“丰田”皮卡。美军在方案中强调让阿军发挥关键作用，要求配属给营部连的阿国民军和边防警察率先进入人口中心，首先与当地民众接触。此外，营长沃维尔还保留3支预备队和作战支援分队。预备队由美军2个排和阿国民军1个排组成，做好随时机降加入战斗的准备。在空中支援方面，2架OH－58“基欧瓦勇士”直升机组成的侦察武器组、2架AH－64“阿帕奇”直升机组成的攻击武器组与空军的F－15战机配合，从拂晓至中午进行空中待战，可接受临机召唤并随时提供近距离空中支援。此外，空军还出动各种平台提供情报监视侦察和电子战支援。

美军战前方案将“雄鹰行动”分为5个步骤：

1. 营部连（编组为“狼獾”特遣队）和配属的阿国民军/边防警察分队从乔伊斯军营出发，到达马拉瓦拉区中心并肃清该地区，然后以此为车辆集结地点，向伽西山谷进发。与此同时，道路清理分队和阿军“老虎”突击队在战术集结地域会合。

2. A连和B连各1个排利用夜暗掩护机降至山谷南北两侧高地并建立观察所：A连代号“短吻鳄”的排占领机降地域“猫头鹰”，建立“肖”观察所；B连代号“刺刀”的排占领机降地域“母鸡”，建立“托马斯”观察所。观察所与谷地高差在1000~1500米之间。为确保火力优势，两个排均携带M2重机枪和MK19榴弹发射器。在山谷两侧制高点开设观察所旨在阻止敌人居高临下使用重火器伏击沿山谷行进的美军。

3. 配属给“不懈”特遣队的第327步兵团1营B连从战术集结地域出发，徒步行进至“卡勒”观察所。该观察所是马拉瓦拉区中心周边的制高点，邻近美军地面部队主力的出发阵地，可为其初步行动提供警戒监视和火力掩护。

4. 配属有阿军“欧米伽”突击队的营侦察排机降至机降地域“鹰”，建立火力打击阵地。该阵地位于达里达姆村西南 500 米，与谷地高差约 700 米，是达里达姆地区的制高点，可封控通向村南的道路，依托该阵地可阻敌从达里达姆村向南撤退。

5. 营部连连长韦伯率主力采取徒步和乘车机动相结合的方式沿谷地前进至达里达姆村。一旦接近有平民居住的村落，由阿军率先进入村庄，美军负责监视警戒，最终目标是肃清达里达姆村。

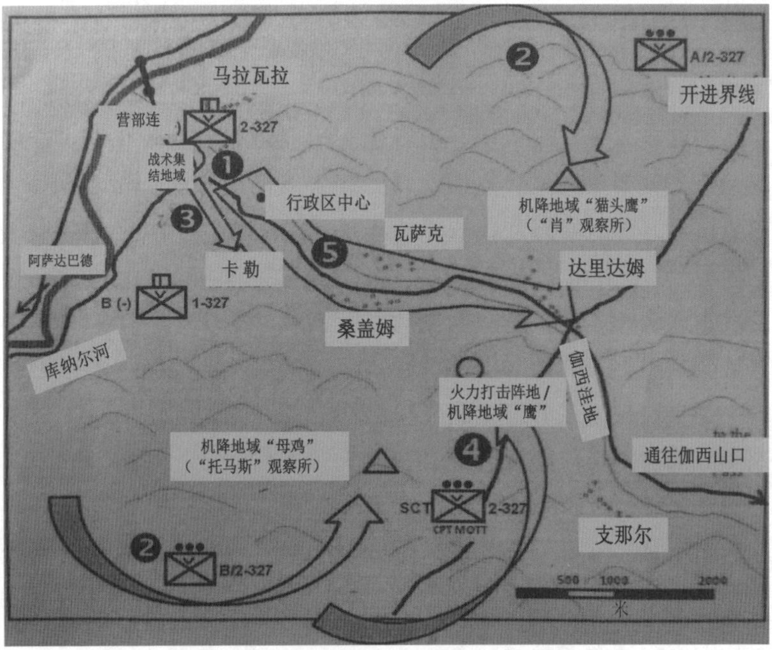

图 71　“雄鹰行动”美军行动方案图

按照计划，作战行动于 6 月 27 日午夜开始，美军利用夜暗掩护实施空中机动，拂晓时发起攻击，在第二天中午高温天气到来前结束行动，历时约 12 个小时。

作战经过

第一阶段

为防泄密，美军在行动开始前最后一刻才通知阿国民军，致使阿军无法按时集结到位，因此行动发起时间不得不向后推延。在乔伊斯军营完成集结后，营部连连长韦伯率部于02:30到达马拉瓦拉区中心。第327步兵团1营B连分遣队于03:00徒步向卡勒观察所开进，与此同时机降分队分别占领机降地域“猫头鹰”和“母鸡”。因等待阿军而推迟行动的营部连于06:15开始行动。美阿联军很快顺利到达桑盖姆村，在没有遇到抵抗也没有遇到平民的情况下迅速完成对该村的清剿。乔纳斯带领的排穿过崎岖山地，完成对瓦萨克的清剿，也没有遇到任何抵抗和平民。然而，表面的平静只是假象。在桑盖姆村，排长坦根通过无线电截听设备得知，至少40名敌人已经在达里达姆村做好战斗准备。此时，盘旋在空中的“基欧瓦勇士”直升机遭到来自达里达姆村附近敌人阵地的火力袭击。

图72　美军刚经过远处这棵独立树，战斗就打响

坦根带领的排于07:00完成对桑盖姆村的搜剿。07:15美军刚越过桑盖姆村外的一棵独立树，立刻遭到火箭弹和重机枪猛烈打击。塔利班占据达里达姆村外围高地，居高临下袭击美军。坦根带领的排陷入无处可藏的困境，队伍前面的阿军出现伤亡。琼斯带领的排也遭敌火力打击。由于山势阻挡，美军无法判定敌人阵地位置，无法有效使用火力进行压制。道路清理排使用车载压制火力掩护坦根率领的徒步分队撤退，同时徒步步兵为车载武器指示目标。连长韦伯紧急调配阿军“老虎”突击队的皮卡作为医疗救援车抢运伤员。韦伯回到桑盖姆村重整队伍，准备继续前进。为减轻先头部队压力、掩护其行动，火力支援官召唤位于阿萨达巴德的155毫米榴弹炮向美军开进路段前方发射烟幕弹，并召唤空中待战的“阿帕奇”直升机对敌人阵地实施火力突击。

正当地面部队前进受阻之际，南北两侧山脊线上的美军机降分队与试图向山谷中美军地面部队两翼迂回的敌人交火。山脊线上的美军完全出乎塔利班意料。美军在机降地域“猫头鹰”的 1 个排成功伏击了运动中的敌人。美军在桑盖姆村南侧机降地域“母鸡”（观察所“托马斯”）的 1 个排也与敌人激烈交火。连长韦伯通过无线电台得知两侧高地上的排均与敌人激战，为减轻其压力韦伯决定率部继续进攻。考虑到地形较为开阔，韦伯决定乘车前进，率 4 辆全地形车以蛇形纵队沿谷地开进。开进途中，阿军用配有重机枪的皮卡提供火力支援，位于怀特军营的美军 155 毫米榴弹炮实施烟幕掩护。坦根所在排的第 1 辆全地形车被火箭弹击中，得益于装甲防护，车内乘员没有受伤，但车辆受损无法移动，车载武器系统也无法工作。

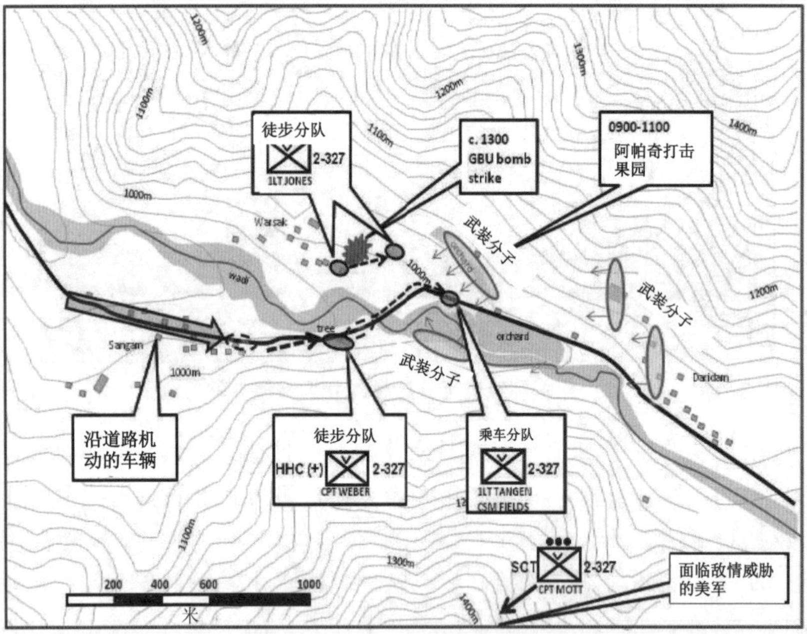

图 73　2010 年 6 月 28 日 10：00 至 13：00，伽西山谷态势图

约 13：00，美军空地联合火力打击的效果显现，为地面部队继续前进扫清了障碍。排长乔纳斯将全排分为两个组，采取交替掩护方式前进。前进过程中，连长韦伯提醒避免被空中支援战机误伤，然而事先预警未能避免误伤事件发生。F－15 战机发射的制导炸弹炸伤 5 名美军士兵，其中 3 人伤势严重。地面指挥官趁战斗间隙召唤直升机组织伤员撤离和物资补给。在当天战斗中，营部连 1 人阵亡，6 人负伤，官兵极度疲惫，需要休整几个小时才能继续行动。乘直升机在空中指挥的营长沃维尔也认识到，营部连已经达到进攻顶点，要占领达里达姆村就必须制订新方案。重新评估战场态势后，营长命营部连守住当前阵地，同时向旅长请求支援。此时在贾拉拉巴德的指挥部实时跟踪战况的旅长坡帕斯已经制订出新方案，派阿军“僵尸”突击队投入战斗。“僵尸”突击队由 80 名经过美军特种部队培训的精锐队员组成，分乘 3 架“支奴干”直升机飞抵战场，接替美军营部连担任主攻。按照新方案，“僵尸”突击队于午夜发起进攻，由韦伯的营部连提供地面支援，等待提供空中火力支援的 AC－130“空中炮艇”飞抵战场上空后发起地面进攻。

塔利班警惕性很高。03:00，“僵尸”突击队刚刚开始行动就遭到火力打击。确认村内没有平民后，营长下令空中待战的 AC－130 战机向敌人阵地开火。地面部队利用空袭效果立即前出，迅速完成对敌人据点的清剿。拂晓时分，美军与阿军“僵尸”突击队在达里达姆村西侧会合。在美军支援和掩护下，阿军对村庄展开搜索。此时塔利班已经撤出村庄，个别未来得及撤退的塔利班武装分子在外逃途中被美军直升机击毙。

第二阶段

第一阶段行动结束后，当地平民逐渐回到村内，美军帮助重启地区重建和发展项目。当地部落领袖在阿萨达巴德召开会议，宣布支持阿政府，并要求安全部队长期驻守。

由于美军在第一阶段行动中没有能够彻底消灭塔利班，或将其赶出马拉瓦拉地区，导致当地局势仍不稳定。塔利班在多地对美军前沿基地和军营发动袭击，企图将美军吸引到其他地区。因此，美军换防交接后，一边继续驻守“托马斯”观察所，一边准备继续清剿支那尔村。为了持续对塔利班施压，美军经过短暂休整后展开第二阶段行动，计划于 7 月 19 日至 20 日占领支那尔村。第二阶段行动方案与前一阶段相似，配属给“不懈”特遣队的第 327 步兵团 1 营打先锋。通过前一阶段作战行动，营长沃维尔认识到夜间突袭十分有效，而且行动开始前村民早已撤离村庄，无须担心平民伤亡，于是下令于午夜展开突袭。基于上次经验，美军预测会遭到敌人强烈抵抗，然而行动开始后只遭到零星抵抗。以拉赫曼为首的塔利班在

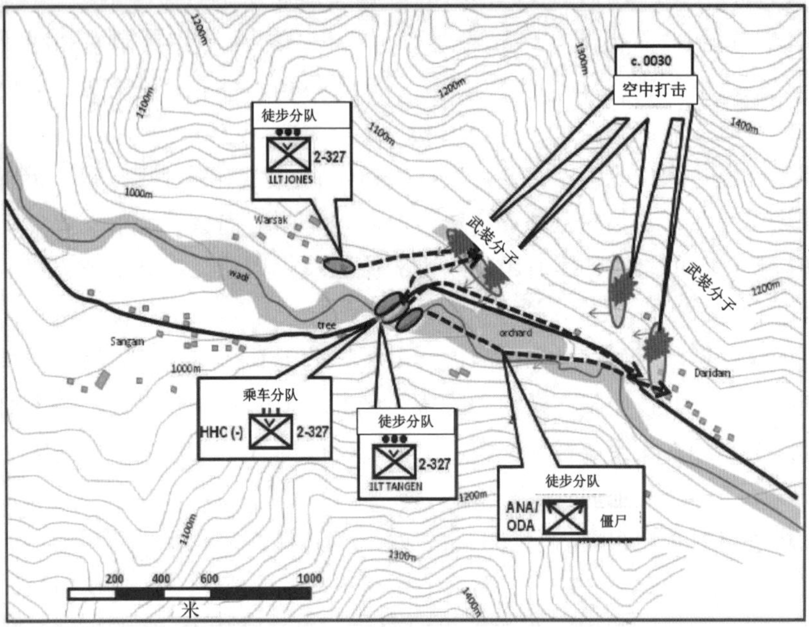

图 74　2010 年 6 月 29 日 01:00－07:00，美军对达里达姆村的突击图

美军到达前已经撤离，美阿联军顺利占领支那尔。

（三）战例评析

此次作战行动反映出山地作战中交战双方在作战行动控制方面的主要特点、存在问题以及影响作战行动控制的重要因素。

美军作战行动控制的特点及制约因素

1. 情况预判周全，计划控制细致周密

尽管战斗十分激烈，但美军伤亡较轻，这主要得益于战前计划周密，对作战行动中可能出现的各种情况预判全面、细致，对具体行动控制的针对性、实用性和操作性强。第一，准确的敌情判断是制订正确计划的前提，美军情报部门在研判敌情方面表现出色，坚持底线思维，从最坏处着眼并做充分准备。战场上，美军遇到的敌情威胁是战前预判的各种情况中最糟糕的一种。尽管拉赫曼动用了所掌握的全部力量，但并没有超出美军战前预想的范围。美军战后评估，山谷中至少有 250 名武装分子，其中至少 125 人被击毙。

第二，战前准备充分，预置后备力量。营长沃维尔此前曾在阿富汗其他地区服役，到达任务区后迅速主动向前任指挥官了解情况，仔细阅读此前的作战日志和战场报告。得益于主动作为和充分准备，沃维尔能够在很短时间内制订出大规模作战行动方案并立即实施。这就突破了以往新部队到达后短暂休整、熟悉情况、逐步展开的传统模式，出乎敌人意料，达成行动突然性。充分准备还体现在保留并适时投入预备队。此次作战再次证明了预置后备力量的重要性。尽管美军战前准确研判敌人能力和意图并制订了周密计划，但是战斗依然异常激烈，在战斗关键时节适时投入预备队对于最终胜利起到关键作用。

第三，反常用兵，彰显指挥谋略。此次行动最终目标不仅是夺地，更要消灭敌人、瘫痪其网络，因此营长沃维尔在战前计划中有意“违反”隐蔽突然、出其不意等原则，故意示形于敌，派地面部队主力直接沿谷地向敌人据点开进，沿着敌人预期的道路前进，以合乎敌人意料的方式达成吸引敌主力、诱敌暴露、迫敌应战的目的。

第四，计划周密，充分发挥己方优势。在示形于敌、诱敌出战的同时，营长沃维尔派两个机降分队秘密渗透并占领山谷两侧制高点，既达成出其不意的效果，也有效粉碎了敌人居高临下伏击美军地面主力的企图。利用夜暗掩护乘直升机空中渗透、秘密进入战场并占领制高点，这一系列行动隐蔽突然，令埋伏在山谷两侧高地、袭击美军地面部队的塔利班陷入被动，被迫仰攻占据有利地形的美军。除机降人员外，美军还将重机枪等武器机降至山顶阵地。在山顶架设重武器起到了决定性作用，使美军取得对敌人火力优势，将敌人牢牢压制在原地，令其无法袭击山谷中的美军。

第四，保密意识强，防泄密措施严密。在此次行动中，美军在作战行动和技术装备等方面体现出很强的保密意识和严格规范的防泄密处置措施。在作战行动方面，战前严控作战方案传播范围，甚至不惜以牺牲友军信任为代价。营长沃维尔特别强调作战行动突然性，防止敌人在美军到达前逃脱。基于经验教训，过早向阿军通报作战方案往往会泄密，让敌人有所察觉，因此营长决定直到行动开始前最后一刻才向阿军通报行动的概略方案。严格的保密措施是此次行动成功达成突然性的关键。然而，保密措施也影响了作战准备和联军之间的协调配合。由于不清楚作战方案细节，行动开始后阿军无法应对战场形势变化，出现反应滞后、行动脱节、协同不畅等问题。但是，战后连长韦伯仍坚持认为：“行动保密比伙伴关系更重要，如果再采取行动，我们仍会这样做。”

在技术装备方面，严防敏感设备落入敌手。美军形成一整套严格规范的技战术程序，严防战斗中战损装备落入敌手进而泄密，并通过战前反复演练使官兵形成“肌肉记忆”。在此次行动撤离伤员过程中，美军一辆全地形车中弹无法移动。在连长韦伯决定放弃受损车辆后，训练有素的士兵按照技战术程序迅速拆除车内敏感设备并将战车拖到路边，并在周围建立环形防御，以火力保护受损车辆、阻止敌人靠近。

2. 通信链路畅通，指令控制实时精确

复杂的山地地形严重干扰战场指挥通信，是山地作战面临的严峻挑战。为克服地形的干扰，营长沃维尔乘直升机实施空中立体指挥。沃维尔原计划乘坐指挥控制直升机在战场上空监控部队行动，待部队完成第一阶段行军后再加入地面部队并与其一起行动。然而，山区地形严重阻碍无线电通信，于是沃维尔决定继续乘直升机空中指挥，并作为地面部队指挥官韦伯与位于乔伊斯军营的营战术作战中心进行通信联络的空中通信中继站，起到“桥接”作用，确保了通信链路动中通、战中通和扰中通，实现了前后方指挥通信持续畅通、指令控制能够实时落实。

得益于畅通的通信链路和及时有效的指令控制，美军的火力优势得以充分发挥，精确控制下的火力运用和作战效能的释放成为美军克敌制胜的一个关键因素，精确而猛烈的空地联合火力打击确保美军在复杂山地条件下以较小代价挫败并消灭占据有利地形的大量敌人。整个行动期间，美军各类型直升机在战场上空持续巡航待战，接到指令后可及时为地面部队提供空中火力支援、物资补给和战场救护，尤其是 AC－130 在火力支援方面发挥了关键作用。由于通信链路畅通、信息反馈及时、指令控制到位，美军牢牢掌控“制夜权”和“制空权”，作战效能得到精确释放，利用夜暗掩护对敌人阵地实施火力急袭，一举扭转了战场形势，地面部队得以恢复并保持进攻锐势，进而迅速完成对达里达姆村的清剿。除空中火力外，在前线指挥官的指令控制和火力协调官的实时调控下，部署在阿萨达巴德的 155 毫米榴弹炮排在战斗关键时节向关键地段精确发射烟幕弹，为地面部队行动提供及时有效的掩护。

3. 各级指挥官主动作为，自主控制灵活主动

此次作战行动中，美军各级充分理解上级意图、主动作为、勇于担当，能够在复杂多变的战场环境中有效实施自主控制，表现出较高指挥素

养。首先，营长主动研战意识强，善于临机决断。战前通过全面分析敌我实力对比和战场环境，营长敏锐意识到己方兵力不足，无法阻止敌人向巴境内撤退。为解决这一难题，营长采取了两项措施：一是在行动开始数小时前主动与巴方沟通协调，争取巴方合作，巴边防部队承诺拦截越境的塔利班分子；二是积极协调空中力量打击企图撤出战斗的大股敌人。

战斗中，沃维尔根据上级意图有效进行自主控制，善于根据战场形势变化临机调控部队行动，把握战机果断行动。战前因担心误伤平民，营长严格限制火力运用并推迟进攻发起时间。行动开始后，当了解到平民已经撤离、不存在误伤的风险后，营长便立刻放宽火力运用限制并调整了进攻发起时间，利用夜暗掩护果断出击，使美军火力优势和夜战优势得到充分发挥。此外，鉴于复杂地形对指挥通信的影响，沃维尔当机立断，改为全程乘直升机空中指挥，实时掌控地面部队行动，确保战场前后方、左右邻部队之间行动协调一致。此外，作为“不懈”特遣队指挥官，沃维尔在作战行动中不干预下级指挥和具体行动，充分相信并授权下级指挥官根据形势变化自主控制作战进程，并适时予以支援。

战斗结束后，沃维尔及时调控行动阶段转换，控制战局向有利方向发展。第二阶段作战行动刚结束，沃维尔立即指挥部队转入维稳和民事支援行动，确保各阶段行动紧密衔接。在继续清剿残敌的同时，积极争取当地部落领袖支持并承诺提供安全保障，启动重建项目并提供经济援助。一系列连贯有效的调控措施达到了巩固战果、控制战局向有利方向发展的目的。

其次，各级军士长素质过硬，关键时刻敢于担当。持续激战、极度缺乏睡眠和酷热天气导致营部连连长韦伯体力严重透支，无法继续指挥战斗。营军士长菲尔德兹带领防地雷反伏击车队来到韦伯所在阵地，积极出谋划策，建议韦伯在原地建立指挥所，进行休整，恢复体力，并主动接替韦伯指挥、率部继续前进。此外，在观察所“肖”东北，美军侦察排与阿军“欧米伽”突击队合编的作战分队在火力打击阵地（机降地域“鹰”）遭到敌人包围，陷入孤立无援境地，排长头部中弹，危急时刻排军士长主动接替排长指挥，率部继续战斗。

4. 先进武器装备为有效控制提供了技术支撑

在技术层面，防地雷反伏击车的技战术性能得到实战检验。第 327 步兵团 2 营装备的防地雷反伏击车采取车族式设计，有多种型号和具有不同功能，可执行不同任务。该营主要装备的是刚刚组装下线、重量更轻、机动力更强的防地雷反伏击全地形车，用以取代“悍马”实施反叛乱作战。该车能够在距敌人防御阵地200米的范围内有效抵御各种火力打击，车内乘员的安全性和战场生存能力明显提高，炮塔武器系统配备的12.7毫米重机枪和40毫米榴弹发射器可提供强大火力。而且依托车载通用远程操作武器站，机枪手在车内就可操纵各种车载武器，避免了暴露在车外的风险。在此次作战中，该车成功开辟通路，引导步兵前进，在12多个小时的激战中，美军只有1人阵亡。除全地形车外，配属给营部连的1个排还配备道路清理车，是防地雷反伏击车族的型号之一，该排从而具备工兵和步兵合成性质。道路清理车又分为两种：一种是金属探测和标识车，能够发现并标注金属炸弹和地雷；另外一种是道路开辟车，专门用于在设有雷场和陷阱的路段开辟和清理通路。

此次行动还证明，战场上最简单的技术往往最有效。阿军装备的武装丰田皮卡发挥了重要作用，尽管远不如美军防地雷反伏击车先进，但是能够在崎岖山路快速行进并具备较强火力，具有故障率低、机动性能好、操作简单、火力强大、适应性强等特点，尤其适于阿富汗山地作战。而且在阿境内丰田皮卡几乎随处可见，除军车外还有大量民用车，改装成本低。

影响美军作战行动控制的三个因素

第一，战场协同对作战行动控制的影响。此次行动中，最复杂、最困难的问题是协同。协同不畅导致美军战机误伤己方地面部队以及联军各部队之间行动脱节。这主要是两方面原因造成的。一是复杂地形导致通信系统无法正常运行。美军已经研发并装备可提供全方位战场态势感知的数字通信系统，但是阿富汗的山地地形严重影响了数字通信系统性能的发挥。二是联军行动协调困难。联军行动难协调主要有两个原因。首先，阿军武器装备落后，无法与美军互联互通。例如阿军警所乘车辆均由民用“丰田”皮卡改装而成，根本不具备与美军通联的数字通信系统。其次，阿军各突击队自成体系，脱离于美军指挥链之外，平时训练、管理与美军完全分离，战时根据需要临时编组，加之语言文化障碍，导致联军作战指挥控制困难，协调不畅。尽管阿军“欧米伽”突击队向美军营部连派驻了联络官，但没能避免突击队前方观察员在没有与美军协调的情况下呼叫空中打击，结果造成误伤。

第二，战场环境对作战行动控制的影响。战场环境对作战行动控制的影响主要体现在两个方面。一是地形和天气等自然条件的影响。崎岖陡峭的山地地形令美军难以集中优势兵力，只能编为若干个小规模的战斗编组，分散配置，独立行动，导致不能及时反馈重要信息、不能及时掌握各分队行动情况、不能及时纠偏错误指令和行动，影响了作战效能的发挥，处处遭到敌人猛烈抗击。此外，酷热天气致使官兵体能迅速下降，影响了指挥控制。酷热天气令美军官兵体能消耗严重，连长和火力支援官都处于濒临脱水、几近昏厥的状态，无法指挥部队作战和掌控部队行动。二是民情和友军等人文因素影响。如何减少平民伤亡是最为敏感且最难处理的问题，也是美军战前考虑最多的问题。为最大限度减少附带伤亡，美军不得不将夜袭行动推迟到天亮以后，这不仅丧失了夜战优势，而且导致部队行踪暴露，增加了行动风险和控制难度。此外，阿军战斗力弱、无法独当一面。阿军在战斗中常与美军行动脱节，与美军完成防务交接后不敢独自在山谷驻守，迫使美军重新返回该地区，牵制了对其他地区的兵力运用。

第三，技术因素对作战行动控制的影响。在此次作战中，技术问题成为干扰作战行动控制的一个重要因素。在激战中技术问题引起的突发事故导致计划落空、行动失调和部队失控。这主要是两方面因素造成的。一是防地雷反伏击车刚列装部队便投入战场，在复杂战场环境中暴露出性能不稳定、故障率高等问题。二是官兵装备操作专项训练不足、人装结合不紧密，常出现操作失误，而某些细小操作失误会导致系统关闭，进而导致整车无法运行。

塔利班作战行动控制的特点和问题

在此次作战中，塔利班作战行动控制的特点体现在两个方面。一是能够有效控制所属人员行动，集中优势兵力应对强敌，实现战斗效能的快速聚集与释放。塔利班在当地部署极为分散，通常化整为零、各自为战，但是指挥官拉赫曼能够有效掌控所属人员位置和行动，能够根据战场需要迅速集中优势兵力，例如在达里达姆村集中并投入全部兵力，给美军沉重打击。尽管美军战前审慎分析了塔利班的能力和意图并制订了周密计划，但是战斗激烈程度仍超乎预期，地面部队主力到达进攻顶点并难以为继，不得不投入预备队并依靠空中力量扭转战局。二是善于利用地形进行攻防转换，调控作战行动向有利方向发展。一方面依托有利地形隐蔽伪装，战斗开始前沿美军必经之路精心构筑阵地，卡口控道、隐蔽设伏，成功伏击和围困美军地面部队主力和其他分队，有效抗击美军空地联合打击长达数个小时。另一方面在遭到美军猛烈打击、取胜无望的情况下，充分利用熟悉地形的优势和夜暗掩护迅速撤出战斗，攻防转换迅速，体现了较强的临机控制能力。

塔利班作战行动控制的不足之处主要表现在两个方面。一是情况预想简单，计划控制不周密。指挥官思想僵化守旧，不能做到因敌施变。在战术运用上，拉赫曼无视时代发展和敌情变化，忽视对对手作战能力和意图的分析，战前对战场形势发展变化缺乏全面预判，缺乏多种预案和多手准备，企图刻板照搬打败苏军的办法对付美军，即占领山谷两侧高地、沿美军必经之地层层设伏。相反，没有预料到美军实施夜间机降和立体穿插，并缺乏相应准备。二是火力打击精确度不够。尽管塔利班火力猛烈并成功地伏击进入山谷的美军地面部队，但由于火力打击不够精确，仅给美军造成较小伤亡。

六、激战“灰尘”观察所

（一）战例概要

2010 年 9 月，美军一个侦察排在阿富汗重镇坎大哈附近扎里地区成功遂行了一次阻击战斗。经过两天激战，美军成功阻敌增援，同时有效吸引并牵制大量敌人，为歼敌有生力量创造了条件。此战充分展示了美军排级分队技战术特点以及一线指挥官和士官的能力素质，也暴露出美军作战体系末端存在的问题与不足。反美武装在战斗中善于捕捉战机、战法机动灵活、战斗意志顽强，让美军经受了严峻考验。

（二）作战背景及经过

扎里地区邻近阿富汗南部重要城市坎大哈。反美武装在该地区活动频繁，经常沿通往坎大哈的 1 号公路袭击国际安全援助部队车辆。为铲除毒瘤、消除隐患，美军第 101 空中突击师第 2 旅战斗队 502 步兵团 2 营于 2010 年 9 月发起代号“纳什维尔”的作战行动。

该营营长本科夫计划采取空中垂直突击与地面对进攻击相结合，从多个方向同时对 1 号公路南侧之敌发起进攻。具体方案为：B 连从前沿作战基地豪兹—马代德出发，采取空中机动方式越过反美武装所设雷区直插主要目标布兰查镇。A 连的两个排从普尔查汗镇出发，自西向东徒步向布兰查推进。D 连从据点出发，乘装甲车自东向西向布兰查推进，开进途中要在英军工兵连协助下开辟一条通路。美军各连均与阿安全部队混合编组、一起行动，在布兰查镇会合。在 A 连和 D 连从东西两侧向布兰查镇开进途中，B 连将处于孤立状态。为支援 B 连，营长决定将一个侦察排机降到布兰查镇东 1.5 千米处，阻敌增援力量进攻 B 连，并防止敌人迂回至 D 连翼侧。营长希望在 D 连开进过程中，侦察排能够吸引并牵制敌人有生力量进而与 D 连形成夹击之势。

侦察排在指定地域挑选一处院落作为观察所和阻击阵地，并以附近一条南北走向的大路“灰尘”路将观察所取名为“灰尘”。“灰尘”路是反美武装进攻或撤退的必经之路，“灰尘”观察所位于卡口控道，是理想的阻击阵地。营长决定拂晓前将侦察排部署到位，诱骗反美武装误认为“灰尘”路仍畅通无阻。按照计划，侦察排乘直升机在代号“蓝松鸦”的着陆

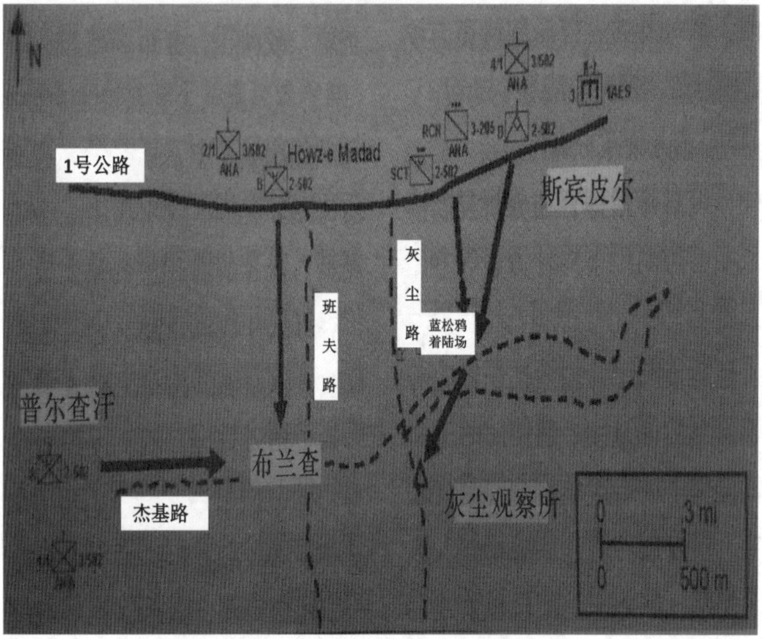

图 75　激战“灰尘”观察所战斗经过图

地域着陆，迅速机动至 1 号公路南侧 500 米处的观察所。D 连到达前，侦察排将处于与 B 连相似的孤立境地。

兵力编组及武器装备

侦察排辖 3 个侦察组，每组 5～6 人；1 个 9 人狙击小队，分为 3 组，每组含狙击手、观察员和安全员。此外，阿军一个 7 人侦察排随美军一起行动。该营联合末端攻击控制员阿尔尚博特和联合前沿观察员汤姆森配属到侦察排。侦察排主要武器装备包括配有 M203 榴弹发射器的 M4 卡宾枪、3 挺 M249 班用轻机枪、M320 榴弹发射器、M107“巴雷特”狙击步枪和 M24 狙击步枪。为加强火力，排长福彻还让两个狙击组携带配有三脚架的 M240B 通用机枪及弹药，并增加 4 具 AT4 火箭筒，每人携带 240～270 发步枪子弹。每名侦察兵战斗负重达 45 千克。侦察排长在 502 步兵团 2 营服役 3 年，2007 年在伊拉克轮战。该排军士长博斯 2002 年以来曾 4 次参战，排里其他士官均有 2 次以上在伊阿轮战经历。

作战经过

第一天的战斗

9 月 26 日 02:00，美军一架 CH－47“支奴干”直升机在“蓝松鸦”

着陆地域着陆，侦察兵立刻出舱，迅速在四周建立警戒线。为避开反美武装布设的雷场，侦察排挑选了一条地形复杂的难行之路，经过3.5个小时艰难跋涉终于在拂晓前到达观察所。院落占地约25平方米，四周是4米高围墙，北侧是并列4栋两层高建筑，在房顶可以观察四周地形。半小时后，当太阳刚从地平线升起，枪声就响了起来。房顶上的侦察兵设法判定反美武装位置，与此同时院内士兵抓紧加固阵地。几分钟后，观察所周围每处院落和房屋都响起枪声。美军士兵冒着敌人密集火力搜索目标、开火还击，向反美武装阵地发射榴弹。由于反美武装火力越来越密集，排长向房顶增派兵力，院内士兵加紧装填沙袋加固阵地。

联合前沿观察员通过无线电台向前沿作战基地迫击炮分队报告目标坐标。但是敌人火力太密集，观察员无法观察炸点，只能依靠房顶上的士官协助观测。两名士官采取交替掩护方式观察炸点，然后告知观察员，观察员再引导炮兵修正射击。观察员召唤炮火延伸至自己所处位置200米之内，已进入120毫米迫击炮危险界。一枚炮弹炸点距院墙仅70米远，观察员立刻通过无线电呼叫重新修正。最终，炮弹准确落入反美武装阵地，杀伤大量人员。15分钟后，反美武装停止进攻。约40分钟后，反美武装再次发起进攻。侦察兵们临机组成战斗小组密切协同。

在当天战斗中，反美武装火箭弹不断袭击观察所，对美军构成严重威胁。随着战斗持续，美军弹药不足，40毫米发烟弹和40毫米高爆榴弹严重短缺，M240B机枪子弹只剩200发。经排军士长多次申请，上级终于同意提供空中补给。下午4:00时，一架运送补给物资的“黑鹰”直升机飞抵观察所上空，直升机刚放慢速度立刻吸引了敌人大量火力，地面侦察兵设法压制敌人火力。由于空地协同不畅，直升机将弹药箱投到院外，导致一些弹药箱开裂，弹药散落遍地。军士长带领6人小组到院外抢运物资，房顶侦察兵发射发烟弹，掩护小组行动。日落前，侦察排编成小组秘密潜出，在射击死角和反美武装可能的接近路线埋设地雷。

18:00左右，反美武装发起最后一次进攻，经过激战被美军击退。经过12个小时激战美军侦察兵疲惫不堪。当晚，排长、军士长与观察员分析反美武装进攻特点，计划第二天打击目标，士兵们更换沙袋，分发弹药，保养武器，轮流休息。夜间，观察员召唤炮兵向各个方向散射照明弹，警惕反美武装夜袭。

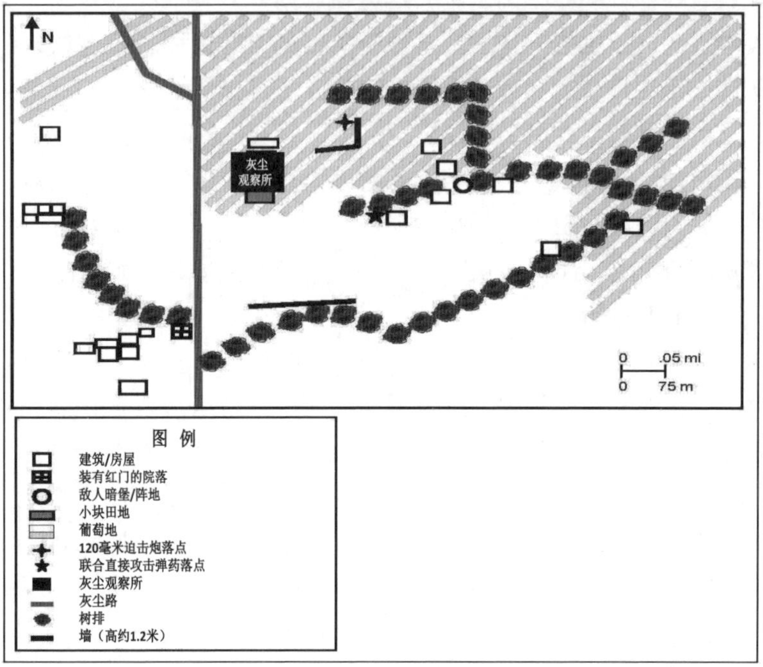

图 76　侦察排防守“灰尘”观察所图

第二天的战斗

次日拂晓，反美武装再次从不同方向进攻，火力逐渐密集。美军侦察兵发射红色发烟弹，为直升机指示目标。反美武装火力密度与前一天相似，每次进攻持续约 30 分钟。战斗一度异常激烈，反美武装接近至距美军观察所仅 25 米的地方。

美军侦察兵设法锁定目标、开火还击，发射红色发烟弹指示目标。直升机飞行员根据发烟弹所指目标实施对地攻击。当天下午，侦察排与从东北方向赶来的 D 连取得联系。D 连用 M58 扫雷直列装药清除沿途雷场，炸毁反美武装据点。随着 D 连接近，反美武装被迫进入 D 连与观察所之间的沟渠，调转枪口向 D 连开火。D 连防地雷反伏击全地形车用 12. 7 毫米重机枪开火还击。美军轻武器、“阿帕奇”直升机的“地狱火”导弹和 30 毫米榴弹组成联合地空火力，有效压制住了沟渠里的反美武装。

观察所附近的反美武装一处据点仍不断向美军射击。为避免火力误伤，D 连连长先通过无线电台与侦察排长进行协调，然后一辆 M1128 机动火炮车和一辆装有 105 毫米加农炮的“斯特赖克”装甲车进入射击位置，对反美武装据点进行火力打击，一举摧毁该据点。随后英军装甲工兵车开辟出一条通向观察所的通路。当日 16：00，D 连与侦察排会合，双方指挥官共同探讨战场态势并制订下一步行动计划。当 D 连清除了观察所周围全部敌人并确保观察所安全后，侦察排撤离。

侦察排不但成功阻止反美武装对 B 连的进攻，而且牵制住敌人增援力量进而将其消灭。战斗中侦察排无一人伤亡，圆满完成任务。营长本科夫称："他们出色地完成了任务，将敌人引入 D 连杀伤区而后将其歼灭，实现了预期计划……这是我们部署期间经历过的最激烈战斗。"

（三）战例评析

在此次战斗中，美军侦察排技战术特点、排级指挥官和士官能力素质及存在的问题都充分体现出来。反美武装善于捕捉战机、战法机动灵活、战斗意志顽强，给美军造成巨大压力。

1. 美军侦察排技战术特点

一是具备完成多样化作战任务的全谱作战能力。侦察排通常执行侦察和安全警戒任务，但是在此次战斗中却完成阻击和牵敌等艰巨任务，使命任务和作战职能得以拓展，展现出遂行多样化作战任务的能力。用侦察排执行此类任务并非用兵不当，而是美军一般任务部队拓展全谱作战能力的具体案例。战前营长坚持"不为条令所束缚"的理念，努力拓展侦察排作战能力、遂行多样化任务，对侦察排进行伏击、狙击和重机枪操作等科目训练。打造全谱作战能力的理念、高水平实战化训练以及所配武器装备弥补了侦察排作战能力的短板弱项，整体战斗力得以提升，能够在战场上阻击并牵制数倍于己的敌人。

二是技战术操作流程精细规范。此次行动战场环境复杂、战斗紧张激烈，但美军无人员伤亡。这得益于严谨细致、精确规范的技战术操作流程。细节决定成败，专业规范的技战术操作流程主要通过一些具体行动反映出来。到达观察所后，侦察排军士长先带领 3 人小组秘密潜入，借助手电光探明各房间都空无一人，然后向每个房间投掷 C4 爆破装药清除简易爆炸物。等尘埃落定后，军士长再次带人进屋排查，在确保院落安全的情况下引导全排进入。

三是不同行动之间转换速度快，能够迅速形成战斗力。得益于战前演训形成的默契和过硬技战术素养，侦察排到达观察所后能够立刻转入战斗状态，在很短时间内实现从长途行军到构筑工事、组织防御的转换。美军刚到观察所、立足未稳之际反美武装就发起进攻，侦察排在没有时间准备情况下仓促投入战斗，边作战边构筑阵地，分区负责、密切协同，迅速形成战斗力。

四是战斗中善于临机协同。在战斗中为避免火力误伤，侦察排与D连临机协同，制订预防火力误伤措施并取得较好效果。D连向观察所接近途中，防地雷反伏击全地形车的12.7毫米重机枪对敌人开火，子弹从侦察兵头上飞过，打入院墙。察明是D连射击后，侦察排长立即与D连指挥官联系，告知其停止射击。与此同时，为避免误伤友军，侦察排规定“只许发射40毫米榴弹”。D连准备攻击观察所附近敌人一处据点前，先通过无线电台与侦察排临机协同，然后一辆M1128机动火炮车和一辆装有105毫米加农炮的“斯特赖克”战车进入射击位置，既摧毁了敌人据点又确保观察所安然无恙。

五是训练紧贴任务需求，严格扎实。侦察排通常执行侦察和安全警戒任务，为完成此次任务，战前该排进行伏击、狙击和重机枪操作等专项训练，作战能力得以拓展，实战证明紧贴任务需求的战前训练至关重要。此外，平时高水平实战化训练为侦察排掌控战斗节奏和作战进程提供重要支撑。侦察排平时训练中把战斗分为两个阶段，即前15秒的战斗和实际战斗，认为如果能够掌控前15秒钟，就可以控制此后的作战节奏。侦察排将该原则用于实战，从一开始就以压制性火力抗敌进攻，遏制敌人进攻势头，把握住战场主动权。

2. 美军指挥官能力素质分析

在战斗中，美军侦察排指挥官在分析判断情况、组织和指挥战斗、协调诸军兵种力量等方面表现出较强能力素质。

一是善于分析判断情况，并创造性采取应对之策。出发前，排长福彻判断最直接、最便捷的道路会布有地雷，因此选择了一条地形复杂的难行之路，尽管行进艰难，但是成功避开雷场和敌人伏击，带领全排安全到达。战斗中，排长善于分析反美武装进攻特点，总结其进攻规律：先从南面开火，吸引美军火力，而后从东、西方向开火，最后从北面使用压制性火力并逐渐向美军观察所逼近；每次大规模进攻持续约30分钟，火力逐渐增强，然后撤出战斗，约40分钟后再次发起进攻。摸清规律后，排长有效控制作战节奏，带领全排利用战斗间歇加固阵地、补充弹药、进行休整，为应对敌人下次进攻做准备。

二是善于组织和指挥战斗，沉着镇定。为保持侦察排持续作战能力，排长利用敌人进攻间歇组织各班轮流布防和休整，每班在房顶警戒4个小时，另外一个班装填沙袋、运送弹药，第三个班休整。战斗中，排长始终在一线靠前指挥，指挥下级构设阵地，将各战斗小组合理配置在观察所四周，有效协调地空火力，召唤火力支援并引导火力打击。在激战中，排长果断打破常规，亲自加入战斗。此外，排长在指挥战斗中善于听取并采纳士官建议，他在组织和指挥战斗中的出色表现给军士长留下深刻印象，军士长回忆："很少有二十几岁的年轻人能够在整个战斗中如此沉着冷静并定下正确决心。"

三是善于运用诸军兵种力量。作为处于作战体系末端的指挥官，侦察排长能够熟练运用诸军兵种力量，体现出较高联合作战素养。排长与联合末端攻击控制员、联合前沿观察员以及无线电操作员配合默契，根据作战需求灵活运用陆海空三军不同型号飞机并有效协同地面火力。在此次排规模战斗中，排长先后召唤并引导陆军OH－58"基欧瓦勇士"直升机、AH－64"长弓阿帕奇"直升机以及空军A－10"雷电"攻击机和海军F/A－18"大黄蜂"战斗机，并指挥地面直瞄和间瞄火力。

图77　美军激光制导炸弹在院落外的葡萄园爆炸

3. 美军士官能力素质分析

此次战斗中，侦察排士官展示出较强能力素质，充分发挥了骨干作用。一是联合末端攻击控制员、联合前沿观察员及无线电操作员等关键岗位士官战斗作风顽强、专业素质过硬、技能娴熟，能够有效召唤并协调空地火力，从而使指挥官能够集中精力指挥作战，无须考虑空地协同中的技术问题。侦察排只配一名专业联合前沿观察员，其掌握的技能在作战中不可或缺。观察员机降时不慎扭伤脚踝，但始终坚持行军和作战。如果他无法行走，就得用4个人抬，另有1人背两个背囊，严重影响全排机动力和战斗力。观察员忍痛坚持作战，并与联合末端攻击控制员密切配合，凭借顽强意志和过硬专业素质使侦察排获得关键优势。此外，联合前沿观察员警惕性高、战备意识强。夜间为防敌人偷袭，观察员召唤炮兵向各方向无规则发射照明弹，以警示敌人。侦察排始终保持高度警惕，避免了遭敌人夜袭。无线电操作员表现同样出色，帮助呼叫并引导空中支援，及时为飞行员更新地面战场态势，确保飞行员预有准备、一旦接到联合末端攻击控制员召唤能够立刻发起攻击。战斗中，联合末端攻击控制员、联合前沿观察员始终与排长并肩作战，完成排长下达的所有火力支援任务。观察员回忆："我们对自己和对方的能力充满信心。我召唤迫击炮火力，控制员为飞机指示目标。每当我完成一项任务，他立刻引导A－10攻击机用机枪扫射或投掷炸弹，然后我再引导直升机近距离攻击。"

二是侦察排军士长充分发挥了指挥官助手和士兵骨干作用。战斗中军士长身兼数职：在院内指导加固防御阵地，在房顶指示目标、协调火力打击，计算弹药消耗。当他看到支援飞机没有及时到达时就立刻用无线电台呼叫："这里需要空中支援，敌人正向我们射击。"关键时刻军士长主动作为、敢于担当，越级申请空中补给。激战中侦察排物资紧缺，形势危急。军士长通过电台向上级申请空中补给，但得到的回复是侦察排火力支援清单中没有此项，后来再次申请，再次遭拒绝。紧急关头军士长直接与营长通话、越级申请，终获批准。16：00，一架运送补给的"黑鹰"直升机飞抵观察所，解决了侦察排燃眉之急。

三是熟悉武器装备性能，能够实施战场抢修。侦察排士官在战斗中快速拆装并修复受损武器装备，有效排除故障。侦察排向观察所渗透途中，武器装备沾满泥土，导致战斗中机枪卡壳。该排下士迅速拆卸机枪、排除故障，然后继续射击，延长了武器作战使用寿命，避免了战斗力减损。

4. 美军作战中存在的问题

在战斗中，美军出现空投补给失误、打击效果欠佳、几乎造成误伤、撤离保障不力以及受制于交战规则等问题。

一是空投补给失误。在至关重要的空中补给行动中，侦察排无法与直升机驾驶员通联，无法引导其空投物资。在缺乏沟通和引导情况下，直升机将弹药等物资投到观察所外，迫使侦察排士兵涉险出院抢救物资。

二是打击效果欠佳。在战斗中反美武装依托观察所西南侧一处院落向美军开火。美军向该院落发射榴弹但效果不佳，此后排长多次申请对该建筑进行空中打击，均未命中目标，反美武装继续开火顽抗。此外，排长还命联合末端攻击控制员召唤空中火力对东南侧反美武装火力点进行打击。尽管 A－10 攻击机对该火力点反复扫射，但效果不佳，并没有压制住敌人火力，反美武装仍依托火力点向空中盘旋的“基欧瓦勇士”直升机射击。

三是几乎造成误伤。为清除树丛后反美武装火力点，联合末端攻击控制员引导装有“杰达姆”炸弹的海军 F－18 战机进行空中打击。首枚炸弹正中目标，但第二枚炸弹炸点距院墙不到 125 米。炸弹威力巨大，震动整个院落，几乎将排长从房顶掀下来。排长回忆：“感觉就像一块砖击中胸口。”飞入院中的弹片险些造成人员伤亡。海军 F－18 战机飞行员认识到问题严重性，立刻停止攻击并重新确认坐标。

四是撤离保障不力。尽管多架各型战机加入此次战斗，却没有直升机运送侦察排返回基地，经过两天激战，疲惫不堪的侦察排官兵只能步行返回基地。

五是受制于交战规则，战斗力难以发挥。为避免平民伤亡以及由此造成的负面影响，美军交战规则对武力使用做出严格规定，禁止战场上向没有携带武器的人开枪。然而，在阿富汗战场，反美武装往往与平民相互混杂，难以区分。交战规则一方面限制了侦察排战斗力发挥，另一方面给反美武装进攻或撤退提供可乘之机。激战中一名中士发现一个手持无线电台的武装分子并立刻告知下士。虽然下士锁定目标，但因敌人没有携带武器而不能开枪。中士回忆：“如果他只是拿着电台，你就不能开枪。只能看着他从容离去。”

5. 反美武装作战特点

在此次战斗中，反美武装善于捕捉战机、战法机动灵活、战斗意志顽强。一是善于捕捉战机，打击立足未稳之敌。反美武装趁美军刚到达观察所立足未稳之时发起攻击，达成进攻突然性。尽管美军侦察排士兵作战经验丰富，但反美武装发起攻击之迅速仍出乎他们意料。反美武装改变了先进行观察，等判定美军行动后再发起进攻的通常模式，转为采取发现即打击的模式，令美军猝不及防，从原计划的依托阵地防御陷入仓促防御。

二是战法机动灵活，善于利用地形。反美武装灵活机动采取“蜂群合击”战术，编成多个战斗小组，从不同方向同时发起突袭，以达成“多点开花”效果，令美军疲于应对、难以招架。反美武装采取这种战法一度接近至距美军观察所仅25米。战斗中反美武装充分利用茂密植被和水渠等有利地形地物隐蔽伪装，依托院落、围墙和房屋隐蔽接敌，采取“快打快撤、打了就跑”战术，令美军狙击手和空中火力难以锁定目标，有效降低了美军火力优势。

三是战斗意志顽强。尽管美军战前准备充分，但是反美武装的顽强抵抗仍超出预期，令美军经历严峻考验。反美武装不顾美军猛烈的火力打击和酷热天气持续进攻。美军侦察排作战经验丰富的士官都称从未经历过如此激烈的战斗，他们的回忆从侧面印证了反美武装战斗意志之顽强。排军士长曾四次参战，称这次战斗是2002年以来经历的最激烈战斗。上士斯陶克曾两次参战，他回忆：“这是我经历过的最激烈交火。”观察员汤姆森认为：“我此前经历的一切都无法与此次战斗相提并论。”

此外，反美武装还善于在第一时间把伤亡人员拖离战场，令美军难以准确统计敌人伤亡情况，影响了美军对打击效果的评估。

七、“落锤行动”

（一）战例概要

2011 年 6 月，美军在阿富汗库纳尔省瓦塔普尔山谷发起“落锤行动”，这是 2001 年以来该地区的最大规模作战行动。经过十年交锋，反美武装越打越强，实力不断壮大，经验更加丰富，对美军技战术特点了如指掌。美军则进退失据、陷入困境。“落锤行动”既是这一困境的真实写照，也是美军在阿富汗陷入战争泥潭的缩影。在这次作战中，交战双方特点鲜明：反美武装避实就虚、以弱击强，美军体系作战、联合制胜，从不同侧面诠释了现代山地作战制胜机理。

（二）作战背景及经过

阿富汗库纳尔省的瓦塔普尔山谷地形复杂、交通不便。当地居民与世隔绝，对外来势力怀有敌意。自 2002 年起，该地区成为当地反美武装的训练营地。美军多次清剿均无果而终，反美武装日益壮大。为彻底铲除滋生叛乱的温床，美军于 2011 年 6 月再次发起大规模清剿行动，代号“落锤”。经过十年斗争，交战双方已经相互熟悉，很难达成行动突然性，此时后勤保障、作战部队与保障部队的协同水平以及指挥官的能力素质更显重要。对美军而言，复杂的地形和民社情往往成为比反美武装更可怕的敌人。

图 78　美军沿瓦塔普尔山谷陡峭的山地行进

作战经过

“落锤行动”是2001年以来以美军为首的联军部队在瓦塔普尔山谷地区投入作战力量最多、规模最大的一次作战行动。美陆军第25步兵师第3旅战斗队35步兵团2营奉命组建“凯克提”特遣队执行此次任务。特遣队编组为4个连级战斗分队，各连均辖2个步枪排和1个武器排。武器排配备改进型目标获取系统、“标枪”近距战斗导弹、反坦克导弹、40毫米榴弹发射器和12.7毫米重机枪。特遣队还得到旅属“目标分队”和侦察排的支援，另有3个步兵连作为预备队。此外，美军还与阿富汗安全部队混合编组、共同行动，阿军主要执行目标地域内村落和建筑物的搜排和清剿任务。

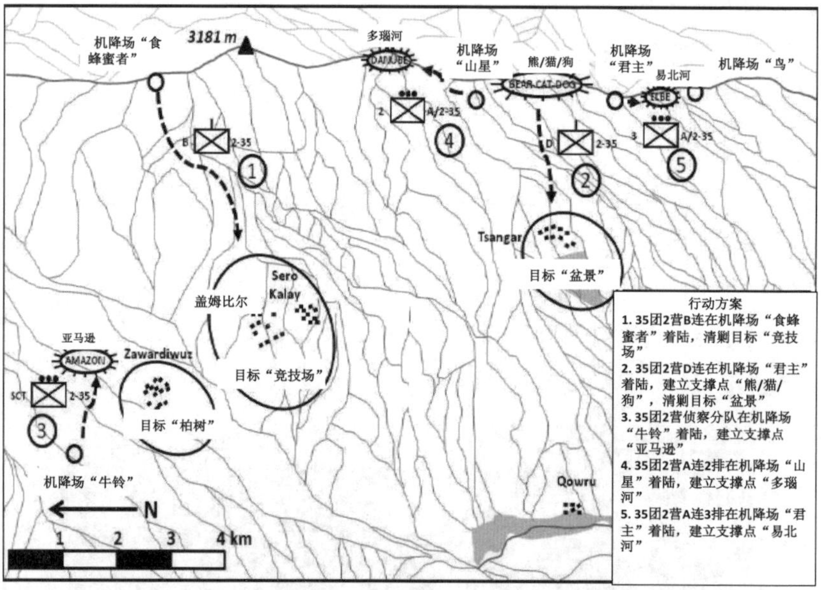

图79 “落锤行动”作战方案图

由于山高路险，美军使用CH－47“支奴干”直升机通过空中机动方式投送兵力。各分队乘直升机在目标地域（被反美武装用作训练营地的盖姆比尔村和赛若卡雷村）东侧山脊线选择有利地形实施机降，随后建立着陆场并构建支撑点。第35步兵团2营B连担任主攻，在山脊机降着陆后徒步下山对目标地域展开清剿。其他分队选择有利地形构建支撑点，依托居高临下的有利地势为B连提供火力支援和掩护，同时切断反美武装进入山谷的通道。

图 80 B 连在机降场“食蜂蜜者”着陆后准备行动

6 月 25 日，行动开始。美军到达战场后才发现，实际情况与作战方案的设想相差甚远，地形复杂程度远超预期。坡陡林密、乱石丛生，美军行进艰难，出现非战斗减员。当日 B 连两次遭到伏击。第一次是上午，该连向目标地域机动途中遇袭，连指挥官立即呼叫“阿帕奇”直升机提供火力支援。由于植被茂密且交战双方距离过近，造成直升机火力误伤。实施救援任务的“黑鹰”直升机在撤离伤员时遭火箭弹袭击，险些被击落。第二次是下午，该连机动至距目标约 1 千米处时遭伏击。反美武装成功避开美军先进的侦察器材监测，从北、南、西三面围攻 B 连 1 排，形成交叉火网。短短几分钟内，美军排长阵亡，连长和火力支援官受伤。美军立刻组织反击，然而反美武装精心构设的阵地十分隐蔽，令美军难以精确定位和实施打击。在激战中，美军“基欧瓦勇士”直升机险些再次造成误伤。反美武装作战顽强，在美军强大空地火力打击下坚持战斗，令美军寸步难行。直到夜幕降临，反美武装因缺乏夜战能力退出战斗，美军得以喘息。同日，山脊线上美军各支撑点均遭袭击，一架运送预备队的“支奴干”直升机遭遇强气流坠毁。纵观首日战斗，美军出师不利：地形复杂程度超乎预期，被迫几次更改作战方案；主力 B 连两次遭伏击，部队伤亡严重，迫使美军动用预备队；运送预备队的直升机坠毁，导致多人重伤。

图81　6月25日，B连在行进过程中看到的盖姆比尔

6月26日，美军第35步兵团2营B连在目标地域附近建立支撑点，抗敌袭扰。27日，美军各处支撑点不断遭到袭击。反美武装巧妙利用地形隐蔽伪装、秘密机动，多次逼近至距美军阵地不到30米处。严酷环境和持续激战导致美军的饮水、食品和弹药迅速消耗殆尽，而复杂地形和恶劣天气又导致运输直升机无法进行补给，美军被迫改用固定翼飞机投送补给，但是飞行速度过快和高度过高导致空投物资远离美军阵地，甚至落入反美武装手中。在战斗中，补给极度匮乏几乎导致美军行动失败。28日至29日，美阿联军经过激战终于到达目标地域并展开清剿。然而，等美军到达时，反美武装主力已经撤离并带走了各种有价值的资料，美军缴获甚少。美军完成对目标地域的清剿后准备乘直升机撤离。然而，复杂地形和恶劣天气相叠加，导致直升机无法在预定地点着陆，第一次撤离行动失败。美军不得不在阴冷潮湿的山上继续坚守，军心士气受挫。30日天气转好，地面部队成功清除了阻碍直升机着陆的障碍物，美军得以乘机分批撤离。其间，反美武装以小群多路“蜂群攻击”的形式多次袭击美军，迟滞了美军撤离进程。美军在各型战机掩护下于7月1日午夜完成撤离。

（三）战例评析

“落锤行动”是2001年阿富汗战争爆发以来美军主导的联军部队在该地区作战行动的顶点。在此次作战中，交战双方攻守移位，反美武装主动出击、先发制人，迫使美军由山地进攻、搜索清剿转为阵地防御、抗敌袭扰，行动时间由原计划的48小时延长至7天。美阿联军多人伤亡，尽管最终实现预定目标但并未对反美武装造成重创，赢得了一场“胜而不利”的战斗，是美军在阿富汗深陷战争泥潭、进退失据的真实写照。在此次作战中，交战双方各有特点，外在表现形式针锋相对，内在制胜机理一脉相通，从不同侧面展示了现代山地作战取胜之道。

1. 反美武装以弱击强的取胜之道

经过与美军十年交锋，反美武装越打越强，战术越用越活，做到了知彼知己、知天知地，即充分利用天气、地形和人脉优势，灵活运用战法，在掌握美军技战术特点基础上专攻其薄弱环节，令美军左右为难、进退失据。其取胜之道既体现了“你打你的、我打我的”作战指导原则；又展现出新特点，即坚持“我打我的”同时抑制对手优势发挥、不让对手“你打你的”，在实施完全主动的非对称自主作战同时，破坏对手行动部署、打乱其作战节奏、抑制其优势发挥，不让对手按其套路出牌。

第一，利用天气和地形优势，能攻善藏。地形，兵之助。此战充分展示了现代山地作战弱势一方如何利用地形优势有效削减强敌技术优势。一是反美武装充分利用山高林密的复杂地形、浓雾天气和夜暗掩护，多次成功避开美军先进侦察器材监视，在美军机动途中隐蔽设伏或是沿美军无法观测到的山间小道秘密抵近美军阵地发起突然袭击，令美军猝不及防、伤亡严重。当美军从慌乱中恢复过来组织反击或近距空中支援飞机抵达战场时，反美武装利用密林和雾气掩护迅速撤出战斗。二是反美武装成功翻越陡坡、峭壁等美军疏于防备的难行之地，出其不意地出现在美军阵地附近，贴近对手展开近距离缠斗，迫使美军战机因难辨敌我、担心误伤而无法实施火力打击。三是反美武装依托有利地形精心选择并构筑伏击阵地，有效隐蔽伪装，令美军难以发现和准确定位，火力打击效果大打折扣甚至造成误伤。

第二，利用美军交战规则，借力发力。反美武装熟知美军交战规则，利用其希望避免平民伤亡心理，动员当地民众充当侦察员，搜集情报、指示目标和引导打击。在伏击美军第35步兵团2营B连的战斗中，反美武装事先查明美军交战规则禁止对附近有平民的建筑物实施火力打击，于是招募多名当地妇女在建筑物周围活动，观察美军行动并引导火力打击。这种做法有效抑制了对手火力优势，美军指挥官担心平民伤亡事件被敌人利用并加以宣传，因而拒绝下令对相关建筑进行打击，导致行动受阻。此外，反美武装还利用美军交战规则对平民慎用武力的规定，广泛发动当地民众，广布情报网，随时掌握美军动向，同时陷美军于两难困境。美军在清剿途中多次遇到放羊和赶驴的当地平民，并陷入两难抉择：如果放行，则美军行踪可能暴露，进而遭到袭击；如果抓捕，则证据不足、违反交战规则。最终因证据不足且担心违反交战规则，美军不得不选择放行。结果每次放行后不久美军都遭敌人重兵袭击。值得一提的是，这种情况并非个案，在阿富汗战争期间，美军多次作战行动皆因当地人告密而行踪暴露，导致失败。这一方面暴露出美军在阿富汗缺乏民众支持，处于全民皆兵的尴尬境地；另一方面说明反美武装对敌情的掌握能够由表及里，能够准确分析判断美军心理，利用其交战规则制约收到借力发力之效。

第三，灵活运用战法，因敌施变。反美武装在摸清美军技战术特点基础上，积极主动进行非对称自主作战并取得较好效果。一是将火力震慑与精确狙杀相结合。与美军相比，反美武装火器装备十分落后，但是能够在战斗中集中使用火力，对美军关键目标和有生力量进行火箭弹齐射，有效震慑了对手，并利用美军震惊慌乱之机进行精确狙杀，将整体震慑与个别狙杀结合起来。二是综合运用小群多路突袭、近距离贴身缠斗和快打快撤等战法袭击美军。反美武装编为班规模的战斗小组，从不同位置和多个方向对美军支撑点和直升机着陆场发起“蜂群攻击”，具有攻击队形不规则、进攻时间无规律等特点，体现了较强的战场自主协同和自适应能力，采取近距离贴身缠斗战术造成敌我交织的混战局面，使美军无法进行空地火力支援。反美武装还采取快打快撤、“打了就跑”的游击战术多次偷袭美军。每当美军组织反击、支援飞机临空或双方力量对比即将发生改变时，反美武装立即脱离接触、撤出战斗。此外，反美武装还采取欺骗手段迷惑对手，在偷袭美军支撑点战斗中，反美武装穿着阿安全部队服装，有效迷惑了美军，令其难辨敌友，进而成功抵近美军阵地。三是主动出击，转守为攻。反美武装没有坐等对手清剿，而是趁敌立足未稳主动出击、先发制人，从机降着陆到撤离战场全程袭扰和伏击美军，促成攻守移位，迫使美军从主动进攻、机动清剿变为被动应对、阵地防御，有效迟滞了美军行动，由预定的48小时延长至7天，给美军后勤补给造成巨大压力，导致行动一度濒临失败。

第四，瞄准美军薄弱环节，击其软肋。尺有所短，寸有所长。美军作战体系虽然强大，但也存在“阿喀琉斯之踵”。反美武装善于发现并利用美军薄弱环节，以长击短、击其要害，从而实现强弱转化、攻防转换。一是抓住美军撤离伤员这一环节予以痛击。在地形复杂、战斗激烈的战场环境中，直升机撤离伤员是美军最敏感、最薄弱的环节。救援直升机和医疗小组都缺乏火力和防护力，从直升机悬停、着陆、装载伤员到起飞的各环节都极易受到打击，容易出现二次伤亡。反美武装恰恰抓住这一时机，集中兵力火力重点打击救援直升机并袭扰整个救援过程，导致美军救援行动多次受阻，两名伤员因救治不及时而死亡。二是盯住美军物资补给环节予以重击。在此次作战中，物资补给成为决定美军任务成败的关键。恶劣天气、复杂地形和激烈战斗导致美军关键物资极度匮乏，反美武装的连续重击更是把美军推上失败边缘。反美武装集中火力专攻运输补给的直升机，迫使美军不得不改用飞行高度更高、速度更快的固定翼飞机投送物资，结果所投物资大量损坏或远离美军阵地，甚至落入反美武装手中，加重了美军物资短缺的困境、打击了军心士气。与此同时，反美武装利用美军迫切获得物资补给的心理，引诱其离开阵地并在途中袭击美军。

总体而言，在此次行动中反美武装善于捕捉战机，组织严密的火力打击，有效控制了作战节奏，掌握了战场主动权和行动自由，实现了由被动到主动、由防守到进攻的转换。此次作战也从一个侧面反映出经过十年战争考验的阿富汗反美武装战斗意志顽强、实战经验丰富、训练有素等特点，成为美军可敬可畏的对手。“不是美军不努力，而是对手太狡黠”既是美军的一种无奈，也是对现实的一种客观评价。

2. 美军山地作战的制胜之要

在此次作战中，面对天气和地形等不利因素以及享有本土作战优势的反美武装，美军最终能够成功完成任务、实现预定目标并非偶然，其作战特点诠释了山地作战克敌制胜的制胜机理。第一，情报主导是美军克敌制胜的首要前提。在阿富汗战场，面对自然与人为双重因素叠加造成的“战争迷雾”，美军高度重视战场情报，作战全过程坚持情报先行、情报引领作战，最大限度减少了战场阻力与摩擦。

一是战前情报准备充分。“凯克提”特遣队梳理了2002年以来美军在该地区各轮驻部队的事后总结报告，吸取了美军多年来积累的战场经验教训，认真研究了当地敌情、地形、民情和社情等重要情报信息，作为决策依据，坚持以情报为中心定下决心、制订方案。

二是采取每一步行动前坚持情报先行。在夺控山脊线上有利地形、实施机降前，美军预先实施战场侦察，且高度重视侦察行动的安全保密。为避免打草惊蛇、引起敌人警觉，美军没有出动侦察飞机进行航空侦察，而是采取航天侦察，即通过卫星侦察和图像判读的方式获取情报，作为行动先导。机降着陆后，美军先通过营属情报侦察监视平台确认相关地域没有敌人活动迹象，然后才从着陆地域向预定地域实施机动。

三是作战全程坚持情报主导。此次作战，美军坚持以情报为主导展开行动，有效减少了作战过程中的不确定因素。其中低空声音截听设备从始至终发挥了重要作用，增强了美军战场态势感知能力，为下一步行动提供了预警，有效弥补了人力情报之不足。在战场上美军借助该设备多次监听到敌人重要通话内容，获悉敌人动向进而成功挫败敌人大规模偷袭的企图，还从中获悉敌人伤亡情况，为作战效果评估提供了可靠依据。

第二，联合作战是美军克敌制胜的关键因素。美军历来强调无联不战、无战不联，此次作战体现了美军联合山地作战的具体做法和主要特点。

一是作战编组在战术级分队深度联合，具备多能化和模块化特征。联合战术空中控制员和联合火力观察员直接嵌入连排级战斗分队，可直接召唤和引导空地火力进行精确打击。美军非对称作战中心的官兵作为观察员编入各战斗分队，以加强常规部队的非正规作战能力。美军各战斗分队均与阿富汗安全部队混合编组、共同行动。美军各分队得到相同规模阿军战斗分队的配属，同时美军特种部队军官作为军事顾问嵌入阿军突击队指导其行动。担任主攻任务的第 35 步兵团 2 营 B 连还配有一个女子接触小组，在清剿行动中专门负责当地妇女工作。此外，该连还配有迫击炮组、工兵组和战斗摄像组。这种编组方式体现出美军联合作战中参战力量多元、执行任务多样和作战能力多能等特征，满足全谱作战需求。模块化特征体现在美军特遣队实行标准化、通用化编组，各连级战斗分队编配人数和武器装备相同，作战能力相当，在战斗中可根据形势变化和任务需求任意拆分组合而不减损战斗力。

二是作战方式实现空地一体、立体作战。以陆军为主组建的“凯克提”特遣队体现了“飞行陆军”立体作战的特点，兵力输送、火力打击、战场救援和战后撤离等各环节均通过空中机动和立体突击方式实现。空地协同、一体联动贯穿作战全过程和各领域，成为美军克敌制胜之要。美军以立体攻防对抗敌人平面作战，以“飞行陆军”对抗敌人地面步兵，非对称优势明显。在火力打击方面，地面侦察分队发现并定位目标后，嵌入式

图 82　B 连防守支撑点

联合战术空中控制员和联合火力观察员直接呼叫并引导空地联合火力打击，打击结束后地面侦察分队第一时间评估打击效果。有效的联合火力打击有力支撑美军在激战中多次扭转劣势、击退敌人。在后勤保障方面，保障水平直接决定着这次作战的成败。在复杂山地作战，美军完全依靠空中力量进行物资补给和伤员撤离，根据战场情况和任务需求先后动用 UH－60“黑鹰”直升机、CH－47“支奴干”直升机、C－23“雪帕”运输机和 C－130“大力神”运输机等各型飞机，克服各种困难完成了繁重的保障任务。在一次作战行动中，营级特遣队能够动用如此多型号和架次的飞机，展示了美军较强的空中运输和机动能力，体现了作战部队与保障部队之间较高的协同水平，反映出美军联合作战在末端落实的程度。

三是作战行动以联合训练为牵引，实现战训一致。联战必联训，实战必实训。战前，美军贴近战场实景构设训练环境，根据作战任务编组训练，这种做法使“落锤行动”在一定程度上成为战前演训的一次翻版，实现了“按实战要求训练，按平时训练去实战”的效果，训练与实战达到一体化。部署到阿富汗之前，美军第35步兵团2营在欧文堡国家训练中心等训练基地采取与此次作战完全相同的作战编组进行联合训练和实兵演习，确保了分队内部官兵之间、各分队之间和各军种之间相互熟悉，积累了丰富的合作经验。美军还到落基山脉和阿迪朗达克山脉等近似战场环境的山区多次进行联合演训，以至于官兵走进瓦塔普尔山谷时产生回到美国本土的感觉，减少了战场环境生疏感。在战场上，美军坚持“边作战边训练”，把战场当作最好的训练场，在实战中训练队伍。战场上，嵌入各战斗分队的非对称作战中心观察员随时纠正各种技战术问题，并直接加入战斗、亲身示范指导。美军特种部队嵌入式军事顾问全程伴随并指导阿军突击队行动，在搜剿反美武装训练营地前，利用战斗间歇对阿军进行针对性训练，指导其如何执行联合清剿任务并及时解决制约联军作战的各种障碍。

第三，先进技术是美军克敌制胜的重要支撑。一是美军凭借先进的侦察监视技术获得技术情报优势，弥补了人力情报匮乏的劣势，为战场上夺取先机提供有力支撑。美军侦察分队的远程热成像视频图像系统有效增强了对周围地形的监视能力。美军借助通信截听设备在战场上多次监听到敌人重要通话内容，进而成功挫败敌人企图、重新夺取战场主动权。二是美军凭借先进的夜视器材取得夜战优势，实现了战场单向透明，进而反客为主、成功逆袭。美军尤其重视发展夜战武器装备和夜战能力，不但弥补了自身不善夜战的短板弱项，而且有效抵消了反美武装本土作战、熟悉地形的优势。值得一提的是，美军在战场上十分注重技术安全与保密，并采取严格的保密措施。“支奴干”直升机坠毁后，美军第一时间在事故现场附近建立警戒线，阻敌靠近、固守待援。而且美军还成立专业的“坠落飞机拆除小组”，克服各种困难到达事故现场，拆除飞机内部的通信器材和激光追踪器等敏感设备，以免落入敌手。美军撤离战场前，专门派遣F-15战机将坠落直升机彻底炸毁、以绝后患。

图 83　“支奴干”直升机坠毁地点

第三部分
特种作战战例

一、猎杀扎卡维

（一）战例概要

2006 年美军成功猎杀“基地”组织伊拉克分支（“伊斯兰国”的前身）头目扎卡维。此次行动突破了特种作战的传统模式，堪称美军特种作战的经典战斗。特战行动不再是特种部队的专利，各机构深度融合、灵活敏捷、适应力强的“超级团队”成为成功的关键。“超级团队”具有作战力量网状分布、作战行动体系支撑、作战指挥重心下移、作战手段多维联动等特点，在以后击毙本·拉登、解救菲利普船长等重大特战行动中得到充分展现，开启了特种作战的新模式。

（二）作战背景及经过

自 2004 年起，扎卡维领导的“基地”组织伊拉克分支在伊全国各地频繁发动暴力袭击，造成严重伤亡，恶化了安全形势，成为美军面临的首要威胁。美军曾几次组织大规模突袭行动，试图抓捕或击毙扎卡维，但均以失败告终。扎卡维成为驻伊美军的首要目标。

很长一段时间内，抓捕行动陷入停滞。2006 年 5 月，美军有了重要突破。经过多次审讯，一名叫作穆巴希尔的嫌犯提供重要线索：扎卡维的精神导师拉赫曼与家人住在巴格达，而且拉赫曼定期与扎卡维会面。根据这一线索，美军情报人员立刻动用无人机等空中侦察力量对疑似拉赫曼的男子展开不间断地跟踪监视。经过一段时间监视，美军发现并掌握了该男子的行动规律：每天 09:00 前后乘车离家，前往巴格达市区的不同地点与不同的人见面，傍晚回到家中。美军将该男子每天活动地点及行动路线详细标绘在数字地图上并输入数据库。但此时美军尚无法确认监视对象就是拉赫曼本人。为彻底核实目标，美军派两名侦察员潜入巴格达城内实施化装侦察，通过秘密抵近、偷拍取证等方式最终确认监视对象就是拉赫曼。

作战经过

6 月 7 日 15:00，一直跟踪监视拉赫曼的美军情报人员发现，拉赫曼行踪异常，在外出途中换乘其他车辆并离开巴格达市区，驶入迪亚拉省的省会巴古拜市，随后进入一家餐馆与一名陌生人会面，而后共同乘车向西北方向驶去。16:55 左右，拉赫曼乘坐的汽车到达一座院落，并与迎接他的一名黑衣男子共同进入室内。在此期间，为防止关键目标逃脱，美军临机调派了更多无人机对出现的所有目标均实施不间断跟踪监视。与此同时，一线指挥官将重要情况实时上报给位于拜莱德的特遣部队联合作战中心。美军基于以往经验并综合各种情况判断，与拉赫曼见面的黑衣男子就是扎卡维。美军决定立刻采取行动，并依据作战环境临机制订了作战方案。根据方案，特战队员搭乘直升机秘密到达目标地域附近并实施机降，而后隐蔽待机。随后 F－16 战机对院落实施精确轰炸。轰炸过后，隐蔽在附近的特战队员迅速前出，第一时间到达并控制现场，抓捕幸存者，评估轰炸效果。

行动开始后各种意外情况频出：搭载特战队员的直升机因机械故障无法在规定时间内到达；执行轰炸任务的一架 F－16 战机正在进行空中加油，不能在第一时间飞临目标上空实施轰炸；联合战术空中控制员下达的指令有误，导致战机无法投弹。这些问题使行动的风险性和不确定性陡增。

面对突发情况，一线指挥官及时调整作战方案，临机调控部队行动。18：12，美军一架 F－16 战机发射激光制导炸弹准确命中目标，约 90 秒后该战机发射第二枚激光制导炸弹再次击中目标。约 30 分钟后，搭载特战队员的两架直升机在距离院落约 400 米处着陆。特战队员抵达现场时，当地的救护车和警察正在救治伤员和进行事故调查。美军迅速控制了现场，在救护车上发现一名身穿黑衣、伤势严重的男子，初步判断此人正是扎卡维。此外，美军还在废墟中发现 5 具尸体，其中包括拉赫曼。随队军医立即对伤者进行检查，19：04 该男子因伤势过重死亡。随后特战队员带着 6 具尸体返回基地，并将疑似扎卡维的死者指纹传送给联邦调查局进行比对，以确认身份。次日 04：00 许，联邦调查局鉴定死者就是扎卡维。

在击毙扎卡维的同时，美军对跟踪拉赫曼过程中发现的 14 处目标同时发动突袭，以便在其下属察觉之前一举摧毁敌人整个网络。几天后，“基地”组织伊拉克分支发表声明，承认扎卡维死亡，并宣布由马斯里接掌指挥权。

（三）战例评析

猎杀扎卡维是近年来美军特种作战改革后的一个成功战例，突出体现了以下特点：作战力量网状分布、作战行动体系支撑、作战指挥重心下移、作战手段多维联动。另一方面，行动中也暴露出一些问题。

美军作战行动的特点

1. 作战力量网状分布。其主要做法是改变传统组织结构，构建网络化作战力量。扎卡维领导的“基地”组织伊拉克分支具有非传统、分布式、网络化、无固定核心等特点。正是依托这样一种分散、灵活的组织结构，扎卡维屡次成功逃脱美军抓捕，与此同时指挥武装分子频频发动袭击。尽管堪称精锐的美军特种部队具备诸多优点，但是在新威胁、新环境面前却显得力不从心、无法胜任。首先，历经变迁的特种作战部队组织结构日益庞大，组织内部层级增多，各级之间等级分明，官僚主义严重。各种指令自上而下逐级传达，时效性较差，不能适应瞬息万变的战场形势，难以捕捉稍纵即逝的战机。其次，各部门虽然都在联合特种作战司令部统一指挥下作战，但是相互之间缺乏信任，缺少沟通，存在本位主义和部门利益之争。上述种种原因导致猎杀扎卡维的行动屡遭失败。

严峻的战场现实迫使美军向对手学习，改革传统的组织结构，遵循“以网络对抗网络”的思路，构建更加灵活、适应力更强的网络化作战力量。在新型网络化组织结构中，纵向的等级界限模糊，横向的“烟筒”壁垒被打破，跨机构沟通互动变得畅通。构建网络化作战力量的关键在于：实施完全透明的信息共享，各级、各部门之间达成共识，营造相互信任的环境。

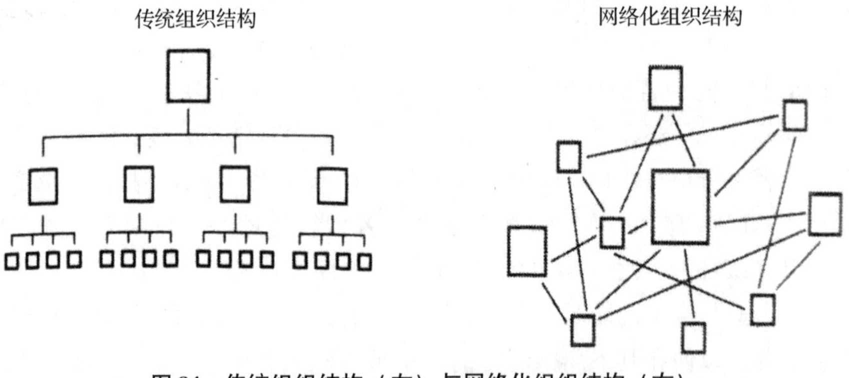

图 84　传统组织结构（左）与网络化组织结构（右）

2. 作战行动体系支撑。其主要做法是组建跨机构的“超级团队”，打造无边界组织。联合特种作战涉及部门众多、关系复杂，仅特种作战力量就由陆军“绿色贝雷帽”、陆军游骑兵、海军“海豹”及第 160 特种空勤团等多支部队组成，情报机构则涵盖中情局、国防情报局和联邦调查局等军地多个部门。美军除在特种部队内部实现指挥层级扁平化和作战力量网络化以外，还实施跨机构、跨部门融合，构建融特种作战、常规部队、各种情报机构于一体，军、地多部门一体联动的“超级团队”，实现团队与团队之间无缝衔接、深度融合，进而编织起范围更广、密度更大、关系纵横交错的超级网络，形成庞大作战体系。

为实现各团队之间深度融合、增强体系的凝聚力，美军采取三项举措。一是人员嵌入，即各部门之间互换关键岗位人员、实现交叉任职，以此加强各部门联系，培养换位思考意识和一专多能素养。二是派遣联络官，即各部门之间互派常设联络人，联络官人选必须是原单位的精英。这些联络官得到充分授权，在关键时刻可以代表派出部门做决策。三是信息共享。信息共享是实现同步感知、形成共识，进而实现自主决策、自主协同和自主行动的前提。为实现充分的信息共享，美军联合特遣部队的总部设计成一个透明的开放空间，所有办公室的隔断被拆除，所有人共同聚集在一个开放式的办公区办公，而且所有机构都派代表在开放办公区集体办公。屏幕墙360°全景式展现整个作战区域内的所有情况，一线部队的一切行动实时更新，在场所有人都可以通过大屏幕掌握整个战场态势变化，进而树立全局意识、培养系统思维。

纵观整个作战行动，从发现、跟踪目标到突发意外情况后临机调整，再到成功击毙扎卡维，直到对尸体进行身份鉴定，都体现出“超级团队”对复杂战场环境的适应力，体现出作战体系对特战行动的有力支撑。

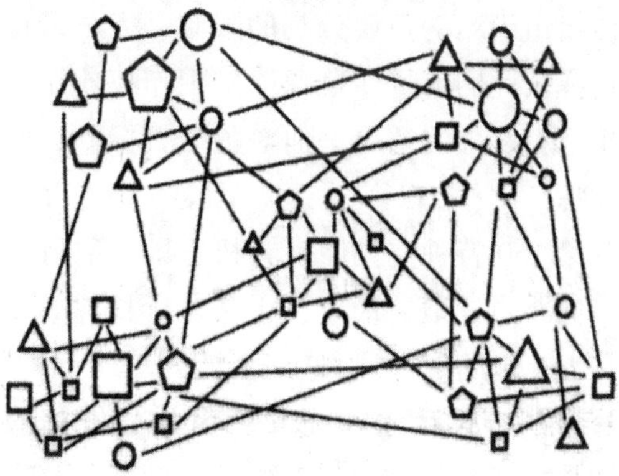

图85　“超级团队”组织结构

3. 作战指挥重心下移。其主要做法是统分结合、充分授权。为充分发挥跨机构“超级团队”的灵活性和适应力以便捕捉稍纵即逝的战机，美军强调在作战指挥上充分授权，下沉指挥重心，将统一指挥、分散指挥与混合指挥相结合。

一是统一指挥。美军联合特种作战司令部司令兼714特遣部队指挥官麦克里斯特尔中将有权统一指挥“超级团队”的所有力量，有权使用特种部队、常规部队、情报机构及民事部门的各种资源，可依托全域覆盖、全时通联的指挥信息系统实时掌控整个作战地区内战场态势，可与“超级团队”涵盖的所有单位直接通联，能够直达战术末端，可与单兵、单车、单机互联互通，实现战略与战术级之间无缝衔接。

二是分散指挥。美军注重下放指挥权限，充分向下授权，鼓励各级根据形势变化分散决策、独立行动。扁平化、分布式、网络化的“超级团队”呈现出“去中心化”的特点。尽管最高指挥官可以监控整个战场态势并可与一线分队实时通联，但并不遥制前线官兵的具体行动，不干涉一线指挥官自主决策，而是鼓励前线官兵充分发挥主动性、因势而变、机断行事。在充分授权和鼓励创新的环境氛围影响下，“超级团队”内各单位的自主决策、自主协同、自主适应和自主行动能力显著增强。在搜寻扎卡维期间，联合特遣部队司令部的下两级甚至三级（中队和连级分队）能够无须请示上级，直接指挥战役甚至战略级空中侦察监视平台并规划其飞行路线。

三是混合指挥。依托“超级团队”的深度融合，各军种部队及各情报机构等原本无隶属关系的各单位之间横向互联、互通和互操作能力显著提高，相互依存、相互信任度增强。在形势瞬息变化、战机稍纵即逝的战场上，各单位打破传统组织结构条块分割的限制，完全以目标为中心、以任务为导向，相互指挥彼此的力量和资源以实现作战效能最大化。扎卡维突然出现是出乎美军意料之外的情况，面对关键目标的突然出现，混合指挥的优势得到充分发挥。美军714特遣部队下属的16特遣部队指挥官不仅可以指挥特战队员和第160特种空勤团直升机立即采取行动，还可以通过联合战术空中控制员向距目标地域最近、正在执行日常战斗巡逻任务的空军F-16战机临机下达轰炸指令。

4. 作战手段多维联动。其主要做法是利用先进信息技术和庞大网络体系，实现多种作战手段互补增效和多维作战空间一体联动。

第一，利用大数据辅助决策，为作战行动提供数据支撑。此次行动的成功离不开大数据的有力支撑，美军长期搜集、积累的海量数据发挥了重要作用，主要体现在三个方面。一是通过数据对比辨别情报真伪。美军将

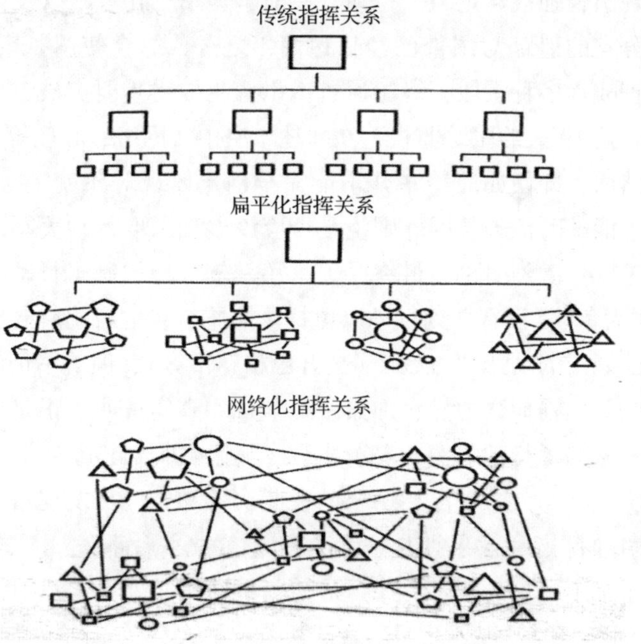

图 86　传统指挥关系、扁平化指挥关系、网络化指挥关系对比

通过审讯嫌犯获得的重要线索与数据库内的数据进行比对分析。数据库含有相关地区的海量信息，为美军辨别情报真伪提供了有力支撑。二是通过数据分析锁定关键目标。美军在跟踪监视过程中随时标绘出拉赫曼的行动路线和活动地点，并输入数据库。从加气站、面包房到秘密会议场所，拉赫曼的行踪都在美军掌控之中。基于对数据的采集和分析，美军不仅掌握了拉赫曼的行动特点和活动规律，还逐渐摸清了“基地”组织伊拉克分支的分布网络及重要节点。在突袭扎卡维的同时，美军对巴格达城内其他 14 个秘密据点同时发动袭击，使敌人的组织网络陷入瘫痪状态。三是通过数据验证评估打击效果。打击效果评估和身份验证是确认此次行动是否成功的重要环节。特战队员将疑似扎卡维尸体的生物采样发送给联邦调查局，与联邦调查局数据库内的相关数据进行对比印证，最终鉴定死者就是扎卡维。这就迫使“基地”组织伊拉克分支不得不承认扎卡维被美军击毙的事实，该组织的士气受到重创。

第二，多种手段交互并用，注意掌控行动节奏。此次行动只是短促的一击，但是前期准备十分漫长复杂，美军综合使用多种手段并在多维空间同时用力，作战节奏快慢相间，始终聚焦最终目标不动摇，保持了足够的耐性，体现出较强战略定力。行动开始前，美军对扎卡维以及“基地”组织伊拉克分支的追踪与调查已经长达两年之久，综合使用了审俘、侦察、监视及心理战等多种手段，终于通过审讯嫌犯取得重要突破，而后对疑似目标展开长达19天的跟踪监视，在陆地、空中、网络、心理等多维空间同时用力。然而，即便如此美军并不能完全确定监视对象就是拉赫曼本人，而且目标可能随时消失，因此围绕是否应该立刻采取行动美军内部出现严重分歧甚至发生激烈争论。最终，美军还是较好地控制了行动节奏，着眼“放长线钓大鱼”，没有立刻行动以免打草惊蛇。甚至当拉赫曼已经乘车驶出美军之前划定的动武“红线”（离开巴格达市区），但美军仍没有仓促行动，而是临机加强侦察力量，加紧跟踪监视。事实证明，正是凭借多种手段并较好地掌控了行动节奏，美军才最终顺藤摸瓜牵出扎卡维。

第三，技术与人力手段相结合。在此次行动中，从发现目标到监视目标，再到引导打击和效果评估，无人机等空中平台都发挥了至关重要作用，提供了必不可少的技术支撑。最初美军动用3架无人机对拉赫曼实施24小时不间断跟踪监视。此后随着监视范围扩大，美军陆续从伊拉克全境调用更多无人机，此次行动共动用在伊境内部署的无人机总数的70%，从而确保在长达19天的跟踪监视中所有可疑目标无一漏网。行动当天，面对突发情况美军临机出动9架无人机同时监视出现在不同地点的四个目标，最终成功锁定扎卡维藏身之处。另一方面，无人机侦察也存在图像不清晰、分辨率低等问题。尽管使用无人机跟踪监视多日，但是美军仍无法确定监视对象就是拉赫曼。为弥补其不足、核实无人机所获情报的真伪，美军采取人力侦察手段，派遣两名侦察员实施化装侦察，冒着巨大风险乘车潜入巴格达市内，通过抵近侦察和偷拍取证等方式最终确认监视对象就是拉赫曼。

美军作战行动出现的问题

尽管此次行动取得成功，但也暴露出一些问题，主要体现在三个方面。一是直升机未能及时起飞，迫使美军临时改变计划。按照原计划，为防止目标潜逃并在第一时间评估打击效果，特战队员首先乘直升机在目标附近机降、隐蔽接敌，等轰炸后立刻赶到并控制现场。因此，指挥官需要等待搭载特战队员的两架直升机到达预定地点后，才能给F－16战机下达攻击指令。然而当特战队员全副武装准备登机时，一架直升机却出现机械故障无法起飞，此时再调派一架直升机至少要等30分钟。为避免贻误战机，一线指挥官只得临机改变计划，决定不等特战队员到达就实施轰炸，从而导致行动结果的不确定性增加。

二是战机未能按时到位，增加了行动的风险性。为确保成功，美军规定两架以上编队飞机对高价值时敏目标实施精确打击，然而此次行动却只有 1 架 F－16 战机执行了轰炸任务。行动开始后，联合战术空中控制员将任务指令发送给距目标地域最近的两架 F－16 战机。当时这两架战机正在执行日常巡逻任务，其中一架正在进行空中加油，至少需要 15 分钟才能完成加油。推迟 15 分钟意味着可能错失“机遇窗口期”。最后，为了抓住稍纵即逝的战机，美军只能派一架战机执行此次重大任务，这就降低了成功的保险系数。

三是联合战术空中控制员下达指令失误，导致行动险遭失败。在战机投弹前的关键时刻，联合战术空中控制员下达的轰炸指令却出现错误，导致 F－16 战机第一次飞临目标上空时无法投弹，只能从院落上空掠过。轰炸指令在关键时刻出错，不仅延误了最佳打击时机，而且飞机发出的巨大轰鸣声很可能惊动房屋内高价值目标，相当于为目标预警，进而导致行动失败。意识到指令有误后，联合战术空中控制员重新向战机发送了正确指令，在第二轮轰炸中 F－16 战机发射的激光制导炸弹才准确命中目标。

二、击毙卡拉夫

（一）战例概要

击毙卡拉夫是改革中的美军特种作战部队成功遂行的一次突袭行动。以美国陆军游骑兵为主组建的突击队一扫“蟒蛇行动”胜而无利、“犀牛行动”哗众取宠的阴霾，成功击毙“基地”组织伊拉克分支重要头目，改革成效得到充分体现，但同时也暴露出一些深层次矛盾。

（二）作战背景及经过

自2006年“基地”组织伊拉克分支头目扎卡维被美军击毙后，该组织在美军打压下撤出巴格达和安巴尔省，日益向伊拉克第二大城市摩苏尔集中。阿布·卡拉夫成为该组织二号头目，继而成为驻伊美军追捕的首要目标之一。然而，卡拉夫隐藏极深，美军在很长时期内都一无所获。

自2008年起，北方特遣队担负起美军联合特种作战司令部在摩苏尔地区的主要突击任务。其主要打击力量包括2个游骑兵排和1个连的“三角洲”部队。美陆军第2游骑兵营营长库里拉上校兼北方特遣队指挥官。他基于各部队特点，合理区分任务：“三角洲”部队主要实施直升机突袭，并负责拦截和搜查往来于摩苏尔与叙利亚边境之间沙漠地带的车辆；游骑兵乘“斯特赖克”装甲车在城市实施地面突击。2008年6月，美军综合运用各种手段终于取得重要突破，发现了卡拉夫藏身之处。美军第2游骑兵营的1个排奉命组建突击队，准备在摩苏尔城区实施突袭，试图一举猎杀卡拉夫。

作战经过

此次突袭分为秘密渗透、打开突破口、入室搜剿和清理战场等几个阶段，整个过程环环相扣、一气呵成。

1. 秘密渗透

6月24日夜，突袭开始。为避免惊动目标、达成行动突然性，乘坐“斯特赖克”装甲车的美军突击队员在距离目标2000米处的一条水渠南侧下车，徒步向目标建筑渗透。行动前突击队精心选择渗透路线，分两路从目标建筑后方秘密抵近。在突击队穿越街道、向目标渗透过程中，两架伪装成民用飞机的小型无人机在空中盘旋。其中一架飞机用红外线照射，为地面突击队员指示目标。如果恐怖分子从建筑物内蹿出或者逃出美军地面突击队设置的警戒线，另外一架飞机可持续跟踪并锁定目标，引导突击队员跟进追击。

下车后不到10分钟，突击队员就到达与目标建筑相隔一个街区的待机地点，在街道拐角隐蔽待命。除狙击－观察组外，其他突击队员都已经做好准备，希望尽快采取行动，因为每多一秒钟风险都在增加。但是作为突击队指挥官，上尉排长仍坚持等狙击－观察组就位后再采取行动。狙击－观察组的预定战位是目标建筑附近的屋顶，任务是密切监视目标建筑并为突击队员提供火力压制。

担任主攻任务的突击队员单膝跪地，等待命令，现场气氛紧张，他们即将面对伊拉克北部实力最强的恐怖分子头目。尽管突击队员所处位置与目标建筑成斜对角，在敌人视线范围之外，但是却暴露在路灯的照射之下。一名队员回忆，深夜置身于伊拉克最危险的城市且暴露在路灯之下，让人感觉每一分每一秒都无比漫长。但是排长十分镇定，对狙击组充满信心。终于，狙击组长传来报告，已经顺利进入战位。

2. 打开突破口

这时担任主攻任务的突击班已经在排军士长带领下穿越最后一条街道，到达目标建筑外围。与很多恐怖分子头目相似，卡拉夫的住所防护严密，高大的围墙、厚重的院门与坚固的房门构成多道防线，且房顶有警卫巡视。为确保达成突然性，突击队员必须同时突破这些障碍。突击班班长利用梯架翻墙入院，迅速将炸药安置到房门外。在此期间，有的队员爬上梯架为班长提供掩护，有的队员在院门处安放炸药。

这时排长的肩携式微型耳麦传来狙击组长的敌情报告，目标建筑的房顶躺着两名男子，其中一名已经起身，似乎对美军行动有所察觉。排长立即查看胸前的监视屏，盘旋在头顶上空的侦察机传来实时监控画面，显示屋顶上的男子正走向院门。就在形势千钧一发之际，电台里传来排军士长的口令："三、二、一，爆破！"

当屋顶上的持枪男子接近院门之时，突然响起巨大爆炸声，与此同时美军狙击手连开两枪，当场击毙该男子。随后，地面突击队员乘势突入院内，冲进楼内，奔向客厅。耳麦中传来排军士长的报告："突破成功，老鹰进入，阵脚稳固。"① 这表明突击队已经成功突破各道障碍，进入目标建

① 美军在无线电密语通联中以"老鹰"自喻。

筑内部。

3. 入室搜剿

目标建筑内的客厅与走廊相连，一条走廊连接几间卧室。在第一间卧室，突击班长和一名下士发现一男一女睡在席子上。班长是实战经验丰富的上士，用阿拉伯语命令他们举起双手，但对方没有反应。班长再次用阿拉伯语重复口令，男子不但没有执行命令，反而将手伸进长袍。在无法判断对方企图的情况下，突击班长必须凭借反复训练形成的本能反应在一秒钟内做出生死决断。

形势刻不容缓，突击班长当机立断，扣动扳机，射中该男子头部。他身边年轻的下士也随即扣动轻机枪射击。随后班长报告"清理完毕，安全"，留下一名队员看管那名妇女，带人继续清理其他房间。与此同时，狙击组长击毙了屋顶上另外一名持枪男子。突击班长刚离开房间，那名女子就扑向被击毙男子的尸体。负责看管的突击队员必须再次在瞬息之间做出生死决定。他本能地扣动扳机，射中该女子头部。枪声分散了队员们的注意力，这时一个人影从最后一间尚未搜剿的房间蹿出，持手枪跑上楼梯，奔向屋顶阁楼。就在他打开阁楼门踏上屋顶的一刻，枪声响起，他的头部被狙击手射出的两颗子弹击中。该男子从楼梯上跌下，此人正是卡拉夫。从突击队入室到击毙卡拉夫，总共用时不到30秒。

4. 清理战场

在搜查完整个住所并排除了里面所有威胁后，突击队立即转入战场清理。突击队员从第一间卧室内被击毙男子身上发现了自杀式炸弹背心。此外，突击队在搜查清理过程中还发现12万美元现金，这些钱是卡拉夫用于策划恐怖袭击的活动资金。

（三）战例评析

游骑兵是美国陆军的精锐作战力量，也是美军海外行动的急先锋，更是遂行快速突击、要点夺控、精确打击、特战斩首等急、难、险、重任务的"刀锋"和"矛头"，常以"游骑兵，打先锋"自诩。此次突袭行动充分展示了游骑兵作战的体系赋能、快速聚能、精确释能等战术特点和立足长远目标、谋求联动效应的战略考量，同时也暴露出一些深层次问题。

1. 多域联合，体系赋能

此次突袭虽然只是一次排规模的特战行动，却是在大体系支撑下进行的，充分体现了多域联合、体系赋能的特点。第一，军民深度融合，情报保障有力。为此次行动提供情报支援的双座单引擎小型无人机由美国私人飞机制造商塞斯纳公司研发，该公司以生产小型通用私人飞机著称。执行此次任务的小型无人机由该公司根据美国军方需求研制，由美军情报部门负责作战操控，由该公司负责技术维护，是典型的军民融合产物。该机加载了图像和信号情报搜集和处理装置，由美军联合特种作战司令部下属的陆军情报部队“北弗吉尼亚陆军”具体操控。该部队成立于20世纪80年代，几经演变、多次更名，是专业的情报支援部队。在美军全球反恐战争的各个战场上，该部队在特种作战情报保障方面都发挥着重要作用，在伊拉克战场代号“橙色特遣部队”。这支“橙色”部队上连战略级决策层下接战术级单兵，纵向打通了美军内部情报和通信链路，横向获得了民营飞机公司的技术支撑。这次排规模的突袭行动就是在这支战略战役级情报部队直接支援下进行的。

第二，多源情报协同发力，最终成功锁定目标。尽管卡拉夫是美军首要目标，但是北方特遣队很长时间内一直无法侦测到其手机信号。北方特遣队的一名队员称：“这正是他六年来一直安然无恙的原因，卡拉夫甚至都不允许自己的信使使用手机。”① 美军最终锁定卡拉夫要得益于美国国家安全局的网络侦探和北方特遣队发展的线人。这些线人实际上是受雇于美军“三角洲”部队的库尔德间谍。国家安全局的特工怀疑，恐怖组织头目通过共享电子邮件账户秘密联系，即把电子邮件存放在草稿箱但并不发送，其同伙在其他联网计算机上只要输入相同用户名和密码就可以查阅邮件。为此国安局开发了一种针对性的查询程序软件，无论是在伊境内还是在巴基斯坦和叙利亚等其他国家，只要登录相关电子邮箱，查询程序就会立刻报警。国安局可以利用该程序获得电子邮箱的用户名和密码。另一方面，北方特遣队的线人将该查询程序秘密植入摩苏尔城内所有网吧的计算机，只要有人登录相关电子邮箱，美军会立刻得到报警。通过分析电子邮件，情报人员很快发现，他们正在追踪一名“基地”组织伊拉克分支高层领导人，但还不能确定此人身份。终于有一天，这名嫌疑人在摩苏尔的一个网吧持续登录了较长时间，为北方特遣队派线人实地侦察提供了可乘之机。线人当面确认此人就是卡拉夫，还发现卡拉夫走出网吧后进入附近的

① Sean Naylor. *Relentless Strike：the secret history of joint special operations command* [M] New York：St. Martin's Press，2015：345.

一个市场。通过线人地面跟踪和侦察机空中监视，北方特遣队终于锁定卡拉夫并找到其住所，将其命名为“月牙湖”①。可见最终锁定目标是多源情报协同发力的结果。

第三，大数据辅助决策，作战节奏明显加快。得益于信号监视、大数据分析和人力情报相结合，美军作战节奏迅速提高，为成功锁定卡拉夫奠定基础。北方特遣队根据信号情报追踪并消灭目标，即跟踪恐怖分子使用的手机信号，按图索骥找到其藏身之处，继而发动突袭。一旦突击队在行动现场发现了恐怖分子使用的手机，情报分析员会立刻将手机内的信息输入装有标绘软件和数据库的计算机，计算机与信息专网连接，先进的网络扫描和匹配软件自动在数据库中查找、比对，进而生成新目标清单。情报分析员再结合通过审俘获得的口供信息进一步综合研判。北方特遣队的一名队员称，大数据分析能够帮助情报人员顺藤摸瓜牵出一大串新目标，因此能够在一个夜晚摧毁整个恐怖网络，这在2004—2005年是办不到的。得益于大数据分析和情报自动处理，到2008年北方特遣队作战节奏明显加快，保持在每晚执行8次突袭任务的水平，而且打击目标的范围不断拓展，延伸至“基地”分支招募的外国武装分子、资金负责人、精神领袖和军事领导人等。卡拉夫等高价值时敏目标不断被发现、锁定和消灭，是这一趋势发展的必然结果。

第四，跨域协同联动，以网络对抗网络。得益于跨域联动和体系赋能，北方特遣队作战效能大幅提高，远超时任联合特种作战司令部司令麦克里斯特尔2003年刚就任时的水平。在2004年8月，美军联合特种作战司令部在伊全境共执行18次任务。到2008年春，仅北方特遣队的1个排平均每月执行任务就在60次以上。2008年6月，麦克雷文接替麦克里斯特尔出任联合特种作战司令部指挥官。② 麦克雷文善于深度思考，继任后继续推动美军特种作战改革，推进特种作战组织结构扁平化，拓展其横向联系，加速其跨域联动，向着“无边界、去中心、网络化”的方向转型，沿着以网络对抗网络、以分散对抗松散的思路应对日益复杂的混合威胁。击毙卡拉夫的行动正是在这一思想指导下进行的，也是麦克雷文继任后的

① 在北方特遣队的目标矩阵数据库中卡拉夫的代号是“月牙湖”。

② 麦克雷文著有《特种作战案例研究：理论与实践》一书，于2011年指挥猎杀本·拉登，2014年退役。

首战胜利，更是对美军改革成效的一次实战检验。

2. 缩短 OODA，快速聚能

此次行动针对高价值时敏目标，风险性高，不确定因素多，要求“观察、判断、决策、行动”（OODA）整个周期的每个环节都要高效运转，要求战斗力诸要素紧密耦合、一体联动，从而实现战斗效能的快速聚集。在此次行动中这一特点主要体现在以下几个方面。

首先，分析判断情况迅速而准确，是快速聚能的前提。在向目标渗透过程中，美军突击队面临乘车突袭还是徒步突袭的抉择。一方面，伊境内的恐怖分子头目作战经验丰富，警惕性高，极为敏感。装甲车辆目标明显，噪声较大，极易被恐怖分子发觉，乘坐装甲车辆的美军在任何情况下都难以接近目标。另一方面，如果突击队员在距离目标较远处下车、徒步渗透，一旦途中与敌人交火，既无法得到“斯特赖克”车载机枪的火力支援，也无法迅速撤离和转运伤员。战机稍纵即逝，能否迅速而准确地分析判断情况并定下决心，事关行动成败。在分秒必争的紧张时刻，美军当机立断，决定在距离目标 2000 米处下车、徒步渗透。美军的分析判断主要基于以下考虑：一是卡拉夫是高价值时敏目标，而且是长期以来第一次被成功锁定，因此绝不能在突袭开始前让目标逃脱；二是顺藤摸瓜，只有锁定卡拉夫才能牵出并使该地区整个恐怖网络瘫痪；三是此次行动是游骑兵近几年来担负的最重要任务，可以检验美军特种作战改革成效。[①] 实践证明，美军对战场情况的分析判断迅速而准确，既缩短了决策－行动周期，也达成了行动突然性。

其次，各级指挥要素耦合，是快速聚能的关键。纵观此次行动全过程，营、连、排、班等各级指挥要素上下贯通、密切耦合、一体联动，指挥权限充分下放，关键时刻一线指挥官可根据战场形势变化临机决断，大大缩短了决策时间，提高了指挥效能。北方特遣队关键岗位的指挥官、作战参谋和情报人员在位于前沿作战基地马里兹的指挥中心通过无人机密切监视，可随时为前线提供支援。营长库里拉上校和突击队所属连的少校连长亲抵战场，在突击队后方的一个街区进行观察，但他们并不直接参与具体的作战指挥，并不干涉下级行动。按照美军指挥链，少校连长是地面部

① 这次改革源于战争实践的倒逼，由时任美军联合特种作战司令部司令麦克里斯特尔发起，其继任者麦克雷文持续推进。

队指挥官，但在此次行动中其主要职能是与北方特遣部队的作战指挥中心保持联系，必要时申请支援。营长库里拉深知此次任务风险极高，因此亲临前线观战，但并不干涉具体作战行动，充分赋予下级行动自由。此次行动真正的指挥官是游骑兵的排长，是一次由排长指挥的战斗。而在打开突破口阶段，由身处最前线的排军士长根据敌情威胁和战场环境变化临机下达爆破指令。

第三，重复训练形成本能反应，是快速聚能的依托。重复是美军特种作战的一个重要原则，只有通过大量重复塑造肌肉记忆、形成本能反应，才能在瞬息万变、千钧一发的战场上凭借直觉和本能做出正确决断，实现战斗效能快速聚集与精确释放。在室内搜剿中，面对企图不明的嫌疑人，突击班长凭直觉瞬间做出判断，果断毙敌。他身边年轻的突击队员也随即采取行动，举枪射击。另外一名突击队员战后隐晦地评论，他们的行动相当大胆，如果事后发现这名男子没有武器，他们会被送上军事法庭。在清理战场过程中，突击队员从被击毙的嫌犯身上发现了自杀式炸弹背心。要不是突击班长和队员果断击毙嫌犯，就会有很多人被炸身亡，行动也会彻底失败。这证明了突击队员瞬间决断、临机处置的正确性，这种能力是通过大量重复训练形成的本能反应，是战斗效能快速聚集的重要依托。

3. 精兵作战，精确释能

首先，战前精心筹划、精确区分任务，是精确释能的前提。在此次行动中，任务细化分解到每一名队员，使每名队员都成为战斗力的重要一环，体现了精确用兵的特点。执行突袭任务的游骑兵排下辖 4 个班。其中 1 个班负责看守“斯特赖克”车辆，其他 3 个班（每班 8 人）分别向目标建筑物机动。1 个班负责发起主攻，由该排作战经验最丰富的排军士长带领，打开突破口并进入室内。另外 1 个班守在目标建筑物外，作为预备队，一旦需要可随时加强突击力量。剩下的 1 个班分为两个 4 人小组，即狙击 - 观察组和阻击组，阻击组在街区拐角建立阻击阵地，阻止任何人离开或进入作战区域。卡拉夫藏身住所位于街区的中心，屋顶上的警卫很容易发现来自各个方向的威胁。因此突击队各班向目标建筑物渗透过程中十分谨慎，紧贴墙壁移动，躲藏在阴影之中。

其次，战术素养过硬、协同密切顺畅，是精确释能的关键。突袭发起前，狙击 - 观察组能否成功渗透至指定战位对于行动的成败至关重要。然而，狙击 - 观察组必须克服重重障碍、翻越七座屋顶才能到达。该组 4 名队员快速隐蔽机动，利用一个9米长的轻型石墨架梯从一个屋顶迅速转移至另外一个屋顶，翻越七座屋顶总共只用9分钟时间。一名队员回忆："真难以置信，四个人共用一把梯子能够隐蔽翻越那么多屋顶。"① 出色的表现和密切的协同建立在充分准备、实战经验、长期合作和相互信任的基础上。战前狙击－观察组组长详细查看了作战地域内的各种地图和照片，在此基础上精心选定一处便于隐蔽、利于瞰制而且能够到达的战位。指挥此次行动的突击排长曾与狙击组长共同完成200多次任务，丰富的实战经验和长期合作经历使他坚信这位上士一定能够完成似乎"不可能的任务"。此外，战术素养和协同水平还体现在室内清剿行动中。按照美军室内清剿的标准作业程序，突击队一旦在室内发现任何"适龄参军"的男子，会自动留下两名队员负责看管，其他人继续搜查其他房间。得益于无数次重复训练、大量实战打磨和标准化技战术流程，队员彼此间密切协同、同步分工，已经达到心领神会的程度，整支队伍如同一部充分润滑、高度灵敏的机器，快速、高效、无障碍运转，室内搜剿的全过程如同行云流水一般，20秒内就可以搜查完一间房间。

第三，精确适度用兵、人装紧密结合，是精确释能的具体体现。经过持续改革，到2008年，位于摩苏尔的美军联合特种作战司令部所属部队的侦察监视能力已经取得明显进步，能够一次在城市上空同时控制14架无人机，同步执行多个监视任务。在此次行动中，尽管美军深知风险巨大、目标重要、时间敏感，但仅动用两架飞机且成功完成任务，体现了精兵制胜的特点。美军之所以坚持精准适度原则，敢于只派遣两架无人机执行高风险任务，一方面是充分考虑到城市环境的特殊性，如电磁环境复杂、空域管控难度大；另一方面也表明执行任务的无人机性能稳定可靠，值得信赖。其中一架飞机用红外线照射目标，为地面突击队员指示具体位置。这种红外线用肉眼无法察觉，只有通过夜视镜才能看到。在夜视镜中，红外光线如同聚光灯的光束一样照射在目标上。一旦恐怖分子从目标建筑物内蹿出或者逃出美军地面突击队的警戒线，另外一架飞机可以继续跟踪、照射、锁定移动目标，引导突击队员跟进追击。因此即使恐怖分子能够从首轮突击中逃脱，也难逃美军随后的追杀。而且无人机驾驶员和情报分析员

---

① Sean Naylor. *Relentless Strike: the secret history of joint special operations command* [M]. New York: St. Martin's Press, 2015: 343.

训练有素，人员与装备结合紧密。卡拉夫乘车途中正值晚高峰，他乘坐的车辆经过车流密集路段，很容易混杂在车流之中，而且目标有可能中途换车。但是无人机驾驶员始终平稳地操控飞机，图像分析员密切监视、紧盯住目标不放。“人机合一”确保了在精准适度用兵前提下达成作战目的，实现作战效能的精确释放。

此外，精确释能还体现在精确杀伤上，减少附带伤亡引发的负面效应。这次行动中被射杀的女子是该游骑兵排执行200多次任务以来打死的第一名妇女。实际上，枪战在美军突袭行动中并不常见，在这个排执行的各种任务中，只有大约10%的任务会发生枪战。尽管卡拉夫的住所地处街区中心，但是此次行动除击毙首要目标卡拉夫及其随从外，没有造成任何附带伤亡，充分体现了美军特种作战改革推行的“少痕迹、小足迹”原则，从而将负面影响降至最低。

4. 立足长远，扩大战果

改革中的美军特种作战，不仅谋求实现当前目标，更注重长远目标的实现，力求产生牵一发而动全身的效果，实现作战效益的最大化。首先，着眼更大目标，保持足够耐性。美军发现卡拉夫的时候正值下午，营长库里拉想要立刻发起突袭。然而，他的作战官却建议继续跟踪监视，以便通过跟踪往来于住所的人员摸清整个恐怖网络。但这样做风险很大，因为卡拉夫本人可能混迹于来往的人员之中离开住所，导致北方特遣队丢失目标、前功尽弃。尽管存在很大风险，但是营长库里拉还是采纳了下属建议，着眼捣毁整个恐怖网络这一更大目标，继续耐心监视，并调遣两架无人机飞抵目标建筑上空。傍晚，当发现卡拉夫乘黑色轿车离开住所的时候，营长库里拉十分着急，担心目标消失在密集车流中，但还是耐心观察、等待时机，他发现卡拉夫乘车进入一个居民区，在一座院内与两名男子交谈了大约30分钟，然后乘车返回家中。得益于着眼更大目标且保持足够耐性，美军逐渐牵出了卡拉夫的整个恐怖网络。待夜幕降临后，突击队确定了行动方案，决定同时在两个地方发起突袭：一个排突袭卡拉夫的住所，另外一个排突袭他到访过的院落，从而毕其功于一役，将恐怖分子一网打尽。

其次，注重扩大战果，谋求联动效应。在清理战场阶段，突击队发现了12万美元现金，是卡拉夫从下午见面的男子那里取回的恐袭活动资金。北方特遣队顺藤摸瓜，通过信号情报手段获知，该男子是一名埃及医生，秘密潜入伊拉克试图发动化学武器袭击。数月以来，“基地”分支一直试图利用车载炸弹对联军基地实施化武袭击。这次行动取得联动效应，使该组织的人员身份、资金来源和袭击手段等水落石出，导致其袭击图谋迟迟难以得逞。注重扩大战果还体现在此次行动后的持续跟进追踪。几周后，北方特遣队通过跟踪此次行动中锁定的手机信号截获了该组织武装分子的通话录音：“我不停地东奔西跑，太累了。根本没有地方睡觉，每天都在被他们追赶。不能再这样下去了。”① 北方特遣队与美军常规部队和伊拉克安全部队的联合持续打击产生了连锁反应。2008 年 3 月到 6 月，摩苏尔地区汽车炸弹袭击的数量减少了三分之二，从 234 起减少到 78 起，自杀式炸弹袭击减少了 59%，当地安全形势得以改观。

5. *存在的问题*

尽管经过改革的美军特种作战部队作战节奏加快、作战效益提高，但也面临更多制约因素，有些深层次矛盾难以通过自身改革解决。首先，代理人战争难掩尴尬。由直接行动向代理人战争转变，是美军特种作战改革的一个重要理念。为贯彻这一理念，自 2008 年起美军联合特种作战司令部在伊境内的行动要受到美伊两国安全协定的约束。根据协定，美军的特战行动要得到伊拉克政府批准，在实施突袭行动前要取得伊政府颁发的针对具体目标的通缉令。这对于以突然性和出其不意为重要原则的特种作战部队来说，如同“戴着镣铐跳舞”。而且有关突袭行动的机密信息往往会通过伊政府渠道泄露出去，而且美军在行动中抓捕的大多数嫌疑人往往很快会被伊政府释放。正因为如此，为成功击毙卡拉夫这样的高价值时敏目标，美军不得不违背双边协定，甩开代理人单独行动，而且在行动中将所有嫌疑人击毙而不留活口。这就让美军所设计的由直接行动向代理人战争过渡的特种作战改革大打折扣，与东道国互不信任的裂痕也随之加深。

其次，特战行动与战略设计脱节。特战行动缺乏总体战略的支持，战果难以巩固和扩大。计划的精致、战术的精细和行动的精准都无法弥补战略设计的模糊甚至缺失。美军全球反恐战争战线过长，战略重点在伊拉克、阿富汗、叙利亚、利比亚等不同战场之间游离不定，美国国内政府更迭导致总体战略缺乏连续性。无论是各地、恐怖分子、东道国安全部队、

---

① Sean Naylor. *Relentless Strike: the secret history of joint special operations command* [M]. New York: St. Martin's Press, 2015: 347.

当地平民还是美军自身，都将美军在伊军事行动视为临时而非永久性任务。各种恐怖组织试图在这场持久战中与美军比拼耐力与韧性，如同斩不完的九头蛇一般不断衍生。从扎卡维到卡拉夫，刚被击毙的恐怖组织头目会立刻被他人取而代之。2011 年美军刚撤离伊拉克，恐怖势力如同野火烧不尽的野草一般迅速蹿起。“基地”分支的衍生品“伊斯兰国”组织更是异军突起，重新占领了被美军清剿的摩苏尔、费卢杰等主要城市。美军前期战果付诸东流，新的更加残酷的摩苏尔收复战又将上演。

三、“海王星之矛行动”

（一）战例概要

2011年5月，美军特种作战部队击毙本·拉登的“海王星之矛行动”震惊世界。

（二）作战背景及经过

2011年5月2日晚，美国总统奥巴马在白宫突然发表的一段讲话震惊世界。他宣布：“已经完成了消灭基地组织头目本·拉登的行动，此人是屠杀数以千计无辜男女老少的恐怖分子。”随后补充道，“双方交火后，美国士兵打死了奥萨马·本·拉登，并且找到了本·拉登的尸体”。行动中，美军24名“海豹”突击队员、1名翻译和1条军犬，分乘2架“黑鹰”直升机，从美军位于阿富汗的贾拉拉巴德空军基地起飞，潜入巴基斯坦境内，飞抵阿伯塔巴德地区。01:20许，突击小组对本·拉登住宅实施机降突袭，成功击毙本·拉登及其儿子、2名信使和1名妇女，缴获大量“基地”组织相关资料。从机降至击毙本·拉登，用时仅38分钟。行动中，美军无人员伤亡，1架“黑鹰”直升机迫降损毁。

作战经过

美军特种部队跨境击毙本·拉登，是一次信息主导、体系支撑下的精兵作战行动，行动前美军进行了大量而细致的情报、力量和训练准备，行动中严密组织了跨境机动、机降突袭、入室搜剿、快速撤离等几个阶段的具体行动，较完美地实现了预定行动目标。

1. 锁定目标

奥巴马就任美国总统后不久，就命令中央情报局局长莱昂·帕内塔把击毙或者抓捕本·拉登作为打击“基地”组织、打赢全球反恐战争的首要任务。为此美中情局成立了一个专门抓捕本·拉登的情报搜集部门，首先通过审讯俘虏等间接追踪方式获得本·拉登活动线索，然后通过卫星、无人机、无线电监听等侦察手段及大数据分析和处理技术印证了线索。此外，美特工还采取激光照射窃听方式，采集室内人员谈话内容，分析建筑物内人员分布及活动情况，最终锁定本·拉登藏身之地，同时摸清了其住所及周边情况，对房屋的结构、材质、房门开关方向等具体细节均了如指掌。

2. 临战训练

美军确定由“海豹”突击队第6分队担负此项任务。24名突击队员分为两组，分工明确，技能娴熟，协同密切。为确保一击成功和“零伤亡”，美军运用卫星和无人侦察机情报成果，绘制了目标所在地三维地图，包括住宅内部结构、各种设施摆放、出入口位置等，并在阿富汗北部地区选择相似地形，按照本·拉登住宅布局和附近山川河流等实际景象，搭建了模拟建筑，展开临战训练。

图87 美军用于战前训练的等比例实体模型

图88 “海豹”队员进行夜间索降训练

3. 隐蔽突袭

伊斯兰堡时间2011年5月1日23：00许，“海豹”突击队员分乘2架经特殊改装的低噪隐身“黑鹰”直升机，从美军位于阿富汗的贾拉拉巴德空军基地起飞，潜入巴境内，选择巴对空警戒相对薄弱的山区实施低空渗透，飞抵阿伯塔巴德地区。特战小组接近本·拉登藏身住所后，综合使用先进的夜视器材、定位和通信传输等设备，临机调整行动方案，采取机降突袭、地面突击与入室搜剿相结合的方式，不到20分钟就找到并击毙了本·拉登，同时将战场图像实时传回白宫，并即时对本·拉登的生物数据信息如脸纹、鼻膜、指纹等进行比对、印证和确认，还缴获计算机5台、硬盘10个、DVD光盘100余个以及其他存储设备和大量“基地”组织文件资料。

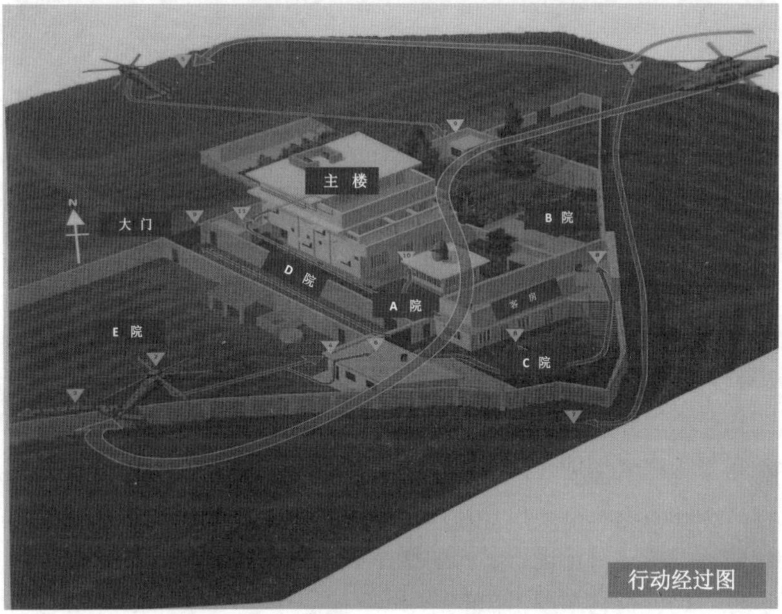

图89　“海王星之矛行动”作战行动经过图

4. 快速撤离

在巴军方尚未做出反应前，突击队员带着本·拉登的尸体搭乘直升机迅速撤离，首先前往巴基斯坦西北部登吉地区燃料补给点加油，而后撤回阿富汗贾拉拉巴德空军基地，再转道巴格拉姆空军基地，最后搭乘“鱼鹰”运输机抵达1600千米之外的“卡尔·文森”号航母，完成DNA样本检验后迅速将其“海葬”。

（三）战例评析

纵观此次作战行动，美军行动具有情报准备充分翔实、指挥机构精炼高效、力量编组精干联合、作战行动协同密切、武器装备精良实用、战前训练严格逼真等特点，但也暴露出一些问题与不足。

图 90　美军的前沿补给点

1. 情报准备充分翔实

2007 年，美军通过审讯一名关押在关塔那摩监狱的“9·11”事件主犯，获知一个绰号“科威特”的人是本·拉登的重要信使。此后美中情局持续 4 年监听这名信使通话并跟踪监视其活动，终于在 2010 年 8 月摸清该信使的真实姓名以及本·拉登在阿伯塔巴德地区的住所。锁定住宅后，美国动用侦察卫星对目标进行了长达 5 个多月的侦察，并利用历史卫星影像资料进行对比分析，掌握了 2005 年以来住宅建造、后期维修和改造情况，特别是住宅内部结构、出入口位置等详细情况。2010 年 9 月，本·拉登在其住所院内锻炼时被拍摄，通过人体特征识别初步确认了其身份。此外，美特工还采取激光照射窃听方式，采集室内人员谈话内容，分析建筑物内人员分布和活动情况，最终确认了本·拉登身份。更为难能可贵的是，通过情报分析，美情报部门详细掌握了该房屋的结构材质，甚至连院落中所有大门和房门的位置及开关方向、水箱位置、围墙顶部的蛇腹型铁丝网、客房的金属双层门、顶部窗户等情况都了如指掌。在执行任务前，无人机负责监视目标区域，并把拍摄照片和卫星图像直接传给特战队员和指挥部。

图 91　美军航拍的本·拉登住所图片对比，
左图为 2004 年院落建成前，右图为 2011 年院落建成后

2. 指挥机构精练高效

这次行动由奥巴马总统亲自批准执行。美军采用“白宫——联合特种作战司令部前指——突击分队”三级指挥体制，国防部部长、参联会主席和中情局局长辅助总统实施指挥。这一指挥体系层次简洁清晰，实时指挥能力和战场适应能力强，扁平化程度高，指挥跨度大，便于在充满不确定因素和瞬息变化的作战环境中随机应变、临机处置。先进的技术手段成为提高指挥效能的倍增器。在指挥信息系统建设方面，美军构建了以卫星和数据链为主，单兵信息系统、定位导航系统和宽带通信系统为辅的综合指挥信息系统，形成了综合战场态势，确保指挥部对突击行动的实时指挥控制。美军凭借其功能强大的信息网络，投入新型 RQ－170 隐形无人机实时传输图像信息，使分布在美国本土、阿富汗和巴基斯坦三个不同地区的三级指挥层级融为一体，实现了不同层级掌握同一情况，上级应变指令与下级行动调整同步展开的高效指挥控制。

从实际效果来看，在行动实施过程中实现了决策层直接掌控现场态

图 92　美国最高决策层实时观看前方态势

势、进行实时指挥，指挥流程和上传下达时间压缩到最低限度，决策效率和指挥效率大大提高，同时便于一线指挥官发挥主动性、临机处置突发事件。

3. 力量编组精干联合

遂行此次行动的作战力量编成包括海军“海豹”突击队、陆军航空兵、舰载电子战飞机、空军运输航空兵及火力引导员等，充分体现了精干高效、一体联合作战等特点。“海豹”突击队是目前世界上最为神秘的特战分队之一，其队员均经过严苛的考核、选拔，堪称精锐中的精锐、尖刀上的刀尖。单兵技战术素养佳、战斗力强。担负此次任务的“海豹”突击6队，更是汇聚了“海豹”团队中最优秀的队员。其基本作战单元十分精干，编有12人，由作战、情报、排爆、通信、狙杀、卫勤等专家型队员组成，且每人均一专多能。根据本次任务需求，“海豹”6队特意从其他中队挑选了一名会说当地语言的队员执行突击任务，对其进行专门培训，熟悉整个计划和应急预案。本次行动采用了标准化、模块化的精干编组方式，各组作战能力相当、武器装备相同，能够相互备份，“第一小组和第二小组就像镜子里彼此的影像一般”。特战队员分别乘坐2架直升机，在空中力量掩护下，通过空中机动方式向指定目标秘密渗透，抵近目标后，直升机再分别从不同方向直插目标。

除执行直接行动任务的突击分队外，美军还编组了以下分队：指挥与封控分队，设指挥通信组、警戒组、火力组和医疗组，主要任务是协调现场突袭行动，应对突发事件，以及封控院落外围，阻止巴方武力干涉美军行动；补给与应急分队，由 2 架 MH－47 直升机及搭载的人员和设备组成，计划在阿巴边境待命；联合情报保障分队，包括侦察卫星、通信卫星和 RQ－170 隐形无人侦察机等。

4. 作战行动协同密切

首先，一线任务部队之间配合默契。在此次任务中，“海豹”突击队与美军 160 特种作战航空团协同顺畅。该团长期担负联合特种作战司令部的大多数飞行任务，在执行各种任务中与“海豹”突击队等各种特种部队相互熟悉、建立互信、形成默契。在此次行动中，当第一架直升机出现故障紧急迫降后，第二架直升机临机改变了在房屋上空悬停的原计划，选择在院墙外实施快速机降。除使用 2 架低噪隐身“黑鹰”直升机外，美军还派出 4 架 MH－47“支奴干”运输直升机跟随接应，在其中 1 架“黑鹰”直升机坠地损毁后，担负支援接应任务的“支奴干”运输直升机迅速驰援，发挥了密切协同、整体作战的威力。

面对直升机紧急迫降这一突发情况，特战队员们凭借精细的战前准备、周密的应急预案和反复的临战演练，果断调整，密切协同，迅速处置，确保行动没有偏离既定轨道，避免“黑鹰坠落”事件的重现。在入室搜剿行动中，得益于精细规范的技战术操作流程以及通过长期高强度训练形成的高度默契，特战队员在夜间视线不良条件下相互掩护、交替前进，逐层逐间搜索排查，在很短时间内在己方无人员伤亡情况下完成接敌交火、发现并击毙目标、身份识别与样本采集、文件资料搜集及撤离现场等一系列动作，干净利索、一气呵成。

其次，体系化、常态化联合优势明显。此次行动是典型的“大体系支撑精兵行动”。虽然只有 4 架直升机和 24 名特种兵在行动一线直接遂行任务，但是其背后却由强大的作战体系做支撑，天上有卫星提供信息保障，海上有航母舰队接应，陆上有美军驻中亚的军事基地进行支援，犹如一部精密复杂的机器，运转流畅。此次特种作战行动已经摆脱传统意义上的独立作战模式，更加强调基于信息系统、多种力量参战以及发挥整体优势，将特种部队融入多维一体的作战体系，且体系内部各参战力量之间密切协同、运转有序。

5. 武器装备精良实用

为确保行动成功，美军动用了隐形无人侦察机、攻击直升机、运输直升机以及夜间红外侦察仪、快速破障器材、消音枪等性能先进武器装备。每名队员随身携带的武器装备都是精打细算后不得不带的东西，每件东西都有特定的不可替代的作用且都经过实战检验，具有精良、实用、可靠等特点。此外，为达成任务的隐蔽性和突然性，便于敌我识别和判断敌人方位，给武器加装消声器；为准确检测被击毙人员的信息，特战队员还随身携带了 SEEKⅡ电子安全检测系统（具有指纹采集、虹膜扫描、体温测试和其他先进的生物数据采集等功能），可快速确定死者身份。特战队员头盔上的摄像头，通过全球网络系统可实时将战斗行动实况发送到位于美国本土的特战指挥中心，夜视仪同时视野达到 120 度，美国总统及军政要员可在白宫实时掌控并指挥突袭行动。

此外，美军还动用了高分辨率侦察卫星、通信卫星等战略资源，并投入“隐形鹰”直升机和 RQ－170 隐形无人机等尖端装备。

6. 战前训练严格逼真

在行动准备阶段，队员通过模拟演练熟悉方案内容并不断完善，达到协调一致。美军根据本·拉登住宅结构，在巴格拉姆空军基地秘密建造了一个比例为 1∶1 的模拟训练建筑物，进行了长达几个月的高强度训练。依据住宅的结构和布局、室内人员的可能居住分布、周边地形和植被、警卫人员的可能位置以及值班规律等情况，美军反复推敲突袭方案，通过筛选比较最后确定采用垂直机降、向心攻击的战法。“海豹”突击队在临战训练中不断修改完善行动方案，压缩突袭时间。通过严格逼真的临战训练，特战队员不仅熟练掌握了攻击路线和方法，而且对住宅门窗、通道数量与位置以及围墙的高度都了如指掌，从而确保了作战行动的精确、精细、精准。

另一方面，尽管此次行动取得成功，但美军也暴露出一些问题与不足。从战术层面看，这次行动中美军一架直升机坠毁，主要原因是战前模拟训练存在漏洞，没有严格按照本·拉登住宅搭设相同高度的围墙且搭建围墙所用材料与实际不符，没有充分考虑到巴北部山区气流对直升机降落的影响。事故发生后，对直升机炸毁不彻底，留下尾翼，暴露了直升机特殊的涂料、尾椎、桨叶等新技术。此外，美军庞大复杂的信息化装备和作战体系既是其强点也是弱点，直升机迫降后一线突击队配备的通信系统受

图 93 "海豹"队员进行室内近距离战斗训练

到震荡，导致前后方一度失联，战场通信一度中断，暴露了其信息系统的内在脆弱性和不稳定性。可以想见，如果美军当时遇到复杂电磁环境，遇到具有电子对抗与网络战能力、能够干扰其战场通联的对手，就很可能会遭遇重创，此次行动将胜败难定。这也启示，再强大的对手也有弱点，再先进的作战体系也有漏洞，关键是要善于找到制约其能力发挥的"阿喀琉斯之踵"。

图 94 当地儿童在捡拾坠落直升机的碎片

从战略层面看，“9·11 事件”后，本·拉登成为美国头号敌人。作为头号超级大国，美国拥有世界上最先进的技术情报手段（卫星、网络、无人机、技术监听等）和最广泛的人力情报网，却用了十年时间才将本·拉登绳之以法，而且其全球反恐战争只是取得象征性胜利，恐怖主义继续蔓延，“伊斯兰国”异军突起，美军仍陷战争泥潭。可以说，以一国敌一人、用十年时间和巨大代价只取得阶段性胜利，并无多少值得夸耀之处，甚至是一个讽刺。

四、东戈东戈伏击战

（一）战例概要

2017 年 10 月 7 日，美军“绿色贝雷帽”特种作战部队的一个特战小组与尼日尔政府军共同执行任务时，在尼日尔西部东戈东戈村附近遭遇伏击。经过激战，美军 4 人阵亡，多人受伤，其余人员经法军直升机营救撤离。此次伏击是 1993 年美军“黑鹰坠落”、兵败索马里后特种作战部队在非洲遭遇的最严重失败，暴露出美军在指挥体制、审批机制、现场指挥、临战训练、直前演练、友军联合、战场情报等诸多方面存在问题，教训深刻。另一方面，成功伏击精锐美军特战小组的恐怖分子善于利用地形、战术机动灵活、情报准确且行动隐秘，体现出训练有素的正规军才具备的技战术素养。

（二）作战背景及经过

2017 年 10 月 3 日，美军非洲司令部下辖的陆军特种作战部队瓦拉姆特战小组与尼日尔政府军共同编组，乘车离开瓦拉姆军营，前往附近的蒂落阿地区实施反恐行动，目标是拘捕或击毙当地恐怖组织的一名要员。到达蒂落阿后，美尼联军小分队未能发现目标，突袭行动无果而终。

作战经过

1. 初次接敌

在既定突袭行动落空情况下，瓦拉姆特战小组开始向基地回撤。返回基地途中，应同行的尼军士兵要求，车队停在东戈东戈村附近取水。在此期间，瓦拉姆特战小组指挥官临机决定与该村长老进行接触会谈。会谈结束后，车队于 10 月 4 日 11：40 离开东戈东戈村，然而没过多久就遭到恐怖分子伏击。联军车队立刻停下，队员们下车还击。瓦拉姆特战小组指挥官与尼军指挥官及几名尼军士兵试图向恐怖分子翼侧迂回、实施反击，击毙了 4 名恐怖分子。然而，美军特战小组指挥官却发现，敌人训练有素且数量上占绝对优势，于是返回车队并下令立刻撤退。但此时恐怖分子已经集中兵力，从翼侧向车队迂回包围过来。

特战队员们一边释放烟幕弹掩护队友撤离，一边在敌人越来越密集火力下实施撤退。这时队员向 J. 约翰逊上士高声呼喊撤退，他竖起大拇指，

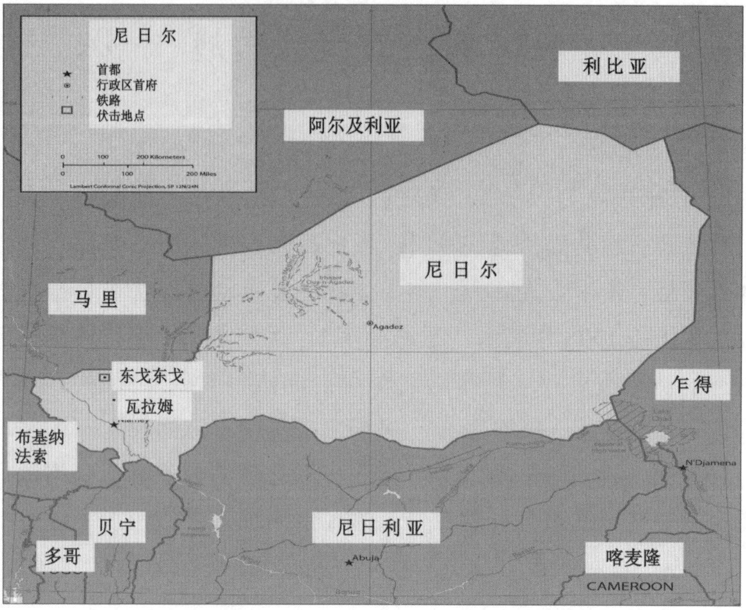

图 95　东戈东戈伏击站作战地区图

表示确认收到撤退命令。然而，最终 2 辆尼军汽车和 1 辆美军汽车，包括车上 3 名美军士兵（布莱克上士、怀特上士和 J. 约翰逊上士）未能撤出伏击区。

怀特上士进入第三辆汽车并缓慢向南行驶，J. 约翰逊和布莱克跟在车后一起行动，以汽车为掩护并为其提供火力压制。在运动中，布莱克被敌人轻武器射中，怀特立刻停车、下车营救。尽管敌人火力越来越猛烈，怀特和 J. 约翰逊仍然与布莱克在一起，尽全力提供掩护，评估伤势。随着优势之敌不断逼近，怀特和 J. 约翰逊被迫徒步撤退。在距离汽车约 85 米远处，J. 约翰逊中弹，伤势严重。怀特停下来，回到 J. 约翰逊身边，开火还击，最后两人都中弹身亡。当恐怖分子从中弹倒地的三人身旁经过时，对着 3 名士兵的尸体补开数枪。

2. 建立“2 号阵地”

前面两辆美军汽车和三辆尼军汽车向南开出约 700 米后，建立了“2 号阵地”。这时他们才发现第三辆美军汽车及车上人员掉队，经多次尝试都无法与他们取得联系。在与第三辆车失联情况下，4 名美军士兵徒步返回伏击区搜索营救。瓦拉姆特战小组剩余 4 名队员和 25 名尼军士兵留在

“2 号阵地”继续抗击迫近之敌。武装恐怖分子采取乘车和徒步方式继续追击，并从东侧和南侧向美尼军士兵包围过来。在敌人迅猛追击和猛烈火力打击下，在“2 号阵地”抗击的美尼军士兵被迫撤退。3 名美军和 4 名尼军士兵共乘一辆汽车在敌人密集火力下加速驶离“2 号阵地”，途中 2 名美军和 3 名尼军士兵受伤，另有 1 名尼军士兵阵亡。当他们加速撤离之际，整个队伍已经被打散。

当接到撤退命令时，L. 约翰逊中士正卧倒在汽车后面。他试图与两名尼军士兵上车随队撤离。但是，由于敌人火力过于密集，他们无法进入车内，只能原地卧倒。在无法上车且敌人迅速逼近的情况下，他们被迫徒步撤退，一路向西奔跑，1 名尼军士兵在距离“2 号阵地”约 460 米处中弹身亡，另一名尼军士兵又向西跑了约 110 米后中弹身亡。L. 约翰逊继续撤退，又向西跑了 450 米，最后躲到距“2 号阵地”约 960 米的一棵灌木下，依托灌木为掩护向追击之敌开火还击。L. 约翰逊被恐怖分子的车载重机枪所压制，无法移动。徒步追击过来的恐怖分子迂回包围了 L. 约翰逊，最终用轻武器将其击毙。

3. 最后的抗击

在乘车和徒步追击之敌的猛烈打击下，高速行驶的美军第一辆汽车陷在伏击地域西南方向的沼泽地。此时敌人火力越来越密集且越来越精准，车上所有人员被迫下车，就地组织防御。这时司机用电台呼救，向上级报告车队被恐怖分子围追、处境危急。这是战斗打响 53 分钟后瓦拉姆特战小组首次使用电台呼救，也是车队遭伏击后首次请求支援。美军和尼军士兵下车，徒步向西侧运动。

在此期间，4 名美军士兵重返伏击地域并击毙了数名恐怖分子，但是无法找到陷入伏击区的军车以及布莱克、怀特和 J. 约翰逊。他们只好冒着敌人密集火力撤回，重新与车辆陷在沼泽地的其他队员会合。这时他们才发现 L. 约翰逊中士也失踪了。此时敌人火力越来越猛烈，他们无暇思索，只能被迫撤退。队员们为伤员实施了战场急救，而后携伤员向伏击地域西侧林地撤退。他们在林地建立最后的防御阵地，准备进行最后的抵抗。

4. 营救与撤离

接到特战小组遭到伏击、申请支援的报告后，美军前方作战基地立刻通知尼日尔政府军，与此同时美军特种作战指挥与控制分队指挥官通过联络官通知法军。尼、法两军接到通知后立即响应。尼军地面部队在接到通知 8 分钟后前往救援，但是由于距离远、道路条件差且地形复杂，大约 4 小时 25 分钟后才赶到事发地点。法军“幻影”战斗机在接到通知约 47 分钟后飞抵交战地域。在接到通知 40 分钟后，一架尼军直升机起飞前往救援。为避免与法军战机冲突，尼军直升机在到达东戈东戈前就改变了航向。

法军战机临空后，无法确定地面上美军的具体位置，无法与他们取得联系，也无法进行敌友识别，因此未能开火射击，而是采取低空俯冲方式震慑恐怖分子，迫使敌人撤退或寻求隐蔽。战机进行了 4 次低空俯冲，成功吓退恐怖分子，挽救了美、尼军士兵的生命。大约 17:15，法军两架直升机赶到，将地面人员成功撤离。

尼军地面快反部队经过伏击地域时发现了怀特、布莱克、J. 约翰逊和 1 名尼军士兵尸体。10 月 4 日 19:00，尼军将 3 具美军士兵尸体交给美军相关部门。更多的美、尼地面部队留在东戈东戈，继续搜寻 L. 约翰逊，直到 5 日清晨 05:40 才返回基地休整，而后继续展开搜救行动。

10 月 5 日 03:20，美军非洲司令部出动战区级危机响应部队，并动员国家级专业搜救力量进行人员搜救。夜间，美、尼军队动用各种侦察监视平台连夜持续搜寻 L. 约翰逊；次日天刚亮，就出动地面力量继续搜救。6 日清晨，尼军在当地村落长老带领下，在距离“2 号阵地”约 960 米、距离最初伏击地域 1.6 千米处发现了 L. 约翰逊的尸体。发现 L. 约翰逊的尸体时，他的双手并没有捆绑，尸体仰面朝上，双手置于身体两侧。6 日 15:22，尼方将 L. 约翰逊遗体交给美军。

美军事后调查组认定，J. 约翰逊、布莱克、怀特和拉达韦德 · L. 约翰逊是在与恐怖分子交战中被轻武器射杀，而不是被敌人生擒后杀害。4 名阵亡美军士兵生前均受到致命伤，在美军搜救人员及法、尼快反部队赶到前就已经在交战中阵亡。其他伤员在战友及时有效的战场急救下得以幸存。

（三）战例评析

这次失败是 1993 年美军“黑鹰坠落”、兵败索马里后美军特种部队在非军事行动遭遇的最严重失败。失败是多方面原因造成的，教训深刻。尽管战败，但是特战队员在突遭伏击、敌众已寡情况下仍表现出顽强战斗作风和意志，体现出较高技战术素养。此外，友军支援和营救行动也比较有力，使特战小组免遭被全歼的厄运，并成功搜寻到所有阵亡士兵尸体。另一方面，恐怖分子准备充分，情报准确，行动隐蔽突然，战术机动灵活，在自己选择的时间、地点并以擅长的方式成功伏击精锐美军特战小组，展现出训练有素的正规军水平。

1. 美军失败原因

此次战败暴露出美军在指挥体制、现场指挥、临战训练、直前演练、友军联合、情报支援等方面存在诸多问题。

第一，指挥体制混乱，各级疏忽渎职。主要体现在三个方面。一是前线指挥官对任务性质界定不准确且缺乏足够重视，导致行动未得到适当指挥层级审批。美军特种作战非洲司令部、特种作战司令部驻北非和西非前方司令部、特种作战指挥与控制分队以及前方作战基地之间，在作战方案审批权限的划分上模糊不清。此外，此次任务最初目的是寻找、发现、锁定并抓捕或击毙恐怖组织要员，属于高危任务。然而，瓦拉姆特战小组指挥官及上一级指挥官（位于前方作战基地的连级指挥官）对于此次任务缺乏足够重视，导致前方作战基地指挥官错误地认为有权批准作战方案。直到瓦拉姆特战小组出发时，了解此次行动性质的最高级别指挥官只是前方作战基地的连级军官。根据审批流程，界定任务性质（尤其是高危任务）并批准行动方案，至少要得到营级指挥官批准，即得到位于乍得的特种作战指挥与控制分队指挥官的批准。

二是各级指挥官存在轻敌倾向，严重低估敌情威胁和敌人实力。尽管特种作战指挥与控制分队指挥官事后称并不了解瓦拉姆特战小组原定任务的真正目的，但是前方作战基地曾基于最新情报信息向其做过简要汇报。听取汇报后，特种作战指挥与控制分队指挥官指示采取多组突袭：以另外一个特战小组及其位于尼日尔阿尔利特地区的尼军伙伴为主要力量，实施空中突击；以瓦拉姆特战小组及尼军伙伴为支援和辅助力量。然而，恶劣天气迫使原定的行动主力取消了空中突击行动。在这种情况下，美军特种作战指挥与控制分队指挥官并没有取消行动或是对原有方案进行重大调整，而只是草率地临机决定由瓦拉姆特战小组代替主力继续执行此次任务。正是由于对敌情威胁和敌人实力估计不足，导致更改行动方案过于随意，造成严重后果。

三是作战筹划简单草率，失之精细。筹划和执行此次行动的美军指挥组以此前的行动方案为模板，在原有方案基础上稍加修改，并没有针对任务性质以及结合敌情、我情和战场环境精密细致地筹划并拟制行动方案，也没有详细分析并制定作战行动的控制措施，更没有预想突发情况并准备相应的应急处置预案。

总之，各种因素叠加，导致各指挥层级都缺少完整而准确的态势感知，不能进行有效的指挥控制。作战方案制订、评估、上报和审批的整个流程呈现出程式化、简单化倾向，对执行高风险、高敏感任务缺乏精密细致的作战筹划与准备，轻敌思想严重，最终导致行动失败。

第二，现场指挥失当，临机处置和控制不力。美军特战小组指挥官现场指挥不力、一再失误，是造成失败的直接原因，主要表现在三个方面。一是违背特战作战隐蔽突然原则。情报准确、隐蔽突然是特战行动取得成功的前提和关键。然而，在抓捕行动未能成功、自身行踪已经暴露的情况下，美军现场指挥官不但没有组织队伍及时隐蔽撤离，反而在没有请示上级的情况下擅自决定与附近东道国部队指挥官会晤。在高危地区长时间逗留的做法进一步暴露了自身行踪。在返回基地途中，车队停在东戈东戈村取水，尽管环境生疏且当地恐怖分子活动频繁，但是特战小组指挥官仍然未经请示擅自决定，与该村长老接触和会谈。这不仅进一步暴露了己方行踪，更为恐怖分子设伏提供了更多时间。结果车队刚离开村庄，就遭到预有准备之敌的猛烈袭击。

二是判断情况失误，仓促冒进。在遭遇伏击、敌情不明的情况下，特战小组指挥官并没有指挥车队立刻与敌人脱离接触、迅速撤退，而是不顾环境陌生、地形生疏，冒险亲自带人向敌人预设伏击阵地翼侧迂回，直到发现敌人占有压倒性优势且遭到优势之敌人火力压制后才匆忙返回，组织车队撤退。情况不明决心大、错误判断形势并仓促冒进，导致车队丧失了极短暂的撤退时机，进而遭受重创。

三是临机处置和控制不力，行动拖沓。首先，没有采取必要的警戒措施。尽管车队在恐怖分子控制的高危地区行动，但是现场指挥官并未设置前方、侧方和后方警戒。由于缺乏必要的警戒，导致车队主体直接陷入恐怖分子预设的火力伏击区，车队翼侧直接暴露在敌人火力打击之下。其次，未能有效组织车队进行整体抗击。车队遭袭击后被迫停止前进，在植被稀疏、无险可守的不利地形上，现场指挥官没有组织车队构建环形防御，也没有合理区分和使用现有兵力和火力，没有形成有效火力配系进行整体抗击。相反，现场指挥官离开指挥位置，置整个车队于不顾，只身带领少数队员涉险向敌人阵地迂回，导致其余队员只能各自为战、自行抵抗。再次，对撤离行动缺乏有效控制。指挥官下达撤离命令后，既没有明确撤离路线和会合地点，也没有指定人员殿后、迟滞敌人追击。导致队伍在撤离过程中四散奔逃、慌不择路，整个车队被打乱、打散，最终撤离变成溃退。在撤离中伤亡最多、损失最大。最后，报告及申请支援不及时。遭敌人伏击后，现场指挥官没有第一时间向上级报告、申请支援，而是在不利地形和处于绝对劣势情况下、在敌人选择的时间和地点并按照敌人选择的方式与优势之敌硬拼，导致依靠出奇制胜的特战分队陷入与优势之敌的平原野战，以己之短战敌之长，完全丧失了主动权，持续陷入被动。直到交战50多分钟后，在面临被围歼的形势下才向上级报告，错失了宝贵救援时间，导致队伍遭受不应有的严重损失。

第三，临战训练和战前演练不足，未达到相应标准。一是临战共同训练欠缺，未能形成团队默契。美军瓦拉姆特种作战小组曾于2016年在尼日尔的马腊迪进行作战部署。首次部署结束回国后，该组接到通知一年后将重返尼日尔。因此，从2016年11月到2017年8月，是该组为再次部署到尼日尔进行战备的关键时期。然而，该组在此期间经历了大规模人员轮换和人事变动，导致未能作为一个团队进行海外部署前的共同训练。事实上，部署前的共同训练至关重要。到达尼日尔的瓦拉姆时，仅有半数成员进行过共同训练。正是由于缺乏共同训练，该组在行动中缺乏团队默契、没有形成合力。二是没有针对特定任务进行战前演练，直前准备严重不足。到达瓦拉姆后的前三周，该特战小组主要为尼政府军培训新的反恐连队，没有针对具体任务进行战前演练和集体合练。出发前，瓦拉姆特战小组也没有针对此次任务的行动方案组织战前演练。正是由于缺乏战前演练，该小组未能发现行动方案存在的问题和潜在风险，未能针对潜在风险制定应急处置预案。三是没有与东道国部队进行合练。到达尼日尔后，瓦拉姆特战小组仅与尼政府军开展过两次联合行动，彼此间相互熟悉程度不够，未能建立互信。在执行此次任务前，美军既没有与尼政府军共同筹划行动方案，也没有围绕行动方案与尼军进行联合演练，双方互不熟悉、缺乏互信。这就导致尼军一打即溃，刚遭遇伏击就置美军于不顾、慌忙溃逃，打乱了整个队形，动摇了军心士气，加重了美军困境。

第四，缺乏关键的战场情报支援。特战行动的成功依赖于及时、准确的战场情报。然而，这次针对高价值目标的突袭行动，美军掌握的情报既不准确也不充分，导致前期突袭行动未能实现预定目标，后续行动更是完全没有情报支援，导致在毫无预警、毫无准备的情况下遭到伏击。恐怖分子对伏击时间、地点和方式的选择，以及对兵力、火力和战术的运用，都完全出乎美军意料。伏击完全达成了突然性，美军措手不及、伤亡严重。这从反面证明，本应以情报为先、情报主导的美军特战行动恰恰缺乏关键的战场情报支援。此外，缺乏战场情报支援还体现在搜救行动中。美军最初未能成功找到L.约翰逊的尸体，一个重要原因是掌握的情报信息有误，认为L.约翰逊被捕并关押在东戈东戈村以北靠近马里边境的一个村内。事实证明，这一情报严重失实，干扰甚至误导了美军搜救行动。

2. 美军及友军的可取之处

尽管美军战败，伤亡严重，但是面对优势之敌的伏击，一线官兵及其友军的表现仍有可取之处。此外，事件发生后，美军为撇清谣言、消除不良影响采取的措施也值得借鉴。

第一，战斗作风和意志勇敢顽强。在反伏击战斗中，美军在兵力和火力方面均明显处于劣势，但是特战队员并未惊慌失措，而是利用现有条件就地组织防御、顽强抗击并坚持了较长时间。面对优势之敌的持续追击和翼侧迂回包围，特战队员在撤退时没有慌不择路，而是交替掩护、边打边撤，对受伤的队友不离不弃。在敌众己寡、力量悬殊的情况下，几名特战队员主动涉险返回伏击地域，营救被围困的战友。与此同时，未能撤出伏击地域的3名美军士兵依托汽车作为掩护顽强抗击，直至阵亡。

第二，训练有素，技战术素养高。在毫无防备且地形不利的情况下，瓦拉姆特战小组依托现有条件顽强抗击，展现出较高技战术水平。特战队员自主协同意识强，善于发挥各自专长、优势互补，狙击手寻找狙击点，步枪手吸引火力，榴弹手发射烟幕弹，同时坚持“抗、阻、反”相结合。队员撤离时也能保持还击的节奏，证明他们的射击技术和弹药管理意识较强，没有浪费弹药。尤其是特战队员的战场急救及时、专业、有效，成功挽救了很多伤员的生命。只有平时训练有素且心理素质过硬，才能在千钧一发的危急时刻稳定发挥出技战术水平。

第三，友军救援迅速有效。法军和尼军的迅速反应和有效营救挽救了被恐怖分子围困的士兵。在接到救援请求47分钟后，法军战机就飞抵交战地域上空。由于无法进行敌我识别，法军战机没有贸然开火，而是采取低空俯冲方式震慑威吓，成功迫使恐怖分子停止追击并迅速逃离现场。等

“幻影”战机清场后，法军的两架直升机赶到，成功将地面上被围困人员撤离。尼军地面快反部队经过伏击地域时发现了 3 具美军士兵尸体，并及时移交给美军相关部门。在搜寻最后一名失踪美军士兵 L. 约翰逊的过程中，尼军地面部队发挥了关键作用。美军动用了包括国家级专业搜救力量在内的各种救援力量持续搜寻两天均未果，最后尼军在当地村落长老带领下成功找到 L. 约翰逊的尸体，并移交给美军。总之，如果没有法、尼两军的联合营救，美军特战小组将难逃被全歼的厄运，后续搜救行动也难以在短时间内结束。

第四，注重后果管控，及时消除影响。伏击发生后，各种谣言四起。例如，有报道称瓦拉姆特战小组曾越境进入马里境内追击恐怖分子，阵亡美军士兵生前先被恐怖分子活捉而后被斩首处决，激战中美军后方指挥部曾探测到特战小组发出的求救信号等。此类报道对美军声誉产生负面影响。对此美军及时通过官方渠道发声，公布官方事件调查结果，撇清各种谣言，澄清事实真相，消除不良影响。例如，美军及时澄清特战小组没有越境进入马里。美军官方强调，恐怖分子并没有生擒美军士兵并提供相应证据：发现 L. 约翰逊的尸体时，他的双手没有被捆绑，而是置于身体两侧，也没有被斩首。美军官方还明确指出，交战期间美军侦察监视系统并没有在东戈东戈村附近探测到特战小组发出的任何信号。除撇清谣言、消除不良影响外，美军针对失败事实没有掩盖、遮短，而是深入剖析失败原因、总结教训、提出整改措施，并及时对外公布。总之，美军通过一系列后果管控举措，最大限度消除了此次战败产生的负面影响。

3. 武装分子的技战术特点

此次针对精锐美军特战小组的成功伏击充分展现了恐怖分子技战术特点：善于利用地形、战术机动灵活且情报准确，体现出训练有素的正规军才具备的技战术素养。

首先，充分利用地形。恐怖分子善于利用地形设伏。其对地形的利用体现在伏击阵地的选择和设置、追击路线的设计以及对美军溃逃路线的预判和诱导上。一是选择沿美军必经之路设伏。村外土路是可供车辆通行的唯一通道。一旦斩头、断尾、拦腰，沿此路行进的车队必将进退无路、陷入瘫痪。恐怖分子正是看准了这一点，进而成功伏击美军车队，并将其逼上绝路。二是在伏击美军同时，注重自身隐蔽伪装。恐怖分子隐藏在道路一侧植被茂密的高地，既避免自身暴露，又能够居高临下伏击无险可守的美军。三是将杀伤区设在植被稀疏地带和道路沿线，使美军难以隐蔽、无所依托。四是诱导美军进入绝地。恐怖分子在正面追击持续施压的同时，从一侧迂回包围，迫使美军向另外一侧（西侧）撤退，在此方向上沿途植被稀疏，令美军无法有效隐蔽和组织防御，最终诱使美军陷入无法通行的沼泽地。

其次，战术机动灵活。在伏击战斗中，恐怖分子来无影、去无踪，战术灵活机动，主要特点体现在四个方面。一是善于隐蔽接敌，出其不意。恐怖分子行动突然、迅速，成功隐蔽自身企图，达成了战术突然性。二是善于迂回侧击。恐怖分子采取正面牵制施压、翼侧迂回包围的战术，多次从翼侧包围美军，使美军连续陷入被动，最后被逼入绝境。三是善于通过连续追击扩大战果。恐怖分子采取乘车追击与徒步追击相结合的方式，持续迅猛追击，不给美军喘息之机，从而有效扩大了战果。恐怖分子一方面乘车追击撤退的美军车队主力，通过持续、迅猛的追击打乱美军撤退节奏，让美军没有时间调整部署、组织有效防御，直至最后慌不择路、陷入沼泽；另一方面通过徒步追击搜剿受伤掉队的美军士兵，成功击毙击伤多名美、尼军士兵，缴获了阵亡美军士兵身上的武器装备，有效扩大了战果。四是快打快撤，撤离迅速。当法军战机临空后，恐怖分子立刻撤出战斗，有效避免了自身伤亡。

最后，情报准确，行动隐秘。情报准确且行动隐秘成为恐怖分子成功伏击美军的关键。恐怖分子既准确掌握了美军实力、编队队形、行动路线和通过时间等关键情报，又注重自身行动保密，使美军和东道国政府军都浑然不知。在侦察技术先进的美军面前，实现了战场的单向透明，并成功为美军设下了“战场迷雾”。事后美军也不得不承认，恐怖分子在东戈东戈村一带行踪诡秘、行动自由。

参考文献

1. Matt. M. Matthews. *Operation AL FAJR: A Study in Army and Marine Corps Joint Operations* [M]. Fort Leavenworth, Kansas: Combat Studies Institute Press, 2006.

2. William H. McRaven. *Spec Ops: Case Studies in Special Operations Warfare: Theory and Practice* [M]. Presidio Press, 2011.

3. Mike Tucker. *Among Warriors in Iraq: True Grit, Special Ops, and Raiding in Mosul and Fallujah* [M]. Guilford: Lyons Press, 2005.

4. United States Army Infantry School. *Infantry in Battle: From Somalia to the Global War on Terror* [M]. Fort Benning, GA: United States Army Infantry School, 2005.

5. Department of the Army. Field Manual 3 – 21. 21: *The Stryker Brigade Combat Team Infantry Battalion* [Z]. Washington: Department of the Army, 2003.

6. Department of the Army. Field Manual 3 – 21. 11: *The SBCT Infantry Rifle Company* [Z]. Washington, DC: Department of the Army, 2003.

7. David Zucchino. *Thunder Run: The Armored Strike to Capture Baghdad* [M]. New York: Grove Press, 2004.

8. Bing West. *The Wrong War: Grit, Strategy, and the Afghanistan* [M]. Random House, 2011.

9. U. S. Department of the Army. *Field Manual* 3 – 24: *Counterinsurgency* [Z]. Washington, DC: Department of the Army, 2006.

10. Stanley. McChrystal. *My Share of The Task: A Memoir* [M]. New York: Penguin Random House Company, 2014.

11. Stanley McChrystal. *Team of Teams: New Rules of Engagement For A Complex World* [M]. New York: Penguin Random House Company, 2015.

12. Dick Couch. *The Sheriff of Ramadi: Navy Seals and the Winning of al – Anbar* [M]. Annapolis: Naval Institute Press, 2008.

13. Jonathan Bernstein. *AH – 64 Apache Units of Operations*: *Enduring Freedom and Iraqi Freedom* [M]. UK: Osprey Publishing Limited, 2005.

14. Dennis J. Reimer. *Air Assault Operations* [M]. Washington, D. C. : Headquarters Department of the U. S. Army, 2011.

15. Patrick Gaughen. *The Fight for Diwaniyah*: *The Sadrist Trend and ISCI Struggle for Supremacy* [M]. Washington, D. C. : The Institute for the Study of War, 2007.

16. Sean Naylor. *Relentless Strike*: *the secret history of joint special operations command* [M]. New York: St. Martin's Press, 2015.

17. Leigh Neville. *Special Operational Forces in Iraq* [M]. New York: Osprey Press, 2008.

18. Carl Forsberg. *The Taliban's Campaign for Kandahar*, Washington, DC: The Institute for the Study of War, 2009.

19. Tupper Benjamin. *Greetings From Afghanistan*, *Send More Ammo*: *Dispatches from Taliban Country* [M]. New York: NAL Caliber, 2010.

20. Michael Valenti. *The Mattis Way of War*: *an Examination of Operational Art in Task Force* 58 *and* 1*st Marine Division* [M]. Fort Leavenworth, Kansas: US Army Command and General Staff College Press, 2014.